MICHAEL HOFFMANN

Grundfragen der grenzüberschreitenden Verbringung von Abfall nach nationalem Recht und nach EG-Recht

Schriften zum Umweltrecht

Herausgegeben von Prof. Dr. Michael Kloepfer, Berlin

Band 43

Grundfragen der grenzüberschreitenden Verbringung von Abfall nach nationalem Recht und nach EG-Recht

Von

Michael Hoffmann

Duncker & Humblot · Berlin

Die Deutsche Bibliothek – CIP-Einheitsaufnahme

Hoffmann, Michael:
Grundfragen der grenzüberschreitenden Verbringung von Abfall nach nationalem Recht und nach EG-Recht / von Michael Hoffmann. — Berlin : Duncker und Humblot, 1994
(Schriften zum Umweltrecht ; Bd. 43)
Zugl.: Bochum, Univ., Diss., 1994
ISBN 3-428-08100-5
NE: GT

D 294

Fotoprint: Berliner Buchdruckerei Union GmbH, Berlin
Printed in Germany

ISSN 0935-4247
ISBN 3-428-08100-5

Vorwort

Die vorliegende Untersuchung wurde im Wintersemester 1993/94 von der Juristischen Fakultät der Ruhr-Universität Bochum als Dissertation angenommen. Sie ist entstanden während meiner dortigen Zeit als Wissenschaftlicher Mitarbeiter am Lehrstuhl für Öffentliches Recht und Europarecht (Prof. Dr. Hans D. Jarass) und wurde im September 1993 abgeschlossen. Zur Veröffentlichung wurden geringfügige Überarbeitungen vorgenommen. Literatur und Rechtsprechung konnten gleichwohl nur bis zum Oktober 1993 Berücksichtigung finden.

Mein erster und herzlichster Dank gilt Herrn Prof. Dr. Hans D. Jarass, dessen Unterstützung und dessen kritische Anregungen erst die Durchführung dieser Arbeit ermöglicht haben. Während meiner vierjährigen Tätigkeit an seinem Lehrstuhl hat er mit in vielfältiger Form Gelegenheit gegeben, an seiner wissenschaftlichen Arbeit teilzunehmen und an ihr zu lernen. Die auf Grund seiner Ermunterungen vorgenommene vertiefende Beschäftigung sowohl mit dem Umwelt- als auch mit dem Europarecht haben mich erst dazu bewogen, das Thema dieser Arbeit im gemeinsamen Raum dieser Rechtsgebiete anzulegen. Seinen Arbeitsgebieten folgend, ist diese Arbeit in einem Bereich zwischen dem deutschen Umweltrecht, dem europäischen (sekundären) Umweltrecht und dem Primärrecht der Europäischen Union angesiedelt. Die von ihm aufgebauten umweltrechtlichen Bibliotheken des Lehrstuhls sowie des Instituts für Deutsches und Europäisches Umweltrecht (IDEU) waren eine große Hilfe. In zahlreichen Gesprächen hat Herr Prof. Dr. Hans D. Jarass sensible Punkte der Arbeit diskutiert und diese damit entscheidend vorangebracht.

Nicht vergessen werden sollen an dieser Stelle die Kollegen und Studenten des Lehrstuhls und des Instituts, die ebenfalls zum Gelingen der Arbeit und zu einer angenehmen und konstruktiven Arbeitsatmosphäre beigetragen haben.

Mein Dank gilt auch Herrn Prof Dr. Knut Ipsen, der die Zweitbegutachtung der Dissertation innerhalb kürzester Zeit erledigt hat.

Daß diese Arbeit noch innerhalb des ursprünglich vorgesehenen Zeitrahmens fertiggestellt werden konnte, ist allein auf äußeren Druck zurückzuführen. Als beschleunigende Faktoren sind hier zu nennen meine Ehefrau Gabi, die mir und der Arbeit sehr viel Geduld entgegenbringen mußte, sowie die Rechtsanwälte Hoffmann, Liebs & Partner in Düsseldorf, hier insbesondere Herr Rechtsanwalt Dipl. Ing. Klaus Fritsch.

Für die Ermöglichung von Studium und Ausbildung danke ich meinen Eltern, denen diese Arbeit gewidmet ist.

Die Veröffentlichung dieser Arbeit ist Herrn Prof. Dr. Michael Kloepfer als Herausgeber dieser Schriftenreihe sowie dem Verlag Duncker & Humblot zu verdanken. Für die Übernahme der Druckkosten gebührt den Rechtsanwälten Hoffmann, Liebs & Partner in Düsseldorf noch einmal großer Dank.

Düsseldorf, im März 1994

Michael Hoffmann

Inhalt

Erster Teil

Grundlagen des Rechts der grenzüberschreitenden Abfallverbringung

A. Problemstellung 17

B. Bedeutung der grenzüberschreitenden Abfallverbringung 19

C. Gesetzliche Regelungen 22

I. Völkerrechtliche Regelungen 22

II. Gemeinschaftsrechtliche Regelungen 26

1. Primäres und sekundäres Gemeinschaftsrecht 26

2. Regelungen des primären Gemeinschaftsrechts über grenzüberschreitende Verbringung von Abfall 27

3. Sekundäres Gemeinschaftsrecht zur Regelung der grenzüberschreitenden Verbringung von Abfall 28

a) Bedeutung sekundären Gemeinschaftsrechts 28

b) Abfallrichtlinien der Europäischen Gemeinschaft 29

c) Die EG-Richtlinie über die grenzüberschreitende Verbringung von gefährlichen Abfällen 30

d) Die EG-Abfallverbringungsverordnung vom 1.Februar 1993 31

aa) Neue Regelungen des Rechts der grenzüberschreitenden Abfallverbringung 31

bb) Systematik der Bestimmungen der EG-AbfVerbrV 33

cc) Regelungen der grenzüberschreitenden Verbringung zwischen den Mitgliedstaaten der Europäischen Gemeinschaft 34

4. Planungen der Europäischen Gemeinschaft für zukünftige Aktivitäten 35

IV. Bundesgesetzliche Regelungen 36

1. Das Abfallgesetz 36

2. Die Abfallverbringungsverordnung 39

3. Die Reststoffbestimmungs-Verordnung und die Abfallbestimmungs-Verordnung 40

4. Geplante Neuregelungen 41
D. Gang der Untersuchung 41

Zweiter Teil

Der Abfallbegriff als zentrales Steuerungselement zur Anwendung des Abfallrechts

A. Bedeutung des Abfallbegriffs 44
B. Der Abfallbegriff des Rechts der Europäischen Gemeinschaft 45
I. Der Abfallbegriff des Verbringungsrechts 45
1. Gefährliche Abfälle im Sinne der Verbringungsrichtlinie 84/631/EWG 45
2. Abfälle im Sinne der Abfallverbringungsverordnung der Europäischen Gemeinschaft 48
3. Definition von Abfall durch eine Richtlinie 48
II. Die einzelnen Merkmale des gemeinschaftsrechtlichen Abfallbegriffs 50
1. Stoffe oder Gegenstände 50
2. Die Stoffgruppen des Anhangs I 51
3. Subjektiver Abfallbegriff: Grundlagen 54
4. Der Entledigungswille des Abfallbesitzers 56
a) Auslegung nach dem Wortsinn des Begriffs "Entledigung" 56
b) Berücksichtigung der Funktion des subjektiven Abfallbegriffs 59
c) Einschränkung nach dem Regelungszweck der Richtlinie 60
5. Objektiver Abfallbegriff 65
6. Bereichsausnahmen 69
C. Der Abfallbegriff der §§ 13 bis 13c AbfG 71
I. Grundlagen 71
II. Der subjektive Abfallbegriff 72
1. Der Entledigungsbegriff nach deutschem Recht 72
a) Der Entledigungsbegriff nach deutschem Verständnis 72
b) Kritische Ansätze 75
c) Verwertung von Reststoffen nach § 1a AbfG 77
2. Richtlinienkonforme Auslegung des deutschen Entledigungsbegriffes 78
a) Grundlagen der richtlinienkonformen Auslegung 78
b) Voraussetzungen richtlinienkonformer Auslegung 80
c) Anwendung auf den Entledigungsbegriff 82

d) Zusammenfassung ... 86
III. Der objektive Abfallbegriff ... 87
1. Stellung innerhalb der Abfalldefinition ... 87
2. Anwendbarkeit der Eigentumsregelungen des Bürgerlichen Rechts ... 88
3. Besitz ... 90
4. Abfallbeseitigung zur Wahrung des Wohls der Allgemeinheit ... 90
a) Ausgestaltung der eigentumsrechtlichen Position durch die Entledigungspflicht ... 90
b) Der Begriff des Wohls der Allgemeinheit ... 92
c) Bestimmung durch den Normzusammenhang ... 95
5. Gesetzliche Erweiterungen des objektiven Abfallbegriffs ... 98
IV. Bereichsausnahmen ... 99
D. Der neue Abfallbegriff des Entwurfs zu einem Kreislaufwirtschafts- und Abfallgesetz ... 100
I. Reform des Abfallrechts ... 100
II. Abfälle als Teilmenge der Rückstände nach § 3 Abs. 3 KrW-/ AbfGE ... 103
III. Entfallen des subjektiven Abfallbegriffs? ... 104
IV. Erweiterung des objektiven Abfallbegriffs? ... 109
E. Richtlinienkonformität des deutschen Abfallbegriffs ... 110
I. Äquivalenz der Abfallbegriffe ... 110
II. Bedeutung der richtlinienkonformen Auslegung im nationalen und im Gemeinschaftsrecht ... 111
III. Anforderungen des Gemeinschaftsrechts an die Richtlinienumsetzung ... 113
1. Regelungsintensität der Richtlinie und Inhaltstreue des § 1 Abs. 1 AbfG ... 113
2. Kongruenz des Anwendungsbereichs der verbringungsrechtlichen Regelungen ... 119
IV. Richtlinienkonformität des Abfallbegriffs des Entwurfs zu einem Kreislaufwirtschafts- und Abfallgesetz ... 120

Dritter Teil

Der Anspruch des Abfallverbringers auf Erteilung der Verbringungsgenehmigung und der Notifizierungsbestätigung

A. § 13 Abs. 1 S. 2 AbfG als ermessensgewährende Norm ... 121
I. Inhalt des durch § 13 Abs. 1 S. 2 AbfG vermittelten Ermessens ... 121
1. Anspruch auf ermessensfehlerfreie Entscheidung ... 121
2. Systematik gesetzlicher Verbotsregelungen ... 125

a) Präventive Verbote mit Erlaubnisvorbehalt 125
b) Repressive Verbote mit Dispensvorbehalt 126
c) Ausnahmefall: § 7 Abs. 2 AtG 127
d) Brauchbarkeit der dargestellten Abgrenzung 128
II. Analyse der Ermessensgewährung in § 13 Abs. 1 S. 2 AbfG 129
1. Grenzen des gewährten Ermessens 129
2. Begrenzung durch das Wohl der Allgemeinheit 133
a) Der Begriff des Wohles der Allgemeinheit in § 13 Abs. 1 AbfG 133
b) Abfallplanerische Aspekte 136
c) Einbeziehung außenpolitischer Interessen 138
d) Besorgnis der Beeinträchtigung 140
e) Zusammenfassende Bewertung 141
III. Einordnung des Genehmigungstatbestandes des § 13 Abs. 1 AbfG 142
B. Übereinstimmung der nationalen Regelung mit den Anforderungen der Verbringungsrichtlinie 84/631/EWG 144
I. Der Begriff des Ermessens im Recht der Europäischen Gemeinschaft 144
II. Ermessenseinräumung durch die Verbringungsrichtlinie 146
1. Gleichsetzung von Notifizierungsverfahren und Genehmigungsverfahren 146
2. Das Einwandsystem der Verbringungsrichtlinie 149
a) Ermessensspielraum durch die Einwendungsmöglichkeit der zuständigen Behörde 149
b) Ermessensspielraum durch die einzelnen Einwendungstatbestände 152
III. Umsetzung durch die Regelungen des § 13 Abs. 1 AbfG 154
1. Schutzgüter des Art. 4 Abs. 3 der Verbringungsrichtlinie 154
a) Voraussetzungen 154
b) Zu berücksichtigende Aspekte 155
c) EG-rechtskonforme Auslegung 157
2. Übereinstimmung mit anderen Vorschriften - Beeinträchtigung der gemeinschaftsvertraglichen Grundfreiheiten 158
a) Verstoß gegen Art. 30 EGV 158
b) Rechtfertigung des Eingriffs 160
c) Zusammenfassung 166
C. Ermessenseinräumung durch die Regelungen der Abfallverbringungsverordnung der Europäischen Gemeinschaft vom 1. Februar 1993 167
I. Ermessensgewährung durch Art. 4 Abs. 3 EG-AbfVerbrV 167
II. Ablauf des Verfahrens nach der EG-Verbringungsverordnung 169
III. Möglichkeiten der Mitgliedstaaten zur Ausgestaltung ihrer nationalen Vorschriften 171

Vierter Teil

Zusammenfassung 173

Literatur ... 176

Abkürzungen

A	Registerzeichen
a. A.	anderer Ansicht
a. a. O.	am angegebenen Orte
AbfBestV	Abfallbestimmungs-Verordnung (AbfBestV) vom 3. April 1990 (BGBl. I, S. 614)
AbfG	Gesetz über die Vermeidung und Entsorgung von Abfällen (Abfallgesetz - AbfG) vom 27. August 1986 (BGBl. I, S. 1401, berichtigt S. 1501)
AbfVerbrV	Abfallverbringungs-Verordnung - AbfVerbrV vom 18. November 1988 (BGBl. I, S. 2126, Anlage berichtigt BGBl. I, S. 2418)
abgedr.	abgedruckt
ABl.	Amtblatt der Europäischen Gemeinschaften, Ausgabe C: Mitteilungen und Bekanntmachungen; Ausgabe L: Rechtsvorschriften
Abs.	Absatz
AKP	Gemeinschaft von afrikanischen, karibischen und pazifischen Entwicklungsländern
Anh.	Anhang
Anm.	Anmerkung
AöR	Archiv des öffentlichen Rechts
ArchVölkR	Archiv des Völkerrechts
Art.	Artikel
AtG	Gesetz über die friedliche Verwendung der Kernenergie und den Schutz gegen ihre Gefahren (Atomgesetz - AtG) in der Bekanntmachung vom 15. Juli 1985 (BGBl. I, S. 1565)
BAnz	Bundesanzeiger
BauGB	Baugesetzbuch in der Bekanntmachung vom 8. Dezember 1986 (BGBl. I, S. 2253)
BayObLG	Bayerisches Oberstes Landesgericht
BayVBl.	Bayerische Verwaltungsblätter
BGB	Bürgerliches Gesetzbuch vom 18. August 1896 (RGBl. S. 195)
BGBl. I	Bundesgesetzblatt Teil I
BGBl. II	Bundesgesetzblatt Teil II
BGH	Bundesgerichtshof

BImSchG	Bundes-Immissionsschutzgesetz in der Bekanntmachung vom 14. April 1990 (BGBl. I, S. 880)
BMU	Bundesminister für Umweltschutz und Reaktorsicherheit
BR-Drs.	Drucksache des Bundesrates
bspw.	beispielsweise
BT-Drs.	Drucksache des Bundestages
BVerfG	Bundesverfassungsgericht
BVerfGE	Amtliche Sammlung der Entscheidungen des Bundesverfassungsgerichts
BVerwG	Bundesverwaltungsgericht
BVerwGE	Amtliche Sammlung der Entscheidungen des Bundesverwaltungsgerichts
BvF	Registerzeichen des BVerfG für Normenkontrollanträge (Art. 93 Abs. 1 Nr. 2 GG)
BvG	Registerzeichen des BVerfG für Verfassungsstreitigkeiten zwischen Bund und Ländern (Art. 93 Abs. 1 Nr. 3 und Art. 84 Abs. 4 S. 2 GG)
BvL	Registerzeichen des BVerfG für konkrete Normenkontrollen (Art. 100 Abs. 1 GG)
BvR	Registerzeichen des BVerfG für Verfassungsbeschwerden (Art. 93 Abs. 1 Nr. 4a) und 4b) GG)
dass.	dasselbe
DDR	Deutsche Demokratische Republik
ders.	derselbe
dies.	dieselben
Diss.	Dissertation
DM	Deutsche Mark
Doc.	Document
DÖV	Die Öffentliche Verwaltung
DVBl.	Deutsches Verwaltungsblatt
EG	Europäische Gemeinschaft
EG-AbfVerbrV	Verordnung (EWG) Nr. 259/93 des Rates vom 1. Februar 1993 zur Überwachung und Kontrolle der Verbringung von Abfällen in der, in die und aus der Europäischen Gemeinschaft (ABl. Nr. L 30 vom 6. Februar 1993, S. 1 ff.)
EGKS	Europäische Gemeinschaft für Kohle und Stahl
EGV	EG-Vertrag in der Form des Vertrages über die Europäische Union vom 7. Februar 1992 (abgedr. bei *Geiger*, EG-Vertrag, Anhang 1)
Einl.	Einleitung
etc.	et cetera
EuGH	Europäischer Gerichtshof
EuGRZ	Europäische Grundrechte

EuGVÜ	Übereinkommen über die gerichtliche Zuständigkeit und die Vollstreckung gerichtlicher Entscheidungen in Zivil- und Handelssachen vom 27. September 1968 (BGBl. II, S. 774)
EuR	Europarecht
EURATOM	Europäische Atomgemeinschaft
EurLawRev	European Law Review
EuZW	Europäische Zeitschrift für Wirtschaftsrecht
e. V.	eingetragener Verein
EWG	Europäische Witschaftsgemeinschaft
EWGV	Vertrag zur Gründung der Europäischen Wirtschaftsgemeinschaft vom 25. März 1957 (BGBl. II, S. 759)
EWS	Europäisches Wirtschafts- und Steuerrecht
f.	folgende, folgende
ff.	folgende
Fn.	Fußnote
GATT	General Agreement on Tariffs and Trade vom 31. Oktober 1947
GewArch	Gewerbearchiv
GewO	Gewerbeordnung in der Bekanntmachung vom 1. Januar 1987 (BGBl. I, S. 425)
GfU	Gesellschaft für Umweltrecht e. V.
GG	Grundgesetz für die Bundesrepublik Deutschland vom 23. Mai 1949 (BGBl. S. 1)
h. L.	herrschende Lehre
h. M.	herrschende Meinung
Habil.	Habilitation
HessVGH	Hessischer Verwaltungsgerichtshof
Hrsg.	Herausgeber
IPrax	Praxis des Internationalen Privat- und Verfahrensrechts
IUR	Informationsdienst Umweltrecht
iwl	Institut für gewerbliche Wasserwirtschaft und Luftreinhaltung e. V.
JA	Juristische Arbeitsblätter
JöR	Jahrbuch des öffentlichen Rechts
JR	Juristische Rundschau
JuS	Juristische Schulung
Kom	Kommission

Krw-/AbfGE	Gesetzentwurf der Bundesregierung zu einem Gesetz zur Förderung einer rückstandsarmen Kreislaufwirtschaft und Sicherung der umweltverträglichen Entsorgung von Abfällen (Kreislaufwirtschafts- und Abfallgesetz - KrW/AbfG) vom 16. April 1993, BR-Drs. 245/93 (Gesetzentwurf)
mit weit. Nachw.	mit weiteren Nachweisen
MURL	Ministerium für Umwelt, Raumordnung und Landwirtschaft des Landes Nordrhein-Westfalen
NJW	Neue Juristische Wochenschrift
Nr.	Nummer
NuR	Natur und Recht
NVwZ	Neue Zeitschrift für Verwaltungsrecht
NW	Nordrhein-Westfalen
OECD	Organization for Economic Cooperation and Development
OVG	Oberverwaltungsgericht
PaßG	Paßgesetz in der Bekanntmachung vom 19. April 1986 (BGBl. I, S. 537)
RestBestV	Reststoffbestimmungs-Verordnung (RestBestV) vom 3. April 1990 (BGBl. I, S. 631, berichtigt, S. 682)
Rem.	Remark
RGBl.	Reichsgesetzblatt
Rn.	Randnummer
Rs.	Rechtssache
S	Registerzeichen
S.	Satz, Seite
SEW	Sociaal Economische Wetgeving
Slg.	Amtliche Sammlung der Entscheidungen des Europäischen Gerichtshofs
sog.	sogenannte, sogenanntes
Sp.	Spalte
StR	Registerzeichen des BGH für Revisionen in Strafsachen
TierKBG	Tierkörperbeseitigungsgesetz vom 2. September 1975 (BGBl. I, S. 2313)
Tz.	Textziffer
U	Registerzeichen für Berufungen in Zivilsachen
u. a.	und andere
UAbs.	Unterabsatz
Überbl.	Überblick

UNEP	United Nations Environmental Program
UPR	Umwelt- und Planungsrecht
verb.	verbunden(e)
VerwArch	Verwaltungsarchiv
VGH BW	Verwaltungsgerichtshof des Landes Baden-Württemberg
vgl.	vergleiche
VwGO	Verwaltungsgerichtsordnung
VwVfG	Verwaltungsverfahrensgesetz (VwVfG) des Bundes vom 25. Mai 1976 (BGBl. I, S. 1253)
WaffG	Waffengesetz (WaffG) in der Fassung der Bekanntmachung vom 8. März 1976 (BGBl. I, S. 432)
WHG	Wasserhaushaltsgesetz in der Bekanntmachung vom 23. September 1986 (BGBl. I, S. 1529)
wib	woche im bundestag
WiVerw	Wirtschaft und Verwaltung
ZAU	Zeitschrift für angewandte Umweltforschung
ZfW	Zeitschrift für Wasserrecht
z. B.	zum Beispiel
ZR	Registerzeichen des BGH für Revisionen in Zivilsachen
zugl.	zugleich

In diesem Verzeichnis nicht aufgeführte Abkürzungen folgen dem Verzeichnis von *Kirchner*, Abkürzungsverzeichnis der Rechtssprache, 4. Auflage, Berlin - New York, 1993.

Erster Teil

Grundlagen des Rechts der grenzüberschreitenden Abfallverbringung

A. Problemstellung

Mit der dritten Änderung des Abfallbeseitigungsgesetzes[1] im Jahre 1985[2] hat der Gesetzgeber in § 2 Abs. 1 S. 1 den sogenannten Grundsatz der Abfallbeseitigung im Inland[3] in das Gesetz aufgenommen und in diesem Zusammenhang auch die Regelungen über die grenzüberschreitende Verbringung von Abfall - § 13 bis 13c AbfG - einer umfangreichen Änderung zugeführt. Existierte bis dato nur eine Regelung über den Import von Abfällen, unterwarf das Änderungsgesetz nunmehr auch den Export und den Transit von Abfällen einem Genehmigungserfordernis.[4] Der Grundsatz in § 2 Abs. 1 S. 1 und die Normierungen der §§ 13 ff. AbfG greifen dabei ineinander: Nur soweit die letztgenannten Vorschriften es zulassen, soll ein räumliches Auseinanderfallen von Abfallentstehung und Abfallentsorgung über Staatsgrenzen hinweg möglich werden. Die §§ 13 ff. AbfG, insbesondere § 13 Abs. 1 AbfG mit seinem Genehmigungserfordernis und der den zuständigen Behörden eingeräumten Möglichkeit zur Erteilung oder Versagung derselben, stellen damit das verwaltungsrechtliche Instrumentarium zur Konkretisierung des erwähnten Prinzips bereit.

---

1 Gesetz über die Beseitigung von Abfallstoffen vom 7. Juni 1972 (Abfallbeseitigungsgesetz - AbfG, BGBl. I, S. 873), davor zuletzt geändert durch das 2. Änderungsgesetz vom 4. März 1982 (BGBl. I, S. 281). Die damalige Bezeichnung des Gesetzes als "Abfallbeseitigungsgesetz" kennzeichnete das nicht sonderlich entwickelte, allgemeine Problembewußtsein. Erst mit der Neufassung im Jahre 1986 ist die Beseitigung des Abfalls aus dem Mittelpunkt der Abfallproblematik herausgerückt und der Begriff der Entsorgung (§ 2 Abs. 1 AbfG) als Oberbegriff für Verwertung und Ablagerung in den Vordergrund getreten.

2 BGBl. I, S. 304.

3 Begriff zum Beispiel bei *Hösel/v. Lersner*, Recht der Abfallentsorgung, § 2 Abs. 1 AbfG (Nr. 1210) Rn. 3.

4 Zur Entwicklung der §§ 13 bis 13c AbfG vgl. die Darstellung bei *Hösel/v. Lersner*, Recht der Abfallentsorgung, § 13 AbfG (Nr. 1230), Rn. 1 f.

Diese Regelungen können in ein Spannungsfeld zu den durch den EG-Vertrag[5] garantierten Grundfreiheiten des Dienstleistungs- und des Warenverkehrs (Art. 59 ff. bzw. 30 ff. EGV) geraten. Möglich sind dabei Konfliktfälle in zwei Richtungen: Einerseits dürfen die Vorschriften des nationalen Rechts nicht die vertraglich garantierten *Grundfreiheiten* des einzelnen verletzen. Dies können sie, wenn das nationale Recht Vorgaben setzt, die es Bürgern anderer Mitgliedstaaten verwehren, in der Bundesrepublik Deutschland abfallwirtschaftlich tätig zu werden. Andererseits müssen sich die Normen des deutschen Rechts an den Vorgaben messen lassen, die die Gemeinschaft durch die Schaffung *sekundären Gemeinschaftsrechts* gesetzt hat. Existieren Richtlinien, die den Mitgliedstaaten Vorgaben hinsichtlich der zu treffenden Regelungen machen, so sind die Mitgliedstaaten in der Ausgestaltung nicht mehr ganz unabhängig. Dabei ist zu berücksichtigen, daß sich auch das sekundäre Gemeinschaftsrecht wiederum an den Grundfreiheiten des EG-Vertrags messen lassen muß. Die verbringungsrechtlichen Regelungen des bundesdeutschen Abfallgesetzes haben denn auch bereits zu einer Stellungnahme der *Kommission der Europäischen Gemeinschaften* geführt, die die gemeinschaftsrechtlich unzureichenden Bestimmungen über die grenzüberschreitende Verbringung von Abfällen rügt.[6]

Schwierigkeiten dieser Art scheinen symptomatisch zu sein für ein Rechtsgebiet, dem die Transnationalität seiner Bezüge immanent ist. Stets spielt die Abstimmung zwischen den verschiedenen Regelungsebenen des internationalen und des nationalen Rechts eine besondere Rolle.[7] Dies wird erneut deutlich, wenn man die Versuche der gesetzgebenden Organe der Bundesrepublik Deutschland beobachtet, ihren Verpflichtungen zur Umsetzung internationaler Regelungen in das nationale Recht nachzukommen, wie beispielsweise das Basler Übereinkommen[8] oder die sich aus systematischen Differenzen erge-

---

5 Vertrag zur Gründung der Europäischen Gemeinschaft vom 25. März 1957 (BGBl. II, S. 766, ber. S. 1678 und BGBl. 1958 II, S. 64; zuletzt geändert durch den Vertrag über die Europäische Union vom 7. Februar 1992 einschließlich der Schlußakte und den Protokollen von Maastricht, abgedruckt bei *Geiger*, EG-Vertrag, Anhänge 1 bis 3.

6 Mit Gründen versehene Stellungnahme der *Kommission* an die Bundesrepublik Deutschland vom 25. September 1991; KOM (91) 1730 endg.; vgl. auch *Krieger*, Von deutschen Reststoffen und europäischen Abfällen, in: Recht der Elektrizitätswirtschaft 1991, S. 202 (205).

7 Siehe hierzu unten, Erster Teil, C I.

8 Vgl. unten, Erster Teil, C II sowie den Gesetzentwurf der Bundesregierung, BR-Drs. 304/93 (Gesetzentwurf).

benden Probleme, wie sie anläßlich des Inkrafttretens der EG-Abfallverbringungsverordnung[9] deutlich geworden sind.

B. Bedeutung der grenzüberschreitenden Abfallverbringung

Der Transport von Abfällen über die Staatsgrenzen hinweg ist dabei nicht nur in der allgemeinen Öffentlichkeit von Interesse, er stellt auch einen nicht unbedeutenden Bestandteil der deutschen Abfallwirtschaft dar. Erstmals wurde die breite Öffentlichkeit im Jahre 1972 auf die Problematik grenzüberschreitender Abfallverbringung durch Pressemitteilungen über Müllimporte aus den Niederlanden und der Schweiz aufmerksam.[10] Nach dem Chemieunfall in Seveso/Italien wurden die hochgiftigen dioxinhaltigen Rückstände in Fässern unkontrolliert abtransportiert und verschwanden schließlich für etwa acht Monate, obwohl in ganz Europa intensiv nach ihnen gesucht wurde. Schließlich wurden sie in Frankreich wiedergefunden.[11]

Knapp an Devisen errichtete die DDR in der Nähe von Lübeck die Deponie Schönberg, auf der ab 1981 nicht nur der Müll einiger Bundesländer, sondern darüber hinaus auch Abfall aus den Niederlanden, Österreich und Italien abgelagert wurde. Insbesondere in diesem Fall stellte sich die Frage, ob durch die Beschickung der Deponie nicht Gefahren innerhalb der Bundesrepublik entstehen könnten. Einen Fall besonderen Abfallexports betraf das Geschehen Wackersdorf - La Hague. Um den Widerstand gegen eine deutsche Wiederaufbereitungsanlage in Wackersdorf zu umgehen, kündigten die deutschen Kraftwerksbetreiber an, ihren Atommüll künftig in La Hague behandeln zu lassen. Dies wiederum löste heftige Gegenreaktionen seitens der Kernkraftgegner aus. Umgekehrt verlangte die niedersächsische Landesregierung vom Bund eine Garantie dafür, daß im Schacht Konrad/Salzgitter des Atommüllendlagers in Gorleben ausschließlich deutscher Atommüll eingelagert werde. Der Streit um die Entsorgung des deutschen Atommülls schwebt bis heute und treibt mit der Einführung verschiedenster Formen der Zwi-

---

9 Verordnung (EWG) Nr. 259/93 des Rates vom 1. Februar 1993 zur Überwachung und Kontrolle der Verbringung von Abfällen in der, in die und aus der Europäischen Gemeinschaft (ABl. Nr. L 30 vom 6. Februar 1993, S. 1 ff.); siehe auch unten, Erster Teil, C III 3 d).

10 *Hösel/v. Lersner*, Recht der Abfallbeseitigung, § 13 AbfG (Nr. 1230) Rn. 1.

11 Vgl. dazu die Stellungnahme der *Bundesregierung* vom 22. April 1983, BT-Drs. 10/27.

schenlagerung bis zu einer Dauer von einundert Jahren (!) bisweilen absonderlich anmutende Blüten. Aber auch im Bereich des allgemeinen Abfallrechts treten verstärkt Probleme auf: Im Jahre 1991 erregte der mit den Entsorgungsproblemen der entsorgungspflichtigen Körperschaften vor allem in Baden-Württemberg verbundene, massenhafte Export von Hausmüll, insbesondere nach Frankreich, die Gemüter der Öffentlichkeit. Bis in die jüngste Zeit machen darüber hinaus Giftmüllexporte in die ehemaligen Ostblockstaaten von sich reden.

Im Jahre 1987 betrug die Menge der in (öffentliche und gewerbliche) Abfallbeseitigungsanlagen angelieferten Abfälle nach den amtlichen Statistiken 106.829.000 Tonnen allein im früheren Bundesgebiet.[12] Im Lande Nordrhein-Westfalen fielen in diesem Zeitraum 5,05 Millionen Tonnen Sonderabfall an.[13] Für das gesamte Bundesgebiet kann man deshalb hochgerechnet wohl von mindestens 10 Millionen Tonnen Sonderabfall ausgehen.[14] Von dieser Menge (Sonderabfall) verbleiben allerdings ca. 55 % in den betriebseigenen Anlagen der Abfallerzeuger. Der deutsche Sonderabfallexport betrug im Jahre 1985 etwa 1,57 Millionen Tonnen, wobei der Hauptabnehmer die DDR (Deponie Schönberg) war. Für das Jahr 1990 liegen die letzten Zahlen vor: Danach exportierte die Bundesrepublik Deutschland ca. 550.000 Tonnen Siedlungsabfälle nahezu ausschließlich nach Frankreich. An Sonder- und sonstigen Abfällen (Klärschlamm etc.) reicht die exportierte Menge ebenfalls an 500.000 Tonnen heran. Hauptabnahmestaaten sind wiederum Frankreich, Belgien und die Niederlande.[15] Insgesamt hat der Abfallexport in diese Länder von 1988 bis 1990 um 45 % zugenommen. Hinsichtlich des Abfallimportes beschränkt sich die Menge auf ca. 33.000 Tonnen. Herkunftsländer sind im wesentlichen die Niederlande, die Schweiz sowie Frankreich.[16] Genaue Zahlen für die Europäische Gemeinschaft sind nicht zu erlangen. Dies liegt zumindest zum Teil an den unterschiedlichen Voraussetzungen, unter denen die einzelnen Mitgliedstaaten Stoffe als Abfälle betrachten. *Yakowitz* spricht von einer Menge von 22 Millionen Tonnen gefährlicher Abfälle europa-

---

12 *Statistisches Bundesamt*, Statistisches Jahrbuch der Bundesrepublik Deutschland 1991, S. 679.

13 *Ministerium für Umwelt, Raumordnung und Landwirtschaft des Landes Nordrhein-Westfalen* (Hrsg.), Rahmenkonzept, S. 14.

14 Andere Quellen nennen hingegen "nur" 5,2 Millionen Tonnen; vgl. z.B. wib 1993, Nr. 10, S. 17.

15 *Umweltbundesamt*, Daten zur Umwelt 1990/91, S. 491.

16 *v. Wilmowsky*, NVwZ 1991, 1 (3).

weit.[17] Anhand der dargestellten Zahlen läßt sich auch die wirtschaftliche Bedeutung abmessen. Die Kosten für die Beseitigung einer Tonne Sonderabfall liegen heute bei mehreren Tausend DM.

Die Gründe, die dazu führen, daß Müll über Staatsgrenzen hinweg verbracht wird, sind vielfältig: Zum einen ist es in vielen Staaten der Mangel an geeigneten inländischen Entsorgungsmöglichkeiten, der zu der Suche nach Möglichkeiten führt, sich der Abfälle im Ausland zu entledigen. Dies gilt hauptsächlich für besondere, überwiegend industrielle Abfälle mit einem erhöhten Gefahrenpotential. Unter geeignet sei in diesem Zusammenhang auch die ökonomische Eignung verstanden. Die Umstände, aus denen sich die Eignung einer Anlage ergeben kann, sind vielfältig. Sie reichen von dem Vorhandensein der Möglichkeit mangels ausreichender Kontrollen Sondermüll unter weniger gefährlichen Müll zu mischen über die unterschiedlichen Möglichkeiten legaler Mülldeponierung bis hin zu Fragen der Akzeptanz der Bevölkerung, die einen Abfallverursacher dazu bewegen können, sich des lästigen Gutes im Ausland zu entledigen. Der Kostenaspekt ist dabei stets im Auge zu behalten. Was die Bundesrepublik betrifft, so liegen die Probleme mittlerweile allerdings eher im tatsächlichen Bereich: Für die große Menge an Sonderabfällen besteht keine ausreichende Entsorgungskapazität. Zum anderen bringt es die wachsende internationale Zusammenarbeit auf dem Gebiet der Wirtschaft, besonders die zunehmende Arbeitsteilung innerhalb multinationaler Konzerne mit sich, daß Abfälle, die in einem Staat anfallen, nicht notwendigerweise in Korrelation zu einem Produkt stehen, daß in diesem Staat hergestellt wurde.[18] Es kommt daher zu einem Ungleichgewicht zwischen Güter- und Abfallproduktion. Stets findet in diesen Fällen aufgrund unterschiedlicher nationaler Umweltstandards ein negativer Verdrängungswettbewerb statt. Die Staaten mit hohen Anforderungen an die Voraussetzungen der Müllbeseitigung exportieren ihren Müll in Staaten mit einem geringeren umweltrechtlichen Niveau. Dies führt zu dem nicht unberechtigten Vorwurf der Durchssetzung einer hochentwickelten Umweltethik auf Kosten der Dritten Welt. Gleichsam zwischen den bisher genannten Gründen liegend kann eine Verbringung von Müll in das Ausland sinnvoll sein, weil hierzulande überflüssige Ausscheidungen der Industriegesellschaft anderswo wertvolle Rohstoffe darstellen können.

---

[17] zitiert nach *v. Wilmowsky*, NVwz 1991, 1 (3), Fn. 15.

[18] Vgl. die Einteilung bei *Szelinski*, UPR 1984, 364.

Die daraus resultierenden Probleme der Abfallwirtschaft werden immer größer. Bei der Planung neuer und der Erweiterung vorhandener Anlagen zur Behandlung von Abfällen - seien es nun Deponien, Sammel-, Verbrennungs- oder Sortieranlagen - regt sich wegen der damit verbundenen Belästigungen stets der Widerstand der benachbarten Bevölkerung. Das gesellschaftliche Bewußtsein, daß mit der bis in die siebziger Jahre ausschließlich betriebenen Endlagerung allen Abfalls eine verantwortungslose Ressourcenvernichtung einhergeht, ist beständig im Wachsen begriffen. Gleichwohl wird von Jahr zu Jahr mehr Müll produziert. Nicht nur moralische, auf die Verantwortung für die Nachfahren gerichtete Bedenken, auch ökonomische Notwendigkeiten zwingen dazu, über einen planvollen Umgang mit den Stoffen nachzudenken, die aus dem Produktions- und Gebrauchskreislauf ausscheiden. Dabei tritt die Vermeidung (primär) und die Verwertung (sekundär) von sogenannten Reststoffen in den Vordergrund. Das, was als Abfall der Deponierung zugeführt werden soll, soll qualitativ und quantitativ bedeutungsloser werden. Auch diesbezüglich wird immer größerer Druck auf die Entscheidungsträger in Politik und Wirtschaft ausgeübt. Diese Tendenz in den westlichen Industriestaaten verstärkt die Problematik. Indem die Möglichkeiten, mit den Abfällen fertig zu werden, auf der einen Seite dazu führt, daß die Planung der nationalen Abfallwirtschaft immer mehr Interessen berücksichtigen muß, werden sich die inländischen Entsorgungsmöglichkeiten mehr und mehr verteuern. Damit werden sie ökonomisch ungeeigneter. Staaten, die nicht der wohlhabenden Ersten Welt angehören, beschließen gelegentlich, sich über den Import von Müll eine Einnahmequelle zu eröffnen. Es ist zu befürchten, daß sich dieser Trend verstärken wird, wenn der Finanzbedarf der ehemaligen Ostblockstaaten weiter steigt und die Kontrollierbarkeit der entstehenden kleineren Staaten eher sinkt.

C. Gesetzliche Regelungen

I. Völkerrechtliche Regelungen

Vorschriften des grenzüberschreitenden Verkehrs mit Abfällen finden sich im innerstaatlichen deutschen Recht vor allem im Recht des Bundes, das den Ausgangs- und Schwerpunkt der hier anzustellenden Betrachtungen darstellen soll. Das Landesrecht hat demgegenüber eine nur untergeordnete Bedeutung.

Es enthält im wesentlichen verwaltungsinterne Ausführungsbestimmungen,[19] die bei den folgenden Betrachtungen aber zu vernachlässigen sind.

Jeder grenzüberschreitende Verkehr berührt naturgemäß den Rechtskreis von mindestens zwei Staaten: Stellt sich ein derartiger Vorgang für den einen beteiligten Staat als Import dar, ist er für den anderen Export.[20] Aus diesem Grunde sind über die bundesdeutschen, Regelungen hinaus auch über- und zwischenstaatliche Vorschriften von Interesse. Als derartige Normen des Völkerrechts sind beispielsweise die sogenannten "Cairo-Guide-Lines" über "Environmentally Sound Management of Hazardous Waste" des Umweltprogramms der Vereinten Nationen (UNEP)[21] zu nennen, die auch zur Entwicklung des Übereinkommens von Basel geführt haben.

Die die Staaten nicht bindenden "Cairo-Guide-Lines" vom 17. Juni 1987 des Umweltprogramms[22] folgten den völkerrechtlich ebenfalls unverbindlichen Empfehlungen der OECD-Richtlinien 1983 - 1989.[23] Vorläufiger Schlußpunkt der Entwicklung der UNEP-Initiativen ist das Basler Übereinkommen vom 22. März 1989 über die Kontrolle der grenzüberschreitenden Verbringung gefährlicher Abfälle und ihrer Entsorgung.[24] Es sieht eine Beschränkung der Müllverbringung bestimmter, nicht nur gefährlicher Abfälle in und aus solche Staaten vor, die entweder das Abkommen gezeichnet haben, deren Schutzvorkehrungen denen des Abkommens entsprechen oder wenn bi- oder multilaterale Abkommen bestehen, deren Inhalt mindestens dem Umweltschutzstandard des Basler Abkommens entspricht. Darüber hinaus wird eine Rücknahmeverpflichtung des Herkunftsstaates festgelegt.[25]

---

19 Vgl. zum Beispiel den Runderlaß des nordrhein-westfälischen Ministers für Umwelt, Raumplanung und Landwirtschaft vom 10. April 1990 - III A 2 851/4.

20 Als Ausnahme erscheint die Verbringung von Abfällen auf die Hohe See zur dortigen Entsorgung. Hier ist unmittelbar kein zweiter Staat beteiligt.

21 Doc. 14/30 of the Governing Council of United Nations Environmental Program (UNEP); vgl. Kunig, NuR 1989, 19 (21).

22 "Environmentally Sound Management of Hazardous Waste", Doc. 14/30 of the Governing Council of United Nations Environmental Program (UNEP); vgl. *Kunig*, NuR 1989, 19 (21).

23 Vgl. hierzu *Szelinski*, UPR 1984, 364 (368); *OECD*, Hazardous Waste Legislation in OECD Countries; *dies.*, Doc. OECD ENV/WMP/82/7 "International Relations and the Transfrontier Movement of Special Wastes".

24 "Convention on the Control of the Transborder Movement of Hazardous Waste".

25 Vgl. hierzu *Hösel/v. Lersner*, Recht der Abfallbeseitigung, § 13 AbfG (Nr. 1230) Rn. 38.

Weitergehend sind völkerrechtliche Verpflichtungen, die die EG-Mitgliedstaaten aufgrund des Lomé-IV-Abkommens gegenüber den AKP-Staaten treffen: Generell abgelehnt wird danach eine Ausfuhr von jedwedem Abfall in Staaten der Dritten Welt.[26] Im Bereich der Entsorgung auf Hoher See ist die Bundesrepublik Deutschland in noch stärkerem Maße in völkerrechtliche Verpflichtungen eingebunden, die sich aus den Abkommen von London und Oslo[27] ergeben, deren Zustimmungsgesetz im Sinne von Art. 59 Abs.2 GG das Hohe-See-Einbringungsgesetz ist.[28] Die Abkommen enthalten eine "Schwarze Liste" und eine "Graue Liste", deren Stoffe nicht oder nur in beschränktem Umfang auf See entsorgt werden dürfen. Aufgrund dieser völkerrechtlichen Verpflichtungen hat die Bundesrepublik die Entsorgung der Abfälle auf Hoher See weitgehend eingestellt.[29]

Völkerrecht entfaltet nur dann innerstaatliche Verbindlichkeit, wenn ein innerstaatlicher Akt die Umsetzung eines völkerrechtlichen Vertrages anordnet[30] oder soweit es sich um sogenannte allgemeine Regeln des Völkerrechts im Sinne von Art. 25 S. 1 GG, also um universell geltendes Völkergewohnheitsrecht handelt. Geltungsgrund ist in einem Falle das entsprechende Parlamentsgesetz, im anderen Falle Art. 25 S. 1 GG. Spezielle Normen, die sich mit der grenzüberschreitenden Verbringung von Abfällen befassen, sind nicht ersichtlich. Fälle, in denen ein Staat die Gebietshoheit eines anderen dadurch verletzt, daß er Abfälle gegen dessen Willen auf dessen Staatsgebiet verbringt, bleiben außerhalb der hier anzustellenden Betrachtung.[31] Soweit die Abfallverbringung mit dem Willen der beteiligten Staaten übereinstimmt, kann ein Verstoß gegen die allgemeinen Regeln des Völkerrechts nicht erkannt werden.

---

26 BT-Drs. 11/7364; vgl. hierzu auch *Hösel/v. Lersner*, Recht der Abfallbeseitigung, § 13 AbfG (Nr. 1230) Rn. 39.

27 Übereinkommen vom 15. Februar 1972 und 29. Dezember 1972 zur Verhütung der Meeresverschmutzung durch das Einbringen von Abfällen durch Schiffe und Luftfahrzeuge (BGBl. II, 1977, S. 165), zuletzt geändert durch Gesetz vom 28. April 1980 (BGBl II, S. 606).

28 *Kunig* in: *Kunig/Schwermer/Versteyl*, Abfallgesetz, § 13 Rn. 36.

29 *Bundesminister für Umwelt, Naturschutz und Reaktorsicherheit* (Hrsg.), Umweltschutz in Deutschland - Nationalbericht der Bundesrepublik Deutschland für die Konferenz der Vereinten Nationen über Umwelt und Entwicklung in Brasilien im Juni 1992, Bonn 1992, S. 54; vgl. auch *Kunig* in: *Kunig/Schwermer/Versteyl*, Abfallgesetz, § 13 Rn. 35.

30 Dies geht aus Art. 25 und 59 Abs. 2 GG hervor, vgl. BVerfG, Beschluß vom 22. Oktober 1986 - 2 BvR 197/83, BVerfGE 73, 339 (375) sowie *Jarass* in: *Jarass/Pieroth*, Grundgesetz, Art. 25 Rn. 1.

31 Problemstellungen dieser Art sind beispielsweise denkbar, soweit es um die Verbringung von Abfällen auf die Hohe See geht und die beteiligten Staaten unterschiedlicher Ansicht über die Ausdehnung des Küstenmeeres sind.

Hinsichtlich völkerrechtlicher Verträge ist zu differenzieren zwischen der völkerrechtlichen Verbindlichkeit, die mit der Ratifizierung des entsprechenden Abkommens eintritt[32] und der innerstaatlichen Verbindlichkeit, die, wie oben erwähnt, der Umsetzung durch ein Vertragsgesetz nach Art. 59 Abs. 2 GG bedarf. Ob eine innerstaatliche Verbindlichkeit besteht, ist eine Frage des innerstaatlichen Rechts. An dieser Stelle sind aber die völkerrechtlichen Verbindlichkeiten der Bundesrepublik Deutschland von Interesse. Aus diesem Grunde sind die ratifizierten völkerrechtlichen Akte selbst vorzustellen.

Als Mitglied der Europäischen Gemeinschaft ergeben sich für die Bundesrepublik Deutschland darüber hinaus besondere, gemeinschaftsrechtliche Verpflichtungen. Regelungen über den grenzüberschreitenden Verkehr mit Abfällen spielen im Umweltrecht der Europäischen Gemeinschaft eine nicht unbedeutende Rolle. Zu nennen sind in diesem Zusammenhang insbesondere die "Richtlinie über Abfälle" (75/442/EWG)[33] sowie die "Richtlinie über die Überwachung und Kontrolle - in der Gemeinschaft - der grenzüberschreitenden Verbringung gefährlicher Abfälle" (84/631/EWG)[34] sowie die Verordnung des Rates vom 1. Februar 1993.[35] Diese Vorschriften sind im einzelnen darzustellen. Ein weiterer, von der deutschen Rechtswissenschaft scheinbar lange ignorierter Gesichtspunkt rückt das Recht der Europäischen Gemeinschaft in den Vordergrund: Der Vorrang des Gemeinschaftsrechts vor dem nationalen Recht[36] bedingt nicht nur, daß die nationalen Regelungen die Vorgaben des Gemeinschaftsrechts erfüllen müssen, vielmehr wird das Gemeinschaftsrecht künftig mehr als bisher Auslegungshilfe und Auslegungsrichtschnur nationalen Rechts sein müssen. Gerade in einem Sachgebiet, daß die Interessen anderer Mitgliedstaaten unmittelbar berührt, ist dem Gemeinschaftsrecht deshalb ein besonderes Interesse zu widmen.

---

32 *Jarass* in: *Jarass/Pieroth*, Grundgesetz, Art. 59 Rn. 2.

33 Vom 15. Juli 1975 (ABl. Nr. L 194 vom 25. Juli 1975, S. 47), zuletzt geändert durch die Richtlinie des Rates vom 18. März 1991 (91/156/EWG - ABl. Nr. L 78 vom 26. März 1991, S. 32).

34 Vom 6. Dezember 1984 (ABl. Nr. L 326 vom 13. Dezember 1984, S. 31).

35 Verordnung (EWG) Nr. 259/93 des Rates vom 1. Februar 1993 zur Überwachung und Kontrolle der Verbringung von Abfällen in der, in die oder aus der Europäischen Gemeinschaft (ABl. Nr. L 30 vom 6. Februar 1993, S. 1).

36 BVerfG, Beschluß vom 22. Oktober 1986 - 2 BvR 197/83, BVerfGE 73, 339 (375) sowie Beschluß vom 8. April 1987 - 2 BvR 687/85, BVerfGE 75, 223 (242 f.); *Jarass* in: *Jarass/Pieroth*, Grundgesetz, Art. 24 Rn. 11.

II. Gemeinschaftsrechtliche Regelungen

1. Primäres und sekundäres Gemeinschaftsrecht

Soweit es das Recht der Europäischen Gemeinschaft betrifft, finden sich Ansatzpunkte für ein Recht der grenzüberschreitenden Abfallverbringung zunächst im primären Gemeinschaftsrecht, genauer: im Bereich der Grundfreiheiten. Diese Bestimmungen sind weder umweltrechtlicher, noch speziell abfallrechtlicher Natur. Sie dienen als allgemeine Regelungen primär der Beseitigung von Hemmnissen auf dem Weg zur Errichtung eines Gemeinsamen Marktes.[37] Gleichwohl können sie das Abfallverbringungsrecht beeinflussen, indem sie diesem Rahmenbedingungen, wie beispielsweise hinsichtlich der Einschränkbarkeit des Warenverkehrs, setzen.

Unter *primärem Gemeinschaftsrecht* versteht man dasjenige Recht, das die Mitgliedstaaten selbst aufgrund multilateraler völkerrechtlicher Abkommen untereinander gesetzt haben,[38] also hauptsächlich die Gründungsverträge vom EWG[39], EGKS[40] und EURATOM[41] nebst ihrer Anhänge und späteren Änderungen, wie beispielsweise durch die Einheitliche Europäische Akte[42] oder den Unionsvertrag.[43] Es stellt damit gewissermaßen das Verfassungsrecht der Europäischen Gemeinschaft dar.[44] *Sekundäres Gemeinschaftsrecht* hingegen ist solches, das die Organe der Europäischen Gemeinschaft nach Maßgabe der Gründungsverträge erlassen haben.[45] Die möglichen Erscheinungsformen sekundären Gemeinschaftsrechts sind Verordnungen und allgemeine Entscheidungen, Einzelfallentscheidungen, Richtlinien und Empfehlungen sowie sogenannte ungekennzeichnete Rechtshandlungen. Zwischen dem primären und dem sekundären Gemeinschaftsrecht besteht eine hierar-

---

37 *Streinz*, Europarecht, S. 200.

38 Vgl. *Schweitzer/Hummer*, Europarecht, S. 46 f.

39 Vom 25. März 1957 (BGBl. II, S. 766, berichtigt S. 1678 und BGBl. II 1958, S. 64).

40 Vom 18. April 1951 (BGBl. II 1952, S. 447).

41 Vom 25. März 1957 (BGBl. II, S. 1014, berichtigt S. 1679).

42 Vom 28. Februar 1986 (ABl. Nr. L 169 vom 29. Juni 1987, S. 1).

43 Vertrag über die Europäische Union vom 7. Februar 1992, abgedruckt bei *Geiger*, EG-Vertrag, Anhang 1.

44 *Oppermann*, Europarecht, S. 154.

45 Vgl. *Schweitzer/Hummer*, Europarecht, S. 49 f.

chische Beziehung dergestalt, daß dem primären Recht ein Vorrang gegenüber dem sekundären Recht zukommt.[46]

2. Regelungen des primären Gemeinschaftsrechts über grenzüberschreitende Verbringung von Abfall

Die Art. 30 ff. EGV garantieren die Freiheit des Waren-, die Art. 59 ff. EGV die des Dienstleistungsverkehrs innerhalb der Europäischen Gemeinschaft. Gleichgültig, ob man die grenzüberschreitende Verbringung von Abfall mit einem Teil der Literatur[47] und nunmehr - mit dem Urteil vom 9. Juli 1992 - auch dem *Europäischen Gerichtshof*[48] als Warenverkehr oder ob man sie als Dienstleistung ansieht,[49] jedenfalls folgt aus diesen Grundfreiheiten, daß die grenzüberschreitende Verbringung von Abfall prinzipiell nicht eingeschränkt werden darf. Diese Folgerung wird auch als das *Prinzip der offenen Grenzen in der Abfallentsorgung* bezeichnet.[50] Dieses Prinzip unterliegt den Beschränkungen, die der EG-Vertrag für die Grundfreiheiten vorsieht. So sind beispielsweise Beschränkungen des freien Warenverkehrs im Sinne der Art. 30 und 34 EGV durch gesetzliche Bestimmungen der Mitgliedstaaten nach Art. 36 EGV unter anderem zum Schutz der Gesundheit und des Lebens von Menschen, Tieren und Pflanzen zulässig. Eine weitere Einschränkungsermächtigung kann sich - soweit man von einer Bindung der Gemeinschafts-

---

46 *Oppermann*, Europarecht, S. 154.

47 Als Warenverkehr betrachten die grenzüberschreitende Abfallverbringung bspw. *Pernice*, NVwZ 1990, 414 (416); *Vandermeersch*, SEW 6 (1984), 315 (320 ff.); *Friedrich*, UPR 1988, 4 (9); *Jans*, Tijdschrift voor milieu en recht 1985, 334 (337).

48 EuGH, Urteil vom 9. Juli 1992 - Rs. C-2/90 (Kommission/Königreich Belgien), Rn. 28, NVwZ 1992, 871 (873).

49 Vgl. zum Meinungsstand in der Literatur *Eisberg*, Der Grundsatz der Abfallentsorgung im Inland, S. 69 ff.; für eine Einordnung als Dienstleistung ders., aaO, S. 89 ff.; *von Kempis*, UPR 1985, 354 (357); *von Wilmowsky*, Abfallwirtschaft im Binnenmarkt, S. 90; *Schröder*, WiVerw 1990, 118 (131 f.); *Hösel/von Lersner*, Recht der Abfallbeseitigung, § 13c AbfG (Nr. 1233) Rn. 2; *Skordas*, Umweltschutz und freier Warenverkehr im EWG-Vertrag und GATT, S. 42 ff.

50 *Szelinski*, Die aktuelle Situation, S. 54; *Schröder*, WiVerw 1990, 118 (130).

organe an die Grundfreiheiten des EG-Vertrages ausgeht -[51] möglicherweise aus Art. 130s Abs.1 EGV ergeben, wonach der Rat der Gemeinschaft ein Tätigwerden der Gemeinschaft auf dem Gebiet des Umweltschutzes beschließen kann.[52]

3. Sekundäres Gemeinschaftsrecht zur Regelung der grenzüberschreitenden Verbringung von Abfall

a) Bedeutung sekundären Gemeinschaftsrechts

Die Europäischen Gemeinschaften haben sekundäres Gemeinschaftsrecht auf dem Gebiet des Abfallrechts hauptsächlich in Form von Richtlinien gemäß Art. 189 Abs. 1 und Abs. 3 EGV geschaffen.

Mit ihnen existiert grundsätzlich kein unmittelbar geltendes Recht, auf das sich die Mitgliedstaaten bei Maßnahmen gegenüber ihren Bürgern berufen können. Die Richtlinien ähneln in ihrer Regelungswirkung und -intensität dem Typus der bundesdeutschen Rahmengesetze nach Art. 75 GG,[53] weil sie wie diese primär nicht unmittelbar Rechtsbeziehungen zwischen den Bürgern bzw. zwischen einzelnen Bürgern und dem Staat regeln sollen, sondern trotz ihrer Vereinheitlichungswirkung ihren Adressaten, also im Bereich der Rahmengesetzgebung nach Art. 75 GG den Landesgesetzgebern, Raum für eigene Willensentscheidungen lassen sollen.[54] Die Umsetzung der Richtlinie erfolgt aber durch innerstaatliche Rechtsakte der Mitgliedstaaten, die erst dann auch innerstaatliche Wirksamkeit entfalten. Von dieser Form der Regelungen ist die heutige Praxis der Rahmengesetzgebung der Bundesrepublik

---

51 Vgl. hierzu *Müller-Graff* in: *Groeben/Thiesing/Ehlermann* (Hrsg.), Kommentar zum EWG-Vertrag, Art. 30 Rn. 123 ff.; EuGH, Urteil vom 25. Januar 1977 - Rs. 46/76 (Bauhuis/ Niederlande), Slg. 1977, 5 (17); Urteil vom 20. April 1978 - Rs. 80/77 (Commissionaires Réunis/Receveur des Douanes), Slg. 1978, 929 (930); Urteil vom 13. Dezember 1983 - Rs. 218/82 (Kommission/Rat), Slg. 1983, 4063 (4074); Urteil vom 29. Februar 1984 - Rs. 37/83 (REWE-Zentrale/Landwirtschaftskammer Rheinland), Slg. 1984, 1229 (1248); Urteil vom 17. Mai 1984 - Rs. 15/83 (Denkavit Nederland/Hoofproduktschap voor Akkerbouwprodukten), Slg. 1984, 2171 (2172); Urteil vom 7. Februar 1985 - Rs. 240/83 (Procureur de la République/ ADBHU), Slg. 1985, 531 (549).

52 Vgl. *Grabitz* in: *Grabitz* (Hrsg.), Kommentar zum EWG-Vertrag, Art. 130s Rn. 4.

53 *Grabitz* in: *Grabitz* (Hrsg.), Kommentar zum EWG-Vertrag, Art. 189 Rn. 51.

54 *Pieroth* in: *Jarass/Pieroth*, Grundgesetz, Art. 75 Rn. 1; BVerfG, Urteil vom 1. Dezember 1954 - 2 BvG 1/54 BVerfGE 4, 115 (129); Beschluß vom 28. November 1973 - 2 BvL 42/71, BVerfGE 36, 193 (202).

Deutschland allerdings weit entfernt. Oft werden bereits konkrete - und vollziehbare - Regelungen in Rahmengesetzen getroffen.

b) Abfallrichtlinien der Europäischen Gemeinschaft

Die Richtlinie 75/442/EWG über Abfälle[55] in der Fassung der Änderung durch die Richtlinie 91/156/EWG[56] - im folgenden als *Abfallrahmenrichtlinie* bezeichnet - und die Richtlinie 78/319/EWG über giftige und gefährliche Abfälle[57], zuletzt geändert durch die Richtlinie 91/689/EWG[58] - im folgenden als *Richtlinie über gefährliche Abfälle* bezeichnet - stellen das Grundgerüst des Abfallrechts der Gemeinschaft dar.

Die *Abfallrahmenrichtlinie* enthält neben Begriffsdefinitionen die Grundsätze einer Abfallwirtschaft innerhalb der Europäischen Gemeinschaft. Sie legt die Ziele fest, die die Mitgliedstaaten durch nationale Regelungen erreichen sollen. So bestimmt beispielsweise Art. 4 der Abfallrahmenrichtlinie, daß die Verwertung und die Beseitigung von Abfällen die menschliche Gesundheit nicht gefährden und die Umwelt nicht schädigen darf. Nach Art. 7 der Abfallrahmenrichtlinie haben die Mitgliedstaaten eine Abfallplanung durchzuführen.

Die *Richtlinie über gefährliche Abfälle* beinhaltet Sonderbestimmungen für eine bestimmte Gruppe von Abfällen, die im Rahmen dieser Richtlinie zunächst eine Definition erfährt. Bei gefährlichen Abfällen handelt es sich um eine Teilmenge der Abfälle im Sinne der Abfallrahmenrichtlinie, was bewirkt, daß die Regelungen der Abfallrahmenrichtlinie für sie anwendbar bleiben. Die Richtlinie über gefährliche Abfälle enthält in materieller Hinsicht Bestimmungen über die besondere Behandlung, die die gefährlichen Abfälle wegen der über das Normale hinausgehenden Gefahren, die von ihnen ausgehen können, bedürfen. So sind besondere Pläne und Überwachungsmaßnahmen vorgesehen.[59] Die besondere Problematik von grenzüberschrei-

---

[55] Vom 15. Juli 1975 (ABl. Nr. L 194 vom 25. Juli 1975, S. 47 ff.).

[56] Vom 18. März 1991 (ABl. Nr. L 78 vom 26. März 1991, S. 32 ff.).

[57] Vom 20. März 1978 (ABl. Nr. L 84 vom 31. März 1978, S. 43 ff.).

[58] Vom 12. Dezember 1991 (ABl. Nr. L 377 vom 31. Dezember 1991, S. 20 ff.).

[59] Vgl. Art. 12 und 14 der Richtlinie über gefährliche Abfälle.

tenden Abfallverbringungen wird allerdings nur am Rande in den Erwägungsgründen der Richtlinie erwähnt.

Zum grenzüberschreitenden Verkehr mit Abfall heißt es in Erwägungsgrund Nr. 7 der Änderungsrichtlinie 91/156/EWG, daß es wünschenswert sei, daß jeder Mitgliedstaat die Entsorgungsautarkie anstrebe. Entsprechend bestimmt Art. 5 Abs. 1 der Abfallrahmenrichtlinie, daß ein durch Maßnahmen der Mitgliedstaaten errichtetes Netz von Abfallbeseitigungsanlagen es der Gemeinschaft insgesamt erlauben soll, die Entsorgungsautarkie zu erreichen und den Mitgliedstaaten ermöglichen soll, diese Autarkie anzustreben. Dies steht auf den ersten Blick in einem Widerspruch zum Prinzip der offenen Grenzen in der Abfallentsorgung.[60] Der Abfallbegriff der Abfallrahmenrichtlinie, wie er sich nach der Änderung durch die Richtlinie 91/156/EWG darstellt, unterscheidet sich von dem des deutschen Abfallgesetzes dergestalt, daß das Gemeinschaftsrecht mehr an objektive Gegebenheiten anknüpft.[61] Dies bedingt möglicherweise ein Auseinanderfallen der Anwendbarkeit des deutschen und des europäischen Abfallregimes.

c) Die EG-Richtlinie über die grenzüberschreitende Verbringung von gefährlichen Abfällen

Die grenzüberschreitende Verbringung gefährlicher Abfälle regelt auf europäischer Ebene die Richtlinie 84/631/EWG, im folgenden als Verbringungsrichtlinie bezeichnet.[62] Hinsichtlich des Begriffs der gefährlichen Abfälle bezieht sie sich auf die eben erwähnte Richtlinie über gefährliche Abfälle (vgl. Art. 2 der Verbringungsrichtlinie), die in einer Liste die giftigen und gefährlichen Stoffe und Materialien aufführt.[63] Auch die Verbringungsrichtlinie enthält demzufolge Sonderrecht für eine besondere Form des Umgangs mit besonderen Abfällen. Die Bestimmungen der Abfallrahmenrichtlinie sowie der Richtlinie über gefährliche Abfälle bleiben auch bei einer Ver-

---

60 Ob dies tatsächlich der Fall ist, wird näher zu untersuchen sein.

61 *Birn*, NVwZ 1992, 419 (420); EuGH, Urteil vom 28. März 1990 - verbundene Rs. C-206/88 und C-207/88 (G. Vessoso und G. Zanetti), Slg. 1991, I-1461 (I-1477); EuGH, Urteil vom 28. März 1990 - Rs. C 359/88 (E. Zanetti u. a.), Slg. 1991, I-1509 (I-1522); siehe hierzu unten, Zweiter Teil, B II.

62 Vom 6. Dezember 1984 (ABl. Nr. L 326 vom 13. Dezember 1984, S. 31), zuletzt geändert durch die Richtlinie der Kommission vom 23. Dezember 1986 (ABl. Nr. L 48 vom 17. Februar 1987, S. 31).

63 Vgl. ABl. Nr. L 48 vom 31. März 1978, S. 48.

bringung anwendbar, soweit die Vorschriften der Verbringungsrichtlinie diese nicht ausdrücklich verdrängen.

Der Besitzer gefährlicher Abfälle hat gemäß Art. 3 Abs. 1 der Verbringungsrichtlinie vor der grenzüberschreitenden Verbringung eine Notifizierung bei den betroffenen Mitgliedstaaten durchzuführen. Diese Notifizierung verläuft dergestalt, daß der pflichtige Besitzer die Behörden mit Hilfe eines einheitlichen Begleitscheins, Art. 3 Abs. 2, von der Verbringung sowie von bestimmten, sich aus Art. 3 Abs. 3 ergebenden Umständen in Kenntnis setzt. Die betroffenen Mitgliedstaaten haben dann das Recht, Einwände zu erheben, die vor dem Beginn der Verbringung auszuräumen sind.

d) Die EG-Abfallverbringungsverordnung vom 1. Februar 1993

aa) Neue Regelungen des Rechts der grenzüberschreitenden Abfallverbringung

Die Regelungen der eben beschriebenen Verbringungsrichtlinie 84/631/ EWG werden nach einer neuen Verordnung des Rates zur Überwachung und Kontrolle der Verbringung von Abfällen im Mai 1994 abgelöst.[64] Verschiedene Gründe haben den Rat dazu bewogen, diese Richtlinie durch eine neue Regelung der grenzüberschreitenden Verbringung von Abfällen abzulösen. Einige dieser Gründe haben ihren Niederschlag in den Erwägungsgründen zu der EG-Abfallverbringungsverordnung gefunden. Seitens der Europäischen Gemeinschaft eingegangene, in den Erwägungsgründen Nr. 1 bis Nr. 3 EG-AbfVerbrV erwähnte, völkerrechtliche Verpflichtungen haben eine Überarbeitung der Verbringungsrichtlinie erforderlich gemacht, weil die genannten Verpflichtungen teilweise weiter reichen als die Regelungen der Richtlinie. Zur Erfüllung der Verpflichtungen gegenüber den Vertragspartnern dieser völkerrechtlichen Verträge war daher eine Novellierung des Rechts der grenzüberschreitenden Abfallverbringung erforderlich. Wie sich aus Erwägungsgrund Nr. 4 EG-AbfVerbrV ergibt, hielt der Rat dabei den Erlaß eines Rechtsaktes in Form einer Verordnung im Sinne des Art. 189 Abs. 2 EGV

---

64 Verordnung (EWG) Nr. 259/93 des Rates vom 1. Februar 1993 zur Überwachung und Kontrolle der Verbringung von Abfällen in der, in die und aus der Europäischen Gemeinschaft (ABl. Nr. L 30 vom 6. Februar 1993, S. 1 ff.) - EG-AbfVerbrV.

für geboten. Die Notwendigkeit zum Erlaß einer Verordnung ergibt sich aus dem Fehlen unmittelbarer Anwendbarkeit der jeweiligen völkerrechtlichen Verträge in den Rechtsordnungen der Mitgliedstaaten. Hieraus ergibt sich für die Europäischen Gemeinschaft, die mit dem Abschluß der Verträge auch die Verpflichtung zur tatsächlichen Umsetzung eingegangen sind, ein Komplettierungsbefehl, der mit dem Erlaß einer Richtlinie nicht zwingend befolgt werden kann.[65] Erst die unmittelbare Geltung der Verordnung in den Rechtsordnungen der Mitgliedstaaten kann die Erfüllung der internationalen Verpflichtung sicherstellen. Als Verordnung entfaltet die gemeinschaftsrechtliche Regelung eine umfassende Rechtswirkung, die mit der eines Gesetzes vergleichbar ist.[66] Art. 189 Abs. 2 EGV bestimmt, daß die Verordnungen unmittelbare Wirkung in den Mitgliedstaaten entfalten, was bedeutet, daß sie sowohl die Mitgliedstaaten zur Befolgung verpflichten, als auch direkte Wirkung gegenüber den Bürgern der Mitgliedstaaten entfalten, indem sie für diese Rechte und Pflichten begründen.[67] Eines weiteren innerstaatlichen Transformationssaktes bedarf die Verordnung, im Gegensatz zu einer Richtlinie, nicht.

Der Anwendungsbereich der Verbringungsrichtlinie ist auf gefährliche Abfälle beschränkt. Aufgrund der eingangs geschilderten Probleme der grenzüberschreitenden Verbringung von Hausmüll erschien eine, sämtliche Abfallkategorien erfassende Regelung geboten. Erwägungsgrund Nr. 7 EG-AbfVerbrV nennt mit dem durch die Änderung der Richtlinie 75/442/EWG über Abfälle durch die Richtlinie 91/156/EWG vom 18. März 1991 eingefügten Konzept des Erreichens einer gemeinschaftsweiten Entsorgungsautarkie und des Strebens nach mitgliedstaatlicher Entsorgungsautarkie einen weiteren, sachlichen Grund für die Änderung der Regelungen der grenzüberschreitenden Verbringung.[68] Zusammen mit dem Prinzip der Nähe und dem Vorrang der Verwertung ergibt sich eine Zielvorstellung, die auf eine Verminderung von grenzüberschreitenden Abfallverbringungen gerichtet ist. Die Verfolgung dieser Ziele erschien mit den Mitteln der Verbringungsrichtlinie nicht möglich. Darüber hinaus dürften mitgliedstaatliche Interessen am

---

65 Vgl. *Tomuschat* in: *Groeben/Thiesing/Ehlermann* (Hrsg.), Kommentar zum EWG-Vertrag, Art. 228 Rn. 62; *Arnold*, Der Abschluß gemischter Verträge durch die Europäische Gemeinschaft, ArchVölkR 19 (1980/81), S. 419 (461).

66 *Grabitz* in: *Grabitz* (Hrsg.), Kommentar zum EWG-Vertrag, Art. 189 Rn. 43 ff.

67 EuGH, Urteil vom 31. Januar 1978 - Rs. 94/77 (Fratelli Zebone S.N.C. Amministrazione delle Finanze dello Stato), Slg. 1978, 99 (99f.); *Daig/Schmidt* in: *Groeben/Thiesing/Ehlermann* (Hrsg.), Kommentar zum EWG-Vertrag, Art. 189, Rn. 27 ff.

68 Siehe Erwägungsgrund Nr. 7 der Richtlinie 91/156/EWG.

Erhalt ihrer nationalen Regelungen über die Abfallverbringung Eingang in die Verordnung gefunden haben.

Art. 44 Abs.1 EG-AbfVerbrV regelt, daß die Verordnung am dritten Tag nach ihrer Veröffentlichung im Amtsblatt der Europäischen Gemeinschaft in Kraft tritt. Diese Veröffentlichung im Amtsblatt ist am 6. Februar 1993 geschehen, weshalb die Verordnung bereits seit dem 9. Februar 1993 in Kraft ist. Art. 44 Abs. 2 EG-AbfVerbrV bestimmt jedoch, daß die Verordnung erst fünfzehn Monate nach ihrer Verkündung zur Anwendung gelangt. Dieser Termin ist der 6. Mai 1994. Die Zeitspanne zwischen dem Zeitpunkt des Inkrafttretens und des Beginns der Anwendbarkeit dient einerseits dazu, die Voraussetzungen der Anwendbarkeit zu schaffen. So erwähnt Art. 42 Abs. 1 EG-AbfVerbrV die Schaffung eines einheitliche Begleitscheines bis drei Monate vor Anwendungsbeginn, Art. 38 Abs. 1 EG-AbfVerbrV gewährt die gleiche Frist für Mitteilungen der Mitgliedstaaten an die Kommission über Einzelheiten der innerstaatlich zuständigen Behörden wie beispielsweise deren Anschrift, Dienststempel etc. Der Erwägungsgrund Nr. 21 EG-AbfVerbrV spricht von der Erstellung der in der Verordnung vorgesehenen Dokumente und die Anpassung der Anhänge (Grüne, Gelbe, Rote Liste) in einem Gemeinschaftsverfahren. Andererseits stellt die zeitlich verschobene Anwendbarkeit einen politischen Kompromiß dar.

bb) Systematik der Bestimmungen der EG-AbfVerbrV

Die Verordnung regelt das Recht der Verbringung von Abfällen umfassend für alle Arten von Abfallverbringungen. Erfaßt wird die Verbringung zwischen den Mitgliedstaaten der Europäischen Gemeinschaft, die Verbringung innerhalb der einzelnen Mitgliedstaaten und jede Verbringung mit Bezug zu Staaten, die nicht Mitgliedstaaten der Europäischen Gemeinschaft sind. Insofern hat die Verordnung bereits einen weiteren Anwendungsbereich als die Verbringungsrichtlinie, die innerstaatliche Verbringungen nicht erfaßt hat. Weiterhin wird innerhalb der Verordnung jeweils unterschieden zwischen der Verbringung von Abfällen, die zur Beseitigung bestimmt sind und solchen, die zur Verwertung bestimmt sind. Die Verbringung von zur Beseitigung bestimmten Abfällen ist dabei grundsätzlich strengeren Anforderungen unterworfen als die Verbringung von zur Verwertung bestimmten Abfällen.

Wie schon durch die Verbringungsrichtlinie wird für die Verbringung von Abfall "zwischen den Mitgliedstaaten", so die EG-rechtliche Terminologie, eine Notifizierung der Abfallverbringung gefordert. Die Ein- und die Ausfuhr von Abfällen über die Außengrenzen der Europäischen Gemeinschaft wird grundsätzlich untersagt, für Teilbereiche allerdings Ausnahmen zugelassen. In Titel I - Geltungsbereich und Begriffsbestimmungen - Titel VII - Gemeinsame Bestimmungen - und Titel VIII - Sonstige Bestimmungen - der Verordnung werden für alle Verbringungsarten geltende Regelungen getroffen.

cc) Regelungen der grenzüberschreitenden Verbringung zwischen den Mitgliedstaaten der Europäischen Gemeinschaft

Die neue Verordnung unterscheidet Verbringungen zwischen Mitgliedstaaten (Art. 3 bis 12 EG-AbfVerbrV), innerhalb der Mitgliedstaaten (Art. 13 EG-AbfVerbrV) und Verbringungen über die Außengrenzen der Europäischen Gemeinschaft (Art. 14 bis 24 EG-AbfVerbrV). Von besonderem Interesse sind dabei die Bedingungen der Verbringung zwischen den Mitgliedstaaten der Europäischen Gemeinschaft.

Die Artikel 3 bis 5 EG-AbfVerbrV (Abschnitt A) regeln die Verbringung von Abfällen, die zur Beseitigung bestimmt sind, während die Artikel 6 bis 11 EG-AbfVerbrV Abfälle betreffen, die verwertet werden sollen. Unter "Beseitigung" und "Verwertung" im gemeinschaftsrechtlichen Sinne sind all die Verfahren zu Verstehen, die im Anhang II A (Beseitigung) und im Anhang II B (Verwertung) der Richtlinie 75/442/EWG aufgeführt werden. Die Verwertungsverfahren dienen dazu, die Reststoffe einer weiteren, erneuten Verwendung zuzuführen, die sowohl stofflicher als auch thermischer Natur sein kann, während Beseitigungsverfahren die Stoffe aus dem Stoffkreislauf herausnehmen. Insofern entspricht die gemeinschaftsrechtliche Trennung von Beseitigung und Verwertung durchaus den im deutschen Abfallrecht herrschenden Vorstellungen.[69] Eine Notifizierung der grenzüberschreitenden Verbringung ist für beide Verbringungsarten bei der zuständigen Behörde am Bestimmungsort vorzunehmen. Der Begriff der Notifizierung wird, wie be-

---

[69] Vgl. zu Beseitigung und Verwertung *Versteyl* in: *Kunig/Schwermer/Versteyl*, Abfallgesetz, Einl. Rn.3.

reits in der Verbringungsrichtlinie, auch in der Verordnung nicht definiert. Insofern kann auf die entsprechenden Ausführungen verwiesen werden.[70] Die Einwendungsmöglichkeiten der zuständigen Behörden sind gegenüber den Regelungen der Richtlinie erheblich erweitert worden.[71]

Am 21. April hat das *Europäische Parlament* bei dem *Europäischen Gerichtshof* Klage gegen den *Rat der Europäischen Gemeinschaften* mit dem Antrag eingereicht, die EG-Abfallverbringungsverordnung für nichtig zu erklären.[72] Statt, wie geschehen, auf Art. 130s EGV sei die Verordnung auf Art. 100a EGV zu stützen gewesen, weil auch der freie Warenverkehr mit Abfällen zu den von Art. 8a EGV verfolgten Zielen gehöre und deshalb zu schützen sei. Im Mittelpunkt des Regelungsgehaltes der Verordnung stehe daher die Rechtsangleichung im Binnenmarkt. Durch die Berufung auf Art. 130s EGV sei das *Europäische Parlament* um seine Mitwirkungsrechte im Gesetzgebungsverfahren gebracht worden.[73] Anzumerken ist, daß der *Europäische Gerichtshof* hinsichtlich der Richtlinie 75/442/EWG eine ähnliche Klage der *Kommission* abgewiesen hat.[74]

4. Planungen der Europäischen Gemeinschaft für zukünftige Aktivitäten

Nach dem Vorschlag der *Kommission der Europäischen Gemeinschaft* für ein fünftes Umweltaktionsprogramm[75] und der vom Rat gebilligten gemeinschaftlichen Strategie zur Abfallwirtschaft bis zum Jahr 2000[76] soll der Export der Europäischen Gemeinschaft von zur Endlagerung bestimmten Abfalls bis zum Jahre 2000 vollständig eingestellt werden. Dies gilt sowohl für Siedlungs- wie auch für gefährliche Abfälle. Vielmehr soll eine gemeinschaftsweite Infrastruktur für eine sichere Sammlung, Trennung und Entsorgung dieser Abfälle geschaffen werden. Dies soll insbesondere durch die

70 Siehe oben Erster Teil, C III 3 c).

71 Siehe hierzu auch unten, Dritter Teil, C II 2 b) und 3.

72 Rs. C-187/93 (ABl. Nr. C 147 vom 27. Mai 1993, S. 10).

73 Vgl. iwl-Umweltbrief Nr. 7/93, S. 11.

74 EuGH, Urteil vom 17. März 1993 - Rs. C-155/91 (Kommission/Rat), iwl-Umweltbrief 6/93, S. 8.

75 KOM (92) 23 end. VOL I u. II vom 3. April 1992, das an die ersten vier Aktionsprogramme anschließen soll; siehe ABl. Nr. C 112 vom 20. Dezember 1972, Nr. C 139 vom 13. Juni 1977, Nr. C 46 vom 17. Februar 1983 und Nr. C 328 vom 7. Dezember 1987.

76 SEK (89) 934 endg.; vgl. ABl. Nr. C 122 vom 7. Mai 1990.

Förderung der Prinzipien der "Selbstentsorgung" und der "Nähe" erreicht werden. Hieraus läßt sich entnehmen, daß ein zukünftiges Abfallrecht einerseits eine entstehungsnahe Abfallentsorgung fördern soll, andererseits aber - zu denken ist an die gemeinschaftsweite Infrastruktur - die nationalen Grenzen jedenfalls kein Hindernis darstellen sollen.[77]

IV. Bundesgesetzliche Regelungen

1. Das Abfallgesetz

Die deutschen Regelungen der grenzüberschreitenden Abfallverbringung sind aufgrund der innerstaatlichen Kompetenzverteilung des Grundgesetzes vor allem im Bundesrecht enthalten. Zu nennen ist hier das Abfallgesetz mit den auf seine gesetzlichen Verordnungsermächtigungen gestützten Rechtsverordnungen. Die Kompetenz des Bundesgesetzgebers zum Erlaß der abfallrechtlichen Regelung ergibt sich aus Art. 74 Nr. 24 GG.[78]

Gemäß § 2 Abs. 1 S. 1 AbfG sind Abfälle, die im Geltungsbereich des Abfallgesetzes anfallen, grundsätzlich auch dort zu entsorgen. Damit differenziert das Abfallgesetz nach ausländischen und inländischen Abfällen und sperrt - im Grundsatz - die bundesdeutsche Grenze für den Export deutscher Abfälle. Eine Aussage zu Import und Transit enthält die Bestimmung dagegen dem Wortlaut nach nicht. Der rechtliche Gehalt dieses, als *Grundsatz der Abfallentsorgung im Inland* bezeichneten Prinzips ist nicht unumstritten. Probleme ergeben sich vor allem aus dem Verhältnis zu § 13 AbfG. Aus diesem Verhältnis dürfte sich auch erst die Bedeutung des § 2 Abs. 1 S. 2 AbfG erschließen.[79]

Regelungen darüber, wann Abfälle über die bundesdeutsche Grenze verbracht werden dürfen, finden sich im einzelnen in den §§ 13 - 13c AbfG.

---

77 Vgl. Kommission der Europäischen Gemeinschaft (Hrsg.), Für eine dauerhafte und umweltgerechte Entwicklung, Dok. KOM (92) 23 endg. VOL II, S. 60 f.

78 "... Recht der Abfallbeseitigung ..."; vgl. hierzu *Maunz* in: *Maunz/Dürig/Herzog/Scholz*, Grundgesetz, Art. 74 Rn. 250 sowie *Pieroth* in *Jarass/Pieroth*, Grundgesetz, Art. 74 Rn. 58.

79 Vgl. hierzu *Kunig* in: *Kunig/Schwermer/Versteyl*, Abfallgesetz, § 2 Rn. 7; *Hösel/v. Lersner*, Recht der Abfallbeseitigung, § 2 AbfG (Nr. 1120) Rn. 3; *Eisberg*, Der Grundsatz der Abfallentsorgung im Inland, S. 4 f.

Nach § 13 Abs. 1 S. 1 AbfG bedarf die grenzüberschreitende Verbringung von Abfall, gleich ob es sich um Einfuhr, Ausfuhr oder bloßen Transit handelt, der Genehmigung der zuständigen Behörde. Diese Genehmigung kann die Behörde erteilen, wenn die einzelnen, nach den verschiedenen Verbringungstatbeständen differenzierten Voraussetzungen des § 13 Abs. 1 AbfG erfüllt sind. Der Umstand, daß nach der gesetzlichen Formulierung die Behörde unter den in § 13 Abs. 1 S. 2 AbfG festgelegten Umständen diese Genehmigung erteilen "kann", deutet darauf hin, daß es sich bei dieser Regelung um ein sogenanntes präventives Verbot mit Erlaubnisvorbehalt handelt.[80] Diese Rechtsfigur wird gesetzestechnisch dann verwendet, wenn der zu beurteilende Lebenssachverhalt nach den Umständen zu einer Störung der öffentlichen Sicherheit führen kann,[81] was für den grenzüberschreitenden Verkehr mit Abfall möglicherweise aufgrund der umwelt- und gesundheitsschädlichen Eigenschaften des Abfalls der Fall sein könnte. Das Genehmigungserfordernis von § 13 Abs. 1 S. 1 AbfG stellt ein Durchsetzungsinstrument für den in § 2 Abs. 1 S. 1 AbfG niedergelegten Grundsatz der Abfallentsorgung im Inland dar. Die Entwicklung dieses abfallrechtlichen Programmsatzes erfolgte als Reaktion auf die wochenlange, internationale Suche nach den "Seveso-Fässern".[82] Er dient zum einen dazu, Gefahren abzuwehren, die sich aus dem Transport des Abfalls sowie aus seiner Entsorgung ergeben. Gleichrangig daneben dient er aber auch zur Durchsetzung abfallwirtschaftlicher Ziele.

§ 13 Abs. 2 AbfG regelt die Verbringung von Abfällen auf die Hohe See zur dortigen Entsorgung, also im wesentlichen zur Verbrennung oder zur Verklappung. Absatz 2 regelt damit einen Spezialfall der grenzüberschreitenden Abfallverbringung, nämlich den der Verbringung über die seewärtige Begrenzung der deutschen Küsten- (Hoheits-) gewässer.[83] Diese Verbringung unterliegt unter bestimmten Voraussetzungen anderen Bedingungen als denen einer landwärtigen Verbringung. Auf das Hohe-See-Einbringungsgesetz sei an dieser Stelle noch einmal verwiesen.[84]

Absatz 3 S. 1 regelt die bundesstaatliche Zuständigkeit zur Erteilung der Genehmigung für den Fall, daß mehrere Bundesländer in den grenzüber-

---

80 Siehe dazu unten, Dritter Teil, A II 2.

81 So beispielsweise *Friauf*, JuS 1962, 422 (423) mit weiteren Nachweisen.

82 Siehe oben, Erster Teil, B.

83 Zur Festlegung der Küstenmeerbreite vgl. *Beckert/Breuer*, Öffentliches Seerecht, S. 12 ff.; *Wolfrum*, Die Küstenmeergrenzen der Bundesrepublik Deutschland in Nord- und Ostsee, ArchVölkR 24 (1986), S. 247 ff.

84 Siehe oben, Erster Teil, C IV 1.

schreitenden Verkehr mit Abfall involviert sind. Er stellt damit keine spezielle Zuständigkeitsnorm im Verhältnis zu § 19 AbfG dar, der bestimmt, daß die Landesregierungen oder Landesgesetze die zur Ausführung des Abfallgesetzes zuständigen Stellen bestimmen.[85] Regelungsmaterie ist vielmehr der sich möglicherweise ergebende Zuständigkeitskonflikt zwischen mehreren, landesweit zuständigen Behörden. S. 2 begründet ein Interventionsrecht zugunsten derjenigen Länder, deren Behörden aufgrund der Bestimmung des Satzes 1 am Genehmigungsverfahren nicht beteiligt waren. Nach § 13 Abs. 4 AbfG haben diese Behörden ein Probeentnahme- und -untersuchungsrecht. Diese Verprobungen sind auf Kosten der Abfallbesitzer durchzuführen.

Nach § 13 Abs. 5 kann die Bundesregierung mit Zustimmung des Bundesrates Rechtsverordnungen zu den in Nummern 1 bis 3 der Vorschrift aufgeführten Regelungstatbeständen erlassen. Hiervon hat sie Gebrauch gemacht: Am 1. Januar 1989 trat die AbfVerbrV in Kraft, die ihre Rechtsgrundlage außer in § 13 Abs. 5 noch in § 13c Abs. 1 Nr. 1, 3 und 4 sowie § 11 Abs. 3 und 4 AbfG findet. Nach § 13 Abs. 6 AbfG kann der Bundesminister für Umwelt, Naturschutz und Reaktorsicherheit im Einvernehmen mit dem Bundesminister für Finanzen Zollstellen festlegen, über die der grenzüberschreitende Verkehr mit Abfällen zwingend abzuwickeln ist.[86] Diese Maßnahme dient der Stärkung der Überwachungsintensität durch Bündelung der personellen und sachlichen Mittel.[87]

Die Vorschriften der §§ 13 a und 13 b AbfG befassen sich schließlich mit weiteren Einzelheiten der Überwachung und Durchführung der grenzüberschreitenden Verbringung und sind für diese Untersuchung nicht von Bedeutung. § 13c AbfG trägt der besonderen rechtlichen Situation innerhalb der Europäischen Gemeinschaft Rechnung. Er enthält eine weitreichende Verordnungsermächtigung, mit der die *Bundesregierung* in die Lage versetzt werden sollte, das bundesdeutsche innerstaatliche Recht der Abfallverbringung über Staatsgrenzen für den Fall, daß andere Mitgliedstaaten der Europäischen Gemeinschaft betroffen sind, zu verändern. Von dieser Ermächtigung hat die *Bundesregierung* durch Erlaß der Abfallverbringungsverordnung vom 16.

---

85 Zu den in den einzelnen Bundesländern zuständigen Behörden vgl. *Hösel/v. Lersner*, Recht der Abfallbeseitigung, § 13 AbfG (Nr. 1230) Rn. 30.

86 Die Ausfüllung dieser Ermächtigung geschah durch die im Bundesanzeiger veröffentlichte Bekanntmachung vom 19. März 1986 (BAnz Nr. 68, S. 4446); vgl. den Text bei *Hösel/v. Lersner*, Recht der Abfallbeseitigung, Nr. 1071.

87 *Kunig* in: *Kunig/Schwermer/Versteyl*, Abfallgesetz, § 13 Rn. 42.

November 1988[88] Gebrauch gemacht. Der Wortlaut der Vorschrift läßt auf eine sehr weitgehende Verordnungsermächtigung schließen. Ob dies verfassungsrechtlich zu beanstanden sein kann, ist zu untersuchen.[89]

Damit stellen die §§ 13 - 13c AbfG ein Überwachungs- und Genehmigungssystem für die grenzüberschreitende Abfallverbringung dar. Ob § 2 Abs. 1 S. 2 AbfG über die in den §§ 13 - 13c AbfG niedergelegten Konkretsierungen hinaus weitere Inhalte hat, ist umstritten.[90] Dagegen spricht, daß der Grundsatz in seiner Abstraktheit der Konkretisierung bedarf, um rechtliche Verbindlichkeit entfalten zu können. Seinerseits kann er aber eine Auslegungshilfe für konkretere Regelungen darstellen,[91] und ist neben §§ 13 bis 13c AbfG damit nicht überflüssig.[92]

2. Die Abfallverbringungsverordnung

Die AbfVerbrV ist bestimmt, den Vollzug der materiell-rechtlichen Regelungen der §§ 13 bis 13 c AbfG auszugestalten.[93] Mit ihrem Inkrafttreten am 1. Januar 1989 hat sie die Abfalleinfuhr-Verordnung[94] sowie einige Vorschriften der Abfallnachweis-Verordnung[95] sowie der Abfallbeförderungs-Verordnung[96]abgelöst. Anlaß für ihre Schaffung war der Erlaß der Richtlinie 84/631/EWG durch den *Rat der Europäischen Gemeinschaft*,[97] nach der für die grenzüberschreitende Verbringung von bestimmten, gefährlichen Abfällen eine sogenannte Notifizierung durchzuführen ist. Die Ver-

---

88 Siehe hierzu unten, Erster Teil, C IV 2.

89 Für Verfassungsmäßigkeit *Kunig* in: *Kunig/Schwermer/Versteyl*, Abfallgesetz, § 13c Rn. 4.

90 So *Eisberg*, Der Grundsatz der Abfallentsorgung im Inland, S. 4; *Hösel/v. Lersner*, Recht der Abfallbeseitigung, § 2 AbfG (Nr. 1120) Rn. 3.

91 *Kunig* in: *Kunig/Schwermer/Versteyl*, Abfallgesetz, § 2 Rn. 8.

92 So aber *Eisberg*, Der Grundsatz der Abfallentsorgung im Inland, S. 4; *Rehbinder*, DVBl. 1989, 496 (496).

93 BR-Drs. 365/88, S. 31.

94 Vom 29. Juli 1974 (BGBl. I, S. 1584).

95 Vom 2. Juni 1978 (BGBl. I, S. 668).

96 Vom 24. August 1983 (BGBl. I, S. 1130).

97 Richtlinie des Rates vom 6. Dezember 1984 über die Überwachung und Kontrolle - in der Gemeinschaft - der grenzüberschreitenden Verbringung gefährlicher Abfälle (84/631/EWG), ABl. Nr. L 326 vom 13. Dezember 1984, S. 31 ff., zuletzt geändert durch die Richtlinie des Rates vom 23. Dezember 1986 (87/112/EWG - ABl. Nr. L 48 vom 17. Februar 1987, S. 31 ff.).

ordnung unterscheidet im Bereich der gefährlichen Abfälle zwischen einem beschränkten Genehmigungsverfahren (§§ 10, 11 AbfVerbrV), das durchzuführen ist, soweit der Anwendungsbereich der Richtlinie 84/631/EWG betroffen ist und einem unbeschränkten Genehmigungsverfahren (§§ 8, 9 AbfVerbrV). Darüber hinaus stellt sie klar, daß das Genehmigungsverfahren nach §§ 13 bis 13c AbfG identisch sein soll mit dem Notifizierungsverfahren, § 7 AbfVerbrV. Für die Abfälle, die nicht gefährlich im Sinne der Verordnung sind, konkretisiert § 6 AbfVerbrV die Vorschrift des § 13 Abs. 1 AbfG.

3. Die Reststoffbestimmungs-Verordnung und die Abfallbestimmungs-Verordnung

Auf den gesetzlichen Verordnungsermächtigungen des § 2 Abs. 2 S. 2 und Abs. 3 S. 1 AbfG beruhen die Abfallbestimmungsverordnung und die Reststoffbestimmungsverordnung. Die Abfallbestimmungsverordnung dient dazu, bestimmte Abfälle festzulegen, die nach Art, Beschaffenheit oder Menge in besonderem Maße gesundheits-, luft- oder wassergefährdend, explosiv oder brennbar sind oder Erreger übertragbarer Krankheiten enthalten oder hervorbringen können (sogenannte Sonderabfälle oder Sondermüll), um deren Behandlung nach § 2 Abs. 2 S. 1 AbfG unter besonders strenge Anforderungen zu stellen. Diese besonderen Anforderungen sind insbesondere solche planerischer Natur, wie sie sich beispielsweise aus § 6 Abs. 1 und 3 AbfG ergeben.[98] Die Reststoffbestimmungsverordnung unterstellt Stoffe, die nach den Vorschriften der §§ 1 und 1a AbfG keine Abfälle im Sinne des Abfallgesetzes sind, teilweise dem Regime des Abfallrechts, wenn von ihner Behandlung als "Nicht-Abfall" eine erhebliche Beeinträchtigung des Wohls der Allgemeinheit ausgehen kann. Beide Verordnungen bestehen aus einem (kurzen) Textteil und umfangreichen Anlagen, in denen die jeweiligen Stoffe in Listen zusammengefaßt sind.

---

98 Eine zusammenfassende Darstellung der besonderen Anforderungen an die Behandlung von Sondermüll gibt *Bartels*, Abfallrecht - Eine systematische Darstellung unter besonderer Berücksichtigung der Rechtslage in Nordrhein-Westfalen, S. 170 ff.

4. Geplante Neuregelungen

Nach bis zu einem Gesetzentwurf[99] gediehenen Absichten der *Bundesregierung*[100] wird das Abfallgesetz zukünftig von einem Gesetz zur Förderung einer rückstandsarmen Kreislaufwirtschaft und Sicherung der umweltverträglichen Entsorgung von Abfällen (Kreislaufwirtschafts- und Abfallgesetz - KrW/AbfG) abgelöst, das in seinen Grundkonzeptionen zwar völlig verschieden von den bisher geltenden Abfallrecht ist, das aber im Bereich der Abfallverbringung nur einige marginale Veränderungen in Form einer Verschiebung und Zusammenfassung der Normen vornimmt. So werden aus den §§ 13 - 13c AbfG die inhaltsgleichen §§ 44 - 46 Krw-/AbfG. Daneben liegt der Entwurf zu einem Ausführungsgesetz zum Basler Übereinkommen vor.[101] Dieses Ausführungsgesetz - Abfall- und Reststoffverbringungsgesetz - setzt das Basler Übereinkommen in das deutsche, innerstaatliche Recht um. Es soll zukünftig die Regelungen der §§ 13 - 13c AbfG ersetzen. Hinsichtlich der hier zu behandelnden Fragen sind sich aus dem Entwurf ergebende Änderungen jedoch nicht ersichtlich.[102]

D. Gang der Untersuchung

Die Unterschiedlichkeit der dargestellten Regelungssysteme,[103] die sich mit den Problemen des Abfalls und seiner grenzüberschreitenden Verbringung befassen, macht es erforderlich, den Begriff des "Abfalls" näher zu betrachten und Vergleiche zwischen den unterschiedlichen Möglichkeiten der Verwendung in den einzelnen Normengeflechten anzustellen. Eine solche Analyse ist erforderlich, um die *unterschiedlichen Rechtsfolgen*, die an die

---

99 Gesetzentwurf der *Bundesregierung* vom 16. April 1993, BR-Drs. 245/93 (Gesetzentwurf) mit Empfehlungen der Ausschüsse, Anträgen der Bundesländer und dem Beschluß des *Bundesrates* vom 28. Mai 1993; Der Entwurf der *Bundesregierung* beruht im wesentlichen auf einem Referentenentwurf zu einem Gesetz zur Förderung einer rückstandsarmen Kreislaufwirtschaft und Sicherung der umweltverträglichen Entsorgung von Abfällen (Kreislaufwirtschafts- und Abfallgesetz - KrW/AbfG) - WA II 2 - 30101 1/1 vom 19. Juni 1992.

100 Vgl. die Koalitionsvereinbarung für die 12. Legislaturperiode vom 16. September 1991; zitiert nach *Laufs*, ZAU 1991, 5 (6).

101 BR-Drs. 304/93 (Gesetzentwurf), S. 1 ff.

102 Insbesondere verbleibt es bei der Ermessensgewährung. Zu dem verwendeten Abfallbegriff ist auf die Ausführungen zu dem Entwurf zu einem Kreislaufwirtschafts- und Abfallgesetz zu verweisen, dessen Begrifflichkeiten das Ausführungsgesetz zwar zunächst nicht übernimmt, eine Anpassung ist aber vorgesehen.

103 Siehe oben, Erster Teil, C.

Qualifizierung eines Stoffes als "Abfall" geknüpft werden, miteinander zu vergleichen und daraus Rückschlüsse zur Beantwortung der Frage zu ziehen, ob die Regelungssysteme in ihren materiellen Inhalten identisch sind oder ob sie in die eine oder andere Richtung voneinander abweichen. Die Beantwortung dieser Frage ist in zweierlei Hinsicht von Interesse. Zum einen können möglicherweise Rückschlüsse aus dem einen System in das andere übertragen werden und damit den Inhalt des nationalen Systems gestalten,[104] zum anderen stellt die Übereinstimmung des nationalen Regelungssystems mit dem gemeinschaftsrechtlichen die Pflichterfüllung des Mitgliedstaates nach Art. 5 Abs. 1 EGV dar.[105] Für einen Vergleich ist es aber zunächst erforderlich, den Anwendungsbereich, also gewissermaßen die *Tatbestandsseite*, der jeweiligen Regelungssysteme zu analysieren. Ergibt eine solche Analyse, daß der Anwendungsbereich beider Regelungssysteme identisch ist, so kann die weitere Untersuchung auf den bloßen *Vergleich der Rechtsfolgen* innerhalb der spezifischen Rechtsbereiche beschränkt bleiben. Umgekehrt bedeutet aber ein Auseinanderfallen der Anwendungsbereiche von deutschem und europäischem Abfallverbringungsrecht nicht zwangsläufig, daß die Systeme nicht übereinstimmen. Möglicherweise sind die Rechtsfolgen für einen bestimmten Stoff gleich, obwohl sie in unterschiedlichen Rechtsbereichen beregelt sind. So mag das europäische Recht einen bestimmten Stoff als Abfall behandeln, das deutsche Recht hingegen nicht; gleichwohl können die Bedingungen einer grenzüberschreitenden Verbringung des Stoffes in beiden Regelungssystemen gleich sein.[106] Aus Unterschieden in einer Begriffsdefinition allein lassen sich noch keine Folgerungen schließen.[107] Endet die Analyse der Abfallbegriffe in einem solchen Befund, stellt sich die Frage nach den Folgen. Möglicherweise ist dann hinsichtlich der ausgeschiedenen Stoffe und Tatbestände weiter zu differenzieren.[108]

Innerhalb des Rechts der grenzüberschreitenden Abfallverbringung ist von besonderer Bedeutung die Frage der rechtlichen Einordnung der jeweiligen behördlichen Beteiligungen und ihrer Entscheidungen. Die Beantwortung

---

104 Grundsätzlich zur Frage von Zielvorgaben durch das Gemeinschaftsrecht *Jarass* in: *ders./Neumann* (Hrsg.), Umweltschutz in den Europäischen Gemeinschaften, S. 18 ff.

105 Zur Umsetzungspflicht von Richtlinien: *Grabitz* in: *Grabitz* (Hrsg.), Kommentar zum EWG-Vertrag, Art. 5 Rn. 9; *Zuleeg* in: *Groeben/Thiesing/Ehlermann* (Hrsg.), Kommentar zum EWG-Vertrag, Art. 5 Rn. 6; jeweils mit weit. Nachw.

106 Zu untersuchen wäre allerdings in diesem Falle weiterhin, ob die Bundesrepublik Deutschland aus Gründen der Normenklarheit nicht verpflichtet wäre, ihr Recht auch systematisch dem EG-Recht anzugleichen; siehe hierzu unten, Zweiter Teil, F II 1.

107 Siehe hierzu z. B. EuGH, Urteil vom 4. Dezember 1986 - Rs. 71/85 (Niederlande/ Federatie Nederlandse Vakbeweging), Slg. 1986, 3855 (3876); *Jarass*, Manuskript, S. 50.

dieser Frage bestimmt entscheidend die Voraussetzungen für die Zulässigkeit einer grenzüberschreitenden Verbringung. Ob der Abfallbesitzer einen Anspruch auf Erteilung einer Verbringungsgenehmigung haben kann, ist für ihn von bedeutendem wirtschaftlichen Interesse. Im Rahmen der Klärung dieses Problems wird auf die einzelnen Gründe, die gegen die Zulässigkeit einer grenzüberschreitenden Abfallverbringung sprechen, einzugehen sein.

---

108 Diese Überlegungen zeigen bereits, wie erschwert sich der Zugang zum Abfallbegriff darstellt. Er wird zusätzlich belastetet durch den Umstand, daß er rechtlich zwar schwer faßbar ist, umgangssprachlich aber eine scheinbar selbstverständliche Verwendung erfährt, die eine Vor-Prägung des rechtlichen Begriffs bedingt, deren Ergebnis aber nicht mit dem Begriff der Umgangssprache übereinzustimmen scheint. Das hermeneutische Vor-Verständnis wirkt sich deshalb bei der begrifflichen Klärung störend aus. Vgl. hierzu *Larenz*, Methodenlehre der Rechtswissenschaft, S. 206 ff.

Zweiter Teil

Der Abfallbegriff als zentrales Steuerungselement zur Anwendung des Abfallrechts

A. Bedeutung des Abfallbegriffs

Sowohl für das bundesdeutsche Abfallrecht, als auch für das Abfallrecht der Europäischen Gemeinschaften bildet der Abfallbegriff das wichtigste Steuerungselement.[1] Er bestimmt sowohl für das nationale, wie für das Gemeinschaftsrecht den Anwendungsbereich der jeweiligen Regelungssysteme. So bedarf der Genehmigung nach §§ 13 - 13c AbfG der grenzüberschreitende Verkehr mit Stoffen, die Abfall darstellen, nicht hingegen derjenige mit allen anderen Stoffen, wie etwa Wirtschaftsgütern, Rohstoffen oder Produkten.[2] Die einzelnen Vorschriften der Verbringungsrichtlinie und der Abfallverbringungsverordnung der Europäischen Gemeinschaften über grenzüberschreitende Verbringung von (gefährlichen) Abfällen bestimmen, daß, hinsichtlich ihrer grenzüberschreitenden Verbringung gefährliche Abfälle - beziehungsweise soweit es die Abfallverbringungsverordnung betrifft, generell Abfälle - besonders zu überwachen sind, nicht hingegen die grenzüberschreitende Verbringung von (gefährlichen) Stoffen im allgemeinen. Diese Stoffe unterliegen anderen rechtlichen Regimen, die im Regelfall keine hohen Ansprüche an den Umgang mit diesen Sachen, Stoffen oder Gegenständen stellen. Die Abfälle bilden damit eine abzugrenzende Teilmenge der Stoffe und Gegenstände (EG-rechtlich) beziehungsweise der beweglichen Sachen (nach deutschem Abfallrecht), die im Einzelfall besonders strengen rechtlichen Regelungen unterliegt. Die Frage, ob ein bestimmter Stoff oder ein bestimmter Gegenstand im Einzelfall als Abfall zu betrachten ist, ist da-

---

1 *Hösel/v. Lersner*, Recht der Abfallbeseitigung, § 1 AbfG (Nr. 1110) Rn. 3: "Schlüssel für die Anwendung des Gesetzes".

2 Von einzelnen Produkten abgesehen, deren Export eine Genehmigung nach dem Außenwirtschaftsgesetz oder vergleichbaren Regelungen voraussetzt.

mit der zentrale Punkt für die Anwendbarkeit der Regime des deutschen bzw. des europäischen Abfallrechts und somit beispielsweise entscheidend dafür, ob die grenzüberschreitende Verbringung eines bestimmten Stoffes genehmigungs- bzw. notifizierungspflichtig ist oder ob Überwachungbefugnisse der zuständigen Behörden eingreifen. Daneben kann die Abgrenzung entscheidend für die Begründung von Straf- und Bußgeldtatbeständen sein. Diese Umstände müssen die Definition des Begriffs "Abfall" in einen vorläufigen Mittelpunkt der Betrachtungen rücken.

B. Der Abfallbegriff des Rechts der Europäischen Gemeinschaft

I. Der Abfallbegriff des Verbringungsrechts

1. Gefährliche Abfälle im Sinne der Verbringungsrichtlinie 84/631/EWG

Der Anwendungsbereich der Verbringungsrichtlinie 84/631/EWG ist beschränkt auf gefährliche Abfälle. Nach Art. 2 Abs. 1 Buchstabe a) 1. Spiegelstrich der Richtlinie sind (neben PCB[3] und mit Ausnahme einiger chlorierter, organischer Lösungsmittel) gefährliche Abfälle im Sinne der Richtlinie solche, die in Art. 1 Buchstabe b) der Richtlinie des Rates über giftige und gefährliche Abfälle (78/319/EWG)[4] Erwähnung finden. Der genannte Buchstabe b) definiert die Teilmenge der gefährlichen und giftigen Abfälle. Er nimmt seiner Systematik nach Bezug auf Buchstabe a), der für die Gesamtmenge der Abfälle eine Definition enthält. Abfälle sind danach alle Stoffe und Gegenstände, deren sich der Besitzer entledigt oder gemäß den geltenden einzelstaatlichen Vorschriften zu entledigen hat. Gefährliche Abfälle im Sinne des Buchstaben b) sind alle Abfälle in diesem Sinne, die zusätzlich im Anhang zur Richtlinie im einzelnen aufgeführt sind.

---

3 Polychlorierte Biphenyle, polychlorierte Terphenyle, sowie Gemische, die einen dieser beiden oder beide Stoffe enthalten gemäß Art. 1 Buchstabe a) der Richtlinie des Rates über die Beseitigung ploychlorierter Biphenyle und Terphenyle (76/403/EWG) vom 6. April 1976 (ABl. Nr. L 108 vom 26. April 1976, S. 41 f.).

4 Vom 20. März 1978 (ABl. Nr. L 84 vom 31. März 1978, S. 43 ff.).

Die Richtlinie 78/319/EWG wird zum 12. Dezember 1993 durch die Richtlinie des Rates über gefährliche Abfälle (91/689/EWG) novelliert.[5] Diese neue Richtlinie verweist hinsichtlich des Abfallbegriffs in Art. 1 Abs. 3 auf die Abfallrahmenrichtlinie, die ihrerseits durch die Änderungsrichtlinie 91/156/EWG eine Neufassung erfahren hat. Für das Abfallverbringungsrecht der Europäischen Gemeinschaften kann die Richtlinie über gefährliche Abfälle in der Fassung durch die Änderungsrichtlinie 91/689/EWG nur dann Bedeutung haben, wenn die Verweisung in der Richtlinie 84/631/EWG dynamischer Natur ist, also auf die Richtlinie über gefährliche Abfälle in ihrer jeweils gültigen Form verweist. Ist sie hingegen statisch, so verbleibt es bei der Definition des Abfallbegriffs durch die ursprüngliche Richtlinie.

Das Problem ist dem deutschen Recht bekannt. Unter einer Verweisung ist eine im Text eines Gesetzes vorgenommene Bezugnahme auf den Text eines anderen Gesetzes zu verstehen, die erforderlich ist, um dem ersten Gesetzes einen sinnvollen Inhalt zu geben.[6] Die Anwendung dieses Kunstgriffes ist dem deutschen Gesetzgeber grundsätzlich nicht verwehrt.[7] Verweisungen, die sich auf eine Vorschrift in ihrer jeweils gültigen Fassung beziehen (dynamische Verweisungen), können aber aus verfassungsrechtlichen Gründen Bedenken begegnen, wenn die Vorschrift, auf die verwiesen wird, unter anderen Umständen zustande kommt, als die Vorschrift, die verweist.[8] Durch die Verweisung besteht dann die Möglichkeit, die spezifischen Bedingungen für das Zustandekommen der Verweisungsnorm zu umgehen. Zu denken ist hier etwa an Vorschriften der Zuständigkeit und des Verfahrens. In der europäischen Rechtsliteratur sowie der Rechtsprechung des *Europäischen Gerichtshofs* findet diese Problematik zwar bislang keine Erwähnung. Es ist jedoch kein Grund ersichtlich, die für das deutsche Recht entwickelten Grundsätze nicht auf Verweisungen innerhalb des EG-Rechts zu übertragen. Damit stellt sich auch hier die Frage, ob die Verweisung in der Verbringungsrichtlinie statischer oder dynamischer Natur ist.

---

5 Vgl. Art. 11 dieser Richtlinie vom 12. Dezember 1991 (ABl. Nr. L 377 vom 31. Dezember 1991, S. 20 ff.).

6 *Schneider*, Gesetzgebung, S. 204 ff. mit weiteren Hinweisen auf die Literatur zu diesem Problemfeld.

7 *BVerfG*, Beschluß vom 1. März 1978 - 1 BvR 786, 793/70, 168/71 und 95/73, BVerfGE 47, 285 (311); Urteil vom 30. Mai 1956 - 1 BvF 3/53, BVerfGE 5, 25 (31); Beschluß vom 15. November 1967 - 2 BvL 7, 20 und 22/64, BVerfGE 22, 330 (346); Beschluß vom 15. Juli 1969 - 2 BvF 1/64, BVerfGE 26, 338 (365).

8 *BVerfG*, Beschluß vom 1. März 1978 - 1 BvR 786, 793/70, 168/71 und 95/73, BVerfGE 47, 285 (312); hierzu auch *Schenke*, NJW 1980, 743 (749); sowie *Karpen*, Die Verweisung als Mittel der Gesetzgebungstechnik.

Gegen eine Dynamisierung spricht nicht bereits der Wortlaut der Verweisung in Art. 2 Buchstabe a) der Verbringungsrichtlinie, der keinen Zusatz wie beispielsweise "in der jeweils geltenden Fassung" enthält. Das Fehlen einer eindeutigen Formulierung läßt noch beide Möglichkeiten offen. Eine pauschale Verweisung auf einen anderen Paragraphen dürfte sogar eher für eine *dynamische Verweisung* sprechen.[9] Letztlich wird darauf abzustellen sein, ob Sinn und Zweck der Vorschrift eine starre Verweisung erforderlich machen. Für die Dynamik der Verweisung in der Verbringungsrichtlinie spricht allerdings, daß die Richtlinie über gefährliche Abfälle dem Erwägungsgrund Nr. 1 der Änderungsrichtlinie 91/689/EWG zufolge die Richtlinie 78/319/EWG über gefährliche Abfälle ablösen soll und diese auch gemäß ihrem Art. 11 ausdrücklich zum 12. Dezember 1993 außer Kraft setzt. Gegen dieses Ergebnis sprechen auch keine Kompetenz- und Vorbehaltserwägungen, wie sie im deutschen Recht zur Verweisung auf untergesetzliche Normen angestellt werden.[10] Sowohl bei der Verweisungsquelle als auch bei dem Verweisungsziel handelt es sich um Richtlinien des Rates. Aus Kompetenz- oder Verfahrensgründen ist der Rat jedenfalls nicht gehindert, die von ihm erlassenen Richtlinien abzuändern. Aus diesem Grunde dürfte es sich bei der Verweisung in der Verbringungsrichtlinie um eine dynamische Verweisung handeln, die auf die Richtlinie über gefährliche Abfälle in ihrer jeweils gültigen Fassung Bezug nimmt.

Demzufolge ist ab dem 12. Dezember 1993 den Regelungen der Verbringungsrichtlinie die Abfalldefinition der Richtlinie über gefährliche Abfälle zugrunde zu legen. Sie findet sich, wiederum als Verweisung, in Art. 1 Abs. 3 der genannten Richtlinie: "Für die Bestimmung des Begriffs "Abfälle" sowie der übrigen Begriffe dieser Richtlinie gelten die Definitionen der Richtlinie über Abfälle (75/442/EWG).[11] Bei dieser Richtlinie handelt es sich um die sogenannte Rahmenrichtlinie über Abfälle. Auch sie ist durch die Richtlinie 91/156/EWG[12] zum 1. April 1991 einer umfangreichen Änderung zugeführt worden. In der neuen Fassung findet sich die Festlegung des Abfallbegriffes in Art. 1 Buchstabe a) der Richtlinie. An der Dynamik dieser Verweisung auf die Rahmenrichtlinie kann nach den obigen Ergebnissen kein

9 *Schneider*, Gesetzgebung, S. 206.

10 Vgl. hierzu *Hömig*, DVBl. 1979, 307 ff.; *Karpen*, Die Verweisung als Mittel der Gesetzgebungstechnik.

11 ABl. Nr. L 194 vom 25. Juli 1975, S. 47 ff.

12 Richtlinie des Rates vom 18. März 1991 (ABl. Nr. L 78 vom 26. März 1991, S. 32 ff.).

Zweifel bestehen. Im Gegensatz zu der Änderung der Richtlinie über gefährliche Abfälle durch die Richtlinie 91/689/EWG löst die Richtlinie 91/156/EWG die Abfallrahmenrichtlinie 75/443/EWG nicht vollständig ab, sondern ändert diese ausdrücklich lediglich ab.[13]

2. Abfälle im Sinne der Abfallverbringungsverordnung der Europäischen Gemeinschaft

Ebenfalls auf die Abfallrahmenrichtlinie bezieht sich die Verordnung (EWG) Nr. 259/93 des Rates vom 1. Februar 1993 zur Überwachung und Kontrolle der Verbringung von Abfällen in der, in die und aus der Europäischen Gemeinschaft.[14] Gemäß Art. 2 Buchstabe a) der Verordnung sind Abfälle im Sinne der Verordnung solche im Sinne des Art. 1 Buchstabe a) der Abfallrahmenrichtlinie. Wie bereits oben erörtert, bezieht sich auch diese Verweisung auf die Richtlinie in der jeweils gültigen Fasssung. Einschlägig ist damit die Fassung der Novellierung durch die Richtlinie 91/156/EWG.

Damit ist sowohl nach dem alten Abfallverbringungsrecht der Verbringungsrichtlinie 84/631/EWG in ihrer zuletzt gültigen Fassung als auch nach dem ab dem 6. Mai 1994 geltenden Verbringungsrecht der EG-Abfallverbringungsverordnung die Abfalldefinition der Rahmenrichtlinie über Abfall zugrunde zu legen.

3. Definition von Abfall durch eine Richtlinie

Die Europäischen Gemeinschaften haben die maßgeblichen Bestimmungen über die Festlegung des Abfallbegriffs in der Rechtsform der Richtlinie gemäß Art. 189 Abs. 3 EGV getroffen. Richtlinien sind eine Eigenart des Gemeinschaftsrecht. Sie entfalten ihre Rechtswirkungen zunächst ausschließlich gegenüber den Mitgliedstaaten.[15] Und auch für diese sind sie, dem Wortlaut des Art. 189 Abs. 3 EGV zufolge, nur hinsichtlich der zu er-

---

13 Art. 1 der Richtlinie 91/156/EWG.

14 ABl. Nr. L 30 vom 6. Februar 1993, S. 1 ff.

15 Zu den Problemen der unmittelbaren Wirkung von EG-Richtlinien im innerstaatlichen Bereich vgl. z. B. *Jarass*, NJW 1991, 2665 ff.

reichenden Ziele verbindlich. Damit ist die konkrete Ausgestaltung der einzelnen Rechtsbereiche den Mitgliedstaaten weiterhin überlassen.[16] Problematisch könnte unter diesem Gesichtspunkt sein, daß die Abfallrahmenrichtlinie den Begriff des Abfalls konkret und abschließend definiert. Dies steht der ausschließlichen Zielbezogenheit von Richtlinien jedoch nicht entgegen. Auch eine auf eine reine Zielfestlegung beschränkte Richtlinie benötigt auf der Tatbestandsseite konkrete Angaben, unter welchen Umständen die Mitgliedstaaten verpflichtet sein sollen, die Ziele mit Mitteln ihrer Wahl zu erreichen. Eine solche Festlegung auf Tatbestandsseite ist die Definition des Abfalls in der entsprechenden Rahmenrichtlinie des Rates. Sie legt ausschließlich fest, für welche Stoffe die Zielfestlegungen der Abfallrichtlinien angestrebt werden sollen. Für diese Festlegung ist eine konkrete Normsetzung erforderlich, die über eine reine Zielangabe hinausgeht. Der Inhalt der Rahmenrichtlinie hinsichtlich des Abfallbegriffs ist dann nicht dergestalt zu verstehen, daß die Mitgliedstaaten eine Ausfüllungskompetenz auch für den Abfallbegriff haben. Vielmehr sind sie verpflichtet, die festgelegten Ziele für die konkret als Abfall bezeichneten Stoffe zu erreichen. Aus diesem Grunde ist auch der Verweis der EG-Abfallverbringungsverordnung auf die Rahmenrichtlinie unproblematisch. Grundsätzlich ist anerkannt, daß Richtlinien auch solche Vorschriften enthalten können, die im einzelnen sehr weit in die Einzelheiten gehen, so daß den Mitgliedstaaten für die Umsetzung kein oder allenfalls ein äußerst kleiner Spielraum verbleibt.[17] Daneben spricht für die Zulässigkeit einer konkreten begrifflichen Ausgestaltung im Rahmen von Richtlinien der Umstand, daß diese nach der Rechtsprechung des *Europäischen Gerichtshofs* hinreichend klar und bestimmt sein müssen, um unmittelbare Wirkung zu entfalten.[18] Die unmittelbare Wirkung und andere Rechtsinstitute setzen damit ein gewisses Maß an Konkretheit voraus.[19]

---

16 Vgl. hierzu *Daig/Schmidt* in: *Groeben/Thiesing/Ehlermann* (Hrsg.), Kommentar zum EWG-Vertrag, Art. 189 Rn. 35 ff.

17 *EuGH*, Urteil vom 5. April 1979 - Rs. 148/78 (Ratti), Slg. 1979, 1629 (1642); Urteil vom 19. Januar 1982 - Rs. 8/81 (Becker/Finanzamt Münster-Innenstadt), Slg. 1982, 53 (71); *Daig/Schmidt* in: *Groeben/Thiesing/Ehlermann* (Hrsg.), Kommentar zum EWG-Vertrag, Art. 189 Rn. 41.

18 *EuGH*, Urteil vom 4. Dezember 1974 - Rs. 41/74 (van Duyn/Home Office), Slg. 1974, 1337 (1348 f.); Urteil vom 5. April 1979 - Rs. 148/78 (Ratti), Slg. 1979, 1629 (1642); Urteil vom 19. Januar 1982 - Rs. 8/81 (Becker/Finanzamt Münster-Innenstadt), Slg. 1982, 53 (71); Urteil vom 26. Februar 1986 - Rs. 152/84 (Marshall/Southhampton and South West Hampshire Area Health Authority), Slg. 1986, 723 (748); Urteil vom 4. Dezember 1986 - Rs. 71/85 (Niederlande/Federatie Nederlandse Vakbeweging), Slg. 1986, 3855 (3874); Urteil vom 8. Oktober 1987 - Rs. 80/86 (Kolpinghuis Nijmegen), Slg. 1987, 3969 (3985); Urteil vom 20. September 1988 - Rs. 190/87 (Oberkreisdirektor des Kreises Borken u. a./Moormann), Slg. 1988, 4689 (4722).

19 Vgl. *Jarass*, Manuskript, S. 51 ff.

II. Die einzelnen Merkmale des gemeinschaftsrechtlichen Abfallbegriffs

Art. 1 Buchstabe a) der Abfallrahmenrichtlinie bestimmt: "Im Sinne dieser Richtlinie bedeutet 'Abfall': alle Stoffe oder Gegenstände, die unter die in Anhang I aufgeführten Gruppen fallen[20] und deren sich ihr Besitzer entledigt, entledigen will oder entledigen muß."

1. Stoffe oder Gegenstände

Die Verwendung der Begriffe "Stoffe" und "Gegenstände" deutet auf den umfassenden Regelungsanspruch des EG-Rechts hin.[21] Der allgemeine Sprachgebrauch verwendet den Begriff "Gegenstand", um damit individualisierbare Dinge zu kennzeichnen; der Begriff des "Stoffes" stellt allein auf die räumliche Ausdehnung ab.[22] Sowohl zahlenmäßig bestimmbare Gegenstände, wie auch die nur mengenmäßig erfaßbaren Stoffe sollen demzufolge vom Abfallbegriff umfaßt werden, wie aus deren Gegenüberstellung im Wortlaut der Vorschrift hervorgeht. Ob damit allerdings ein Unterschied zu dem im deutschen Abfallrecht verwendeten Begriff der "beweglichen Sache" gegeben ist, erscheint zweifelhaft. Jedenfalls kann aus dem Fehlen des Begriffsteils "beweglich" oder eines Äquivalents allein noch nicht geschlossen werden, der EG-Abfallbegriff enthalte auch unbewegliche Sachen.[23] Dies würde verkennen, daß die entsprechende Differenzierung im deutschen Recht wegen der Verwendung des diesbezüglich indifferenten Terminus "Sache" erforderlich ist. Die "Sache" in dem hier verstandenen Sinne ist aber ein Kunstbegriff, der ausschließlich zur Zuordnung von Rechtsbeziehungen zu Rechtsobjekten verwendet wird.[24] Dafür, daß das EG-Recht das Begriffspaar "Stoffe und Gegenstände" im gleichen Sinne verwenden will, besteht kein Anhaltspunkt. Aus dem alleinigen deutschen Wortlaut der Abfalldefinition ergibt sich damit weder ein Anhaltspunkt dafür, daß das EG-Recht die unbeweglichen Sachen einschließen wollte, noch, daß es alleine bewegliche Sa-

---

20 Bei den erwähnten Gruppen des Anhangs I handelt es sich um Hauptkategorien, unter die von der Kommission bestimmte Stoffe zu gruppieren sind.

21 *Kersting*, Die Abgrenzung zwischen Abfall und Wirtschaftsgut, S. 163.

22 Vgl. *Wahrig*, Deutsches Wörterbuch, S. 530 und 1233.

23 So aber *Kersting*, DVBl. 1992, 343 (348); a. A. *Dieckmann*, NuR 1992, 407 (409).

24 Vgl. nur *Palandt*, Bürgerliches Gesetzbuch, Überbl v § 90 Rn.1 ff. mit weit. Nachw.

chen erfassen wollte, obgleich die (deutsche) umgangssprachliche Verwendung, die bereits mit unbeweglichen Sachen ihre Schwierigkeiten hat, eher gegen eine Einbeziehung von Immobilien sprechen dürfte. Ein Blick in die englische Fassung des Richtlinientextes, der insoweit von "any substance or object" spricht, zeigt allerdings, daß der Richtlinientext nicht den Rechtsbegriff "Sache" meint, sondern den umgangssprachlichen des greifbaren Gegenstandes meint. Das englische Recht kennt den Oberbegriff "Sache" für Mobilien und Immobilien nicht, es verwendet dann allenfalls den Begriff "property" als Oberbegriff für "land property" und "chattels".[25] Wenn innerhalb der Abfallrahmenrichtlinic von "objects" die Rede ist, so sind damit nur die beweglichen Sachen gemeint.

Ebenfalls für ein derartiges Verständnis spricht, daß die Richtlinie in ihrem Anhang I unter der Abfallgruppe Q 15 von kontaminierten Stoffen oder Produkten spricht, die bei der Sanierung von Böden anfallen.[26] Hätte der Richtliniengeber auch noch nicht ausgekofferten Boden der Abfallrichtlinie unterstellen wollen, so wäre die Gruppe Q 15 der geeignete Ort für eine Konkretisierung gewesen. Daß er das Problem der Beseitigung kontaminierten, ausgekofferten Erdreichs gesehen hat, verseuchte Böden jedoch übersehen hat, erscheint nicht wahrscheinlich. Dies spricht dafür, daß der Richtliniengeber die kontaminierten Böden von vornherein nicht zu der zu regelnden Materie gerechnet hat. Unter "Stoffe und Gegenstände" im Sinne des gemeinschaftsrechtlichen Abfallbegriffs sind demzufolge nur diejenigen Sachen zu fassen, die bewegliche Sachen im Sinne des deutschen Rechts darstellen.[27]

2. Die Stoffgruppen des Anhangs I

Weitere Voraussetzung zur Ausfüllung der Abfalldefinition der Abfallrahmenrichtlinie ist, daß der Stoff oder Gegenstand in einer der in Anhang I der Richtlinie aufgeführten Stoffgruppen enthalten ist. Diese Abfallgruppen sollen gemäß Art. 1 Buchstabe a) S. 2 der Richtlinie durch die Kommission in der Weise konkretisiert werden, daß Verzeichnisse der unter sie fallenden

25 *Dietl/Lorenz*, Dictionary of Legal, Commercial and Political Terms, 4th Edition; *Langenscheidts* Handwörterbuch Englisch, Teil I: Englisch - Deutsch.

26 Ebenso *Dieckmann*, NuR 1992, 407 (409).

27 Im Ergebnis ebenso *Bickel*, NuR 1992, 361 (370).

Abfälle erstellt werden. Damit stellen die in der Richtlinie genannten Überschriften der einzelnen Gruppen Oberbegriffe dar. Eine Konkretisierung durch Abfallisten nach den Gruppen Q 1 bis Q 16 ist bislang nicht vorgenommen worden, obgleich ihre Erstellung bis zum Inkrafttreten der Richtlinienänderung am 1. April 1993 vorgesehen war. Den durch Art. 1 Buchstabe a) S. 2 der Abfallrahmenrichtlinie gesetzten Termin hat die *Kommission der Europäischen Gemeinschaften* nicht einhalten können. *Fluck* erwähnt ein im Entstehen begriffenes "Europäisches Abfallverzeichnis".[28] Der Inhalt der Konkretisierung der einzelnen Gruppen dürfte sehr unterschiedlich ausfallen, weil sich auch die Überschriften auf unterschiedliche Kategorien beziehen.[29] Im Ergebnis werden wohl verschiedene Arten von Abfallverzeichnissen zu bilden sein, die teilweise denen der deutschen Abfall- und Reststoffbestimmungsverordnung ähneln, die, mit einem Abfallschlüssel versehen, einzelne Stoffe aufführen, teilweise aber auch nur sehr allgemein gehaltene Konkretisierungen enthalten dürften.

Trotz des insoweit nicht ganz eindeutigen Wortlauts stellt der Umstand des Unterfallens unter den Anhang I ein einschränkendes Erfordernis im Hinblick auf die Einordnung eines Stoffes oder Gegenstandes als Abfall dar. Eine andere Auslegung könnte sich allenfalls aus Art. 1 Buchstabe a) S. 2 der Richtlinie ergeben, der dahingehend zu interpretiert werden könnte, daß Stoffe und Gegenstände, die unter die genannten Gruppen fallen, bereits Abfälle sein müssen, weil dort eben nicht davon die Rede ist, daß "Stoffe und Gegenstände" unter die Abfallgruppen fallen. Dem steht jedoch der eindeutige Wortlaut von Satz 1 entgegen, der genau diese Formulierung ("Abfälle") enthält und damit festlegt, daß nur solche Stoffe und Gegenstände Abfälle sind, die unter die Gruppen fallen. Im Verhältnis von Satz 1 und Satz 2 zueinander ist Satz 1 aber derjenige, der die Definition des Abfallbegriffs bestimmend prägt.

Allerdings enthält die Gruppe Q 16[30] eine Generalklausel, die die einschränkende Wirkung dieses Tatbestandsmerkmals wieder aufheben kann, indem sie die von den Gruppen Q 1 bis Q 15 nicht erfaßten Stoffe und Gegenstände aufnimmt. Erst die Schaffung von Konkretisierungen insbesondere der Gruppe Q 16 durch die Kommission kann eine einschränkende Wirkung dadurch herbeiführen, daß diejenigen Stoffe und Gegenstände, die nach dem

28 Fluck, DVBl. 1993, 590 (591).

29 Vgl. *Dieckmann*, NuR 1992, 407 (407 f.).

30 "Stoffe und Produkte aller Art, die nicht einer der oben erwähnten Gruppen angehören".

Wortlaut der Konkretisierungen nicht erfaßt werden, keinen Abfall im Sinne der Richtlinie darstellen. Die Abfallgruppe Q 16 würde dann all diejenigen einzelnen Stoffe und Gegenstände aufnehmen, die nach der Absicht der Kommission als Abfall zu behandeln sein sollen, die aber nicht unter die Gruppen Q 1 bis Q 15 unterzuordnen sind. Ergebnis der Konkretisierungen der Abfallgruppen wird aber nicht sein, daß es keine Stoffe oder Gegenstände gibt, die nicht einer der im Anhang I genannten Gruppen angehören.[31] Die Bezeichnung der Gruppen Q 1 bis Q 16 stellt keine abschließende und vollständige Inhaltsbeschreibung dar. Wie bereits aus Art. 1 Buchstabe a) S. 2 der Richtlinie hervorgeht, sollen einzelne Abfallkategorien unter den einzelnen Oberbegriffen entwickelt und weiterentwickelt werden. Dieser Aufwand, ebenso wie die Aufstellung der Gruppen selbst, wäre aber überflüssig gewesen, wenn eine einschränkende Wirkung damit nicht hätte erzielt werden sollen. Bereits aus der Existenz der Gruppen ergibt sich damit ein deutlicher Hinweis auf ihre Nichtabgeschlossenheit.

Dagegen wird beispielsweise von *Bickel* vorgetragen, daß eine Einschränkung der zu berücksichtigenden Stoffe durch die Ausklammerung aus den Abfallgruppen abfallwirtschaftlich sinnlos wäre. Die Konsequenz sei nämlich, daß der betreffende Stoff niemals als Abfall zu behandeln sei und damit dem Wirtschaftskreislauf erhalten bliebe, bis die Abfalleigenschaft eintrete.[32] Hierin liege eine Einschränkung insbesondere der subjektiven Komponente des Abfallbegriffs: Bei einem nicht den Abfallgruppen unterfallenden Gegenstand sei der Besitzer gehindert, sich des Gegenstandes als Abfall zu entledigen. Das Entstehen eines grauen Marktes für derartige Stoffe und Gegenstände sei vorprogrammiert. Dies würde den Umweltschutz durch eine Ausschaltung der Kontrollmöglichkeiten des Abfallrechts beeinträchtigen, was die entsprechenden Rechsakte der Europäischen Gemeinschaften gerade verhindern wollten. Eine Konkretisierung der Abfallgruppen dürfe deshalb, um die Anforderungen eines wirksamen Umweltschutzes zu erfüllen, nur dergestalt vorgenommen werden, daß die einzelnen Konkretisierungen wiederum sehr allgemein gehalten würden, um - unter Umständen mit wenigen, begründeten Ausnahmen - alle Stoffe und Gegenstände zu erfassen.

Ob mit nicht abgeschlossenen Abfallgruppen sinnvollerweise als Abfall zu behandelnde Stoffe und Gegenstände aus dem Abfallbegriff herausfallen und

---

31 So aber wohl *Kersting*, Die Abgrenzung zwischen Abfall und Wirtschaftsgut, S. 170 und *Bickel*, NuR 1992, 361 (369).

32 Der Stoff wäre solange "Zwangswirtschaftsgut", vgl. *Bickel*, NuR 1992, 361 (369).

damit zu einer Gefährdung der Ziele des Abfallrechts führen, ist eine Frage der Ausgestaltung der Abfallgruppen. Daß es Stoffe und Gegenstände gibt, die nach allgemeinem Verständnis nicht unter den Abfallbegriff fallen sollten, ergibt sich aus der Notwendigkeit einer Abgrenzung zwischen Abfällen und Produkten.[33] Es lassen sich aber Möglichkeiten einer Konkretisierung der Abfallgruppen denken, die gerade die erwünschterweise nicht als Abfall zu behandelnden Stoffe und Gegenstände ausschließt, insgesamt jedoch technischen und gesellschaftlichen Weiterentwicklungen gegenüber offen bleiben. Damit können die Abfallgruppen sinnhaft ausgestaltet werden, ohne daß es durch die Ausklammerung einzelner Stoffe und Gegenstände zu einer Gefährdung der abfallrechtlichen Schutzgüter kommen muß. Sie werden in diesem Fall durch ihren Wortlaut einzelne Stoffe und Gegenstände ausschließen, deren Behandlung als Abfall als nicht erwünscht oder nicht praktikabel erscheint.

3. Subjektiver Abfallbegriff: Grundlagen

Ein in den Abfallgruppen enthaltener Stoff oder Gegenstand stellt zum einen - in subjektiver Hinsicht - dann Abfall dar, wenn sich der Besitzer seiner entledigt oder entledigen will.[34] Dieser gemeinschaftsrechtliche Definitionsteil ähnelt dem deutschen subjektiven Abfallbegriff, der das liberale abfallrechtliche Element darstellt, indem es den Willen der Abfallbesitzer, sich der Sache zu entledigen, zum entscheidenden Kriterium macht.[35] Sein zentraler Punkt ist folgerichtig der Entledigungsbegriff. Voraussetzung ist im einzelnen, daß der Abfallbesitzer sich entweder des Stoffes oder des Gegenstandes entledigt oder sich entledigen will. Aus der Systematik der Definition, der Verwendung der Konjunktion "und", geht hervor, daß das Erfordernis des Unterfallens unter eine Gruppe nach Anhang I auch Voraussetzung zur Erfüllung des subjektiven Abfallbegriffs ist.[36]

---

[33] Siehe dazu unten, Zweiter Teil, B II 3.

[34] Zum anderen dann, wenn objektiv Abfall vorliegt; siehe hierzu unten, Zweiter Teil, B II 4.

[35] *Hösel/v. Lersner*, Recht der Abfallbeseitigung, § 1 AbfG (Nr. 1110) Rn. 3; *Offermann-Clas*, DVBl. 1981, 1125 (1129); *v. Lersner*, NuR 1981, 1 (1). Kritischer wird er als "Abfallbegriff der Wegwerfgesellschaft" bezeichnet, *Franßen*, Abfallrecht in: *Salzwedel*, Grundzüge des Umweltrechts, S. 399 (408).

[36] *Kersting*, DVBl. 1992, 343 (346); *Dieckmann*, NuR 1992, 407 (409).

Unter Entledigung ist dem Wortsinne nach die Weggabe eines Stoffes oder Gegenstandes zu verstehen, die zum Ziel hat, sich von ihm oder ihr zu befreien.[37] Der Begriff der Entledigung - dies läßt sich bereits aus dem Wortlaut des Definitionsteiles entnehmen - besitzt somit einen objektiven und einen subjektiven Aspekt. Wenn die Formulierung "entledigen will" im Rahmen der Definition des subjektiben Abfallbegriffs zum Ausdruck bringt, daß der Wille zur Entledigung, der das subjektive Element des Entledigungsbegriffs darstellt, allein zur Begründung des subjektiven Abfallbegriffs ausreichend ist, so kann daraus gefolgert werden, daß dieser Wille zur Entledigung selbst zwar erforderlich, aber nicht ausreichend ist. Hier muß noch ein objektives Element, nämlich die Entledigungshandlung, hinzutreten. Eine Entledigung liegt demzufolge vor, wenn sowohl eine Entledigungs*handlung* als auch der entsprechende Entledigungs*wille* des Abfallbesitzers vorliegen. In diesem Falle ist der subjektive Abfallbegriff aber bereits durch das alleinige Vorliegen des Entledigungs*willens* begründet. Die Entledigung als solche erscheint daher zur Begründung des subjektiven Abfallbegriffs nicht erforderlich zu sein.

Entgegen dem umgangssprachlichen Wortsinn ist Voraussetzung einer Entledigung nicht, daß der sich entledigende Besitzer den Stoff oder Gegenstand an einen Dritten weitergibt. Dies ergibt sich aus den weiteren Konsequenzen, die sich aus der Einordnung eines Stoffes oder Gegenstandes als Abfall ergeben. Wie sich aus Erwägungsgrund Nr. 11 der Änderungsrichtlinie 91/156/EWG zur Abfallrahmenrichtlinie ergibt, soll das Abfallrecht der Gemeinschaft vorsehen, daß Unternehmen, die ihre Abfälle selbst beseitigen oder verwerten, nicht einer Genehmigungs- sondern nur einer Meldepflicht unterworfen werden. In Art. 11 der Richtlinie ist eine derartige Befreiung von Genehmigungserfordernis umgesetzt. Ist aber eine Abfallverwertung durch den Abfallbesitzer nach den Regelungen der Richtlinie vorgesehen, so kann Voraussetzung zur Begründung der Abfalleigenschaft im Rahmen des Entledigungsbegriffes nicht sein, daß der Besitzer den Stoff oder Gegenstand an einen Dritten weitergibt. Wäre dies Voraussetzung für die Einordnung als Abfall, so wäre eine Eigenverwertung als Abfall niemals möglich.[38]

Aus diesen Erwägungen ist von dem Entledigungsakt nicht zu verlangen, daß eine Weitergabe des Stoffes oder Gegenstandes erfolgt. Die Entledi-

---

37 *v. Lersner*, NuR 1981, 1 (2); *Schwermer* in: *Kunig/Schwermer/Versteyl*, Abfallgesetz, § 1 Rn. 14.

38 So auch *Fluck*, DVBl. 1993, 590 (592).

gungshandlung wird bei einem Verbleib bei dem Besitzer darin liegen, daß er eine Verwertung vornimmt.

4. Der Entledigungswille des Abfallbesitzers

a) Auslegung nach dem Wortsinn des Begriffs "Entledigung"

Die Entledigung muß gewollt sein. Begibt sich der Besitzer einer Sache unabsichtlich eines Stoffes oder Gegenstandes, so wird diese - bei Vorliegen aller anderen Voraussetzungen - damit nicht zu Abfall. Soweit ergeben sich keine Zweifelsfragen. Nach Art. 1 Buchstabe a) der Richtlinie ist allerdings der Wille zur Entledigung allein ausreichend für die Begründung der Abfalleigenschaft.[39] Darauf, ob der Besitzer sich der Sache bereits tatsächlich entledigt hat, kommt es nicht an. Dem Regime des Abfallrechts unterfallen damit auch Stoffe und Gegenstände, zu deren Entledigung sich der Besitzer bereits entschlossen hat, bezüglich derer er aber beispielsweise aus Gründen der Kosten der Entsorgung die Entledigung noch nicht vorgenommen hat, sondern die er auf seinem Grundstück lagert. Damit kommt es entscheidend nicht auf die Weitergabe an einen Dritten an.

Zweifelhaft - und Gegenstand heftiger Diskussionen sowohl im Bereich des gemeinschaftsrechtlichen wie auch des deutschen Abfallrechts - ist die Frage, worauf der Entledigungswille des Besitzers des Stoffes oder Gegenstandes gerichtet sein muß.[40] Entsprechend den in den englisch- und französischsprachigen Fassungen der Richtlinie verwendeten Begriffen "to discard" und "defaire" steht im Vordergrund einer Entledigung ihr Zweck, den Stoff oder den Gegenstand loszuwerden, weil er nicht mehr zu dem ursprünglichen Zweck genutzt werden soll.[41] Nicht von Bedeutung ist nach dem

---

[39] Siehe bereits oben, Zweiter Teil, B II 3.

[40] *Schwermer* in: *Kunig/Schwermer/Versteyl*, Abfallgesetz, § 1 Rn. 13 ff; *Hösel/v. Lersner*, Recht der Abfallbeseitigung, § 1 AbfG (Nr. 1110) Rn. 3; *Bartels*, Abfallrecht - Eine systematische Darstellung, S. 19 ff.; *Franßen*, Abfallrecht in: *Salzwedel*, Grundzüge des Umweltrechts, S. 399 (408); *Kersting*, Die Abgrenzung zwischen Abfall und Wirtschaftsgut, S. 170; *ders.*, DVBl. 1992, 343 (346); *Dieckmann*, NuR 1992, 407 (409); *Fluck*, DVBl. 1993, 590 (592); *v. Lersner*, NuR 1981, 1 (2); *von Wilmowsky*, NuR 1991, 253 (255); *Pernice*, NVwZ 1990, 414 (415).

[41] *Fluck*, DVBl. 1993, 590 (592).

Wortsinne hingegen, was nach der Vorstellung des Besitzers nach der Entledigung mit den Stoffen oder Gegenständen geschehen soll. Der Begriff "Entledigung" erscheint in diesem Sinne als Pendant zu dem Begriff "Anschaffen" zu fungieren. Während jener sich ausschließlich mit dem Akt des Loswerdens beschäftigt, behandelt dieser nur die Besorgung eines Stoffes oder Gegenstandes. Die Entledigung ist danach ein lediglich von der Seite des Entledigers betrachteter, innerer Vorgang, bei dem es darauf ankommt, den Stoff oder Gegenstand seiner bisherigen Zweckbestimmung zu entledigen.[42] Auf die weiteren Umstände nach der tatsächlich erfolgten oder geplanten Weitergabe an einen Dritten kommt es demnach nicht an.

Auch nach der Rechtsprechung des *Europäischen Gerichtshofs* ist es bei der Entledigung unerheblich, mit welcher Zielsetzung der Abfallbesitzer die Beziehungen zu dem Stoff oder Gegenstand beenden will. In seinem Urteil vom 28. März 1990[43] zum Abfallbegriff nach der ursprünglichen Abfallrahmenrichtlinie 75/442/EWG hat der *Europäische Gerichtshof* dargelegt, daß Stoffe, deren sich der Besitzer entledigt, auch dann Abfälle sein können, wenn sie zur wirtschaftlichen Wiederverwertung geeignet sind. Der Begriff "Abfälle" setze nicht voraus, daß der Besitzer, der sich eines Stoffes oder Gegenstandes entledigt, dessen wirtschaftliche Verwertung durch einen Dritten ausschließen will.[44] Der Gerichtshof begründet dies damit, daß die Erreichung der Ziele der Richtlinie (Schutz der menschlichen Gesundheit und der Umwelt)[45] gefährdet sei, wenn die Abfalleigenschaft von der Absicht des Besitzers abhinge, die wirtschaftliche Verwertung durch Dritte ausschließen zu wollen. Selbst wenn der Besitzer den Stoff oder Gegenstand weitergibt, damit ihn ein Dritter wirtschaftlich verwertet, ist die Abfalleigenschaft im Sinne des Gemeinschaftsrechts nach der Auffassung des Gerichtshofes gegeben. Damit umfaßt der Abfallbegriff des Gemeinschaftsrecht auch solche Stoffe und Gegenstände, die nach deutschem Verständnis (noch) als Wirtschaftsgü-

---

42 *Fluck* verweist auf das Stichwort "entledigen" in: *Duden*, Deutsches Universalwörterbuch, 1983; vgl. DVBl. 1993, 590 (592).

43 Verb. Rs. 206/88 und 207/88 (G. Vessoso und G. Zanetti), Slg. 1991, I-1461 (I-1474 ff.); bestätigt durch *EuGH*, Urteil vom 28. März 1990 - Rs. C-359/88 (E. Zanetti u. a.), Slg. 1991, I-1509 (I-1522).

44 *EuGH*, Urteil vom 28. März 1990 - verb. Rs. 206/88 und 207/88 (G. Vessoso und G. Zanetti), Slg. 1991, I-1461 (I-1474 ff.).

45 Siehe den 3. und 4. Erwägungsgrund der Richtlinie 75/442/EWG.

ter zu qualifizieren wären.[46] Regelungsinhalt des europäischen Abfallrechts ist es der Auffassung des *Europäischen Gerichtshofs* zufolge nicht allein, eine umweltfreundliche Entsorgung angefallener Abfälle zu erreichen, die entsprechenden Richtlinien wollen auch die Verwertung der Abfälle regeln.[47] Diese Auslegung wird bestätigt durch den Wortlaut der EG-Verbringungsverordnung 259/93, die systematisch gerade zwischen verwertbaren und nicht verwertbaren Abfällen unterscheidet und damit klarstellt, daß die Entledigung zur Verwertung die Abfalleigenschaft nicht ausschließen kann.[48]

Ob die einzelnen, nationalen Regelungen prinzipiell Einfluß auf die Interpretation der gemeinschaftsrechtlichen Begriffe nehmen können, ist im Hinblick auf die Eigenständigkeit des Gemeinschaftsrechts zweifelhaft.[49] Aus dem deutschen Recht lassen sich jedenfalls keine Anhaltspunkte für einen eingeschränkten subjektiven Abfallrecht herleiten. Zwar sind nach allgemeinem Verständnis des deutschen Entledigungsbegriffes die zur Verwertung bestimten Abfälle nicht vom subjektiven Abfallbegriff umfaßt.[50] Ob das deutsche Abfallrecht allerdings einen derartigen Modellcharakter für das europäische Abfallrecht darstellt, daß davon auszugehen ist, daß die gemeinschaftsrechtlichen Begrifflichkeiten dem deutschen Recht entlehnt sind, darf bezweifelt werden.[51] In einer Reihe von Mitgliedstaaten sind Regelungen entweder nahezu gleichzeitig in Kraft getreten oder waren zumindest in Vorbereitung.[52] Jedenfalls eine generelle Übertragung ist deshalb nicht

---

46 *Dieckmann*, NuR 1992, 407 (409); *von Wilmowsky*, NuR 1991, 253 (255); *Pernice*, NVwZ 1990, 414 (415); *Fluck*, DVBl. 1993, 590 (592); *Bickel*, NuR 1992, 361 (368); *Schwermer* in: *Kunig/Schwermer/Versteyl*, Abfallgesetz, § 1 Rn. 15; *Kersting*, DVBl. 1992, 343 (347).

47 *EuGH*, Urteil vom 28. März 1990 - verbundene Rs. C-206/88 und C-207/88 (G. Vessoso und G. Zanetti), Slg. 1991, I-1461 (I-1474 ff.); *EuGH*, Urteil vom 28. März 1990 - Rs. C 359/88 (E. Zanetti u. a.), Slg. 1991, I-1509 (I-1522).

48 Daneben stellen auch die Erwägungsgründe der EG-Rechtsakte ein Indiz für dieses Ergebnis dar; vgl. beispielsweise Erwägungsgrund Nr. 6 der Richtlinie 91/156/EWG.

49 Ablehnend bspw. der *EuGH*, Urteil vom 1. Februar 1972 - Rs. 49/71 (Hagen/Einfuhr- und Vorratsstelle Getreide), Slg. 1972, 23 (35); Urteil vom 1. Februar 1972 - Rs. 50/71 (Wünsche/Einfuhr- und Vorratsstelle Getreide), Slg. 1972, 53 (65); Urteil vom 14. Januar 1982 - Rs. 64/81 (Corman/Hauptzollamt Gronau), Slg. 1982, 13 (13).

50 Vgl. nur *Schwermer* in: *Kunig/Schwermer/Versteyl*, Abfallgesetz, § 1 Rn. 15 mit weit. Nachw.

51 So aber *Kersting*, Die Abgrenzung zwischen Abfall und Wirtschaftsgut, S. 168; *Franßen*, Abfallrecht in: *Salzwedel*, Grundzüge des Umweltrechts, S. 399 (408); ausdrücklich auf die "fragwürdige Vorstellung" von einer Leitwirkung des deutschen Abfallrechts hinweisend *Fluck*, DVBl. 1993, 590 (590).

52 Siehe die Nachweise bei *Dieckmann*, NuR 1992, 407 (408); zweifelnd auch *Pernice*, NVwZ 1990, 414 (416) und *Schröder*, WiVerw 1990, 118 (119).

möglich. Gerade für den Entledigungsbegriff ergibt sich aus dem Wortlaut EG-rechtlicher Vorschriften ein anderes Ergebnis.

b) Berücksichtigung der Funktion des subjektiven Abfallbegriffs

Gegen dieses Ergebnis läßt sich auch nicht einwenden, daß es mit der Funktion des subjektiven Abfallbegriffs nicht vereinbar sei. Ob der Entledigungsbegriff des europäischen Abfallrechts im Rahmen des subjektiven Abfallbegriffs die Abgabe zur Verwertung umfaßt, ist von der Frage zu trennen, ob die Nicht-Behandlung eines Stoffes als Abfall zu einer Gefährdung der menschlichen Gesundheit, der Umwelt oder eines anderen Schutzgutes der abfallrechtlichen Bestimmungen des Gemeinschaftsrechts führt, zu trennen.[53] Dieser Aspekt ist nämlich ausschließlich im Rahmen des objektiven Abfallbegriffs von Bedeutung, bei dem Fragen der Gefahrenabwehr im Vordergrund stehen.[54] Abfälle im subjektiven Sinne sind dagegen all diejenigen Stoffe und Gegenstände, die der Besitzer dazu macht,[55] nicht notwendig, weil sie gefährlich sind, sondern weil er sie loswerden möchte. Aus diesem Grunde ist durch eine Erweiterung des subjektiven Abfallbegriffs auf Stoffe, deren man sich zur Verwertung entledigt, keine Schutzgütergefährdung zu besorgen, weil diese gerade über den objektiven Abfallbegriff abgefangen wird.[56] Es widerspricht geradezu der (liberalen) Funktion des subjektiven Abfallbegriffs, den genannten Aspekt in die Überlegungen mit einzubeziehen. Ob der subjektive Abfallbegriff weiter oder enger zu fassen ist, spielt für die Frage der Abwehr von Gefahren, die von Stoffen, die dann möglicherweise Abfälle darstellen, ausgehen, keine Rolle. Dieser Umstand kann damit weder ein Argument dafür darstellen, daß die Entsorgung zur Verwertung vom Entledigungsbegriff des subjektiven Begriffsteils der Abfalldefinition des eu-

---

53 Diese Frage verbindet aber *Kersting*, DVBl. 1992, 343 (347).

54 *Schwermer* in: *Kunig/Schwermer/Versteyl*, Abfallgesetz, § 1 Rn. 22 ff. mit weit. Nachw.

55 "Gewillkürter Abfall", *Schwermer* in: *Kunig/Schwermer/Versteyl*, Abfallgesetz, § 1 Rn. 11.

56 *EuGH*, Urteil vom 28. März 1990 - verbundene Rs. C-206/88 und C-207/88 (G. Vessoso und G. Zanetti), Slg. 1991, I-1461 (I-1474 ff.); *EuGH*, Urteil vom 28. März 1990 - Rs. C 359/88 (E. Zanetti u. a.), Slg. 1991, I-1509 (I-1522); ebenso *BGH*, Urteil vom 26. Februar 1991 - 5 StR 444/90, DVBl. 1991, 876 (877); mit dem gleichen Ergebnis *Dieckmann*, NuR 1992, 407 (409).

ropäischen Abfallrechts umfaßt wird, noch kann er das Gegenteil begründen.[57]

c) Einschränkung nach dem Regelungszweck der Richtlinie

aa) Allerdings steht auch das europäische Abfallrecht vor dem Problem, daß nicht jede Weitergabe eines Stoffes oder Gegenstandes an einen Dritten die (subjektive) Abfalleigenschaft begründen kann.[58] Dies würde nämlich im Ergebnis dazu führen, daß auch jede weitere Verwendung gebrauchter Gegenstände dem Regime des europäischen Abfallrechts unterfiele. Als Beispiel sei der Verkauf eines drei Jahre alten Kraftfahrzeuges durch den ersten Eigentümer genannt. Die Eigenschaft des vorherigen Gebrauchs selbst ist dabei allerdings zur Abgrenzung ungeeignet. Einer Behandlung als Abfall dürfte es nicht entgegenstehen, wenn sich der Besitzer neuer, aber unverkäuflicher Produkte entledigen will.

Einer Einstufung des gebrauchten Autos als Abfall im Sinne der Abfallrahmenrichtlinie würde zwar nicht entgegenstehen, daß die Mitgliedstaaten nach Art. 4 der genannten Richtlinie verpflichtet sind, sicherzustellen, daß eine Abfallverwertung oder -deponierung ohne Beeinträchtigung der menschlichen Gesundheit oder der Umwelt zu erfolgen habe. Betrachtete man den Gebrauchtwagenverkauf tatsächlich als Abfallentsorgung, so würde das weitere Benutzen des Wagens durch den Käufer eine Form der Abfallverwertung darstellen. Diese würde aber die menschliche Gesundheit und die Umwelt nicht weiter belasten, als dies eine weitere Benutzung durch den ersten Eigentümer auch tun würde. Es ließe sich deshalb durchaus mit Art. 4 der Richtlinie vereinbaren, in einem gebrauchten Auto Abfall im Sinne der Abfallrahmenrichtlinie zu sehen. Gleiches gilt sogar für Produkte, die erstmals an den Verbraucher gelangen, wenn produktbezogene Regelungen das Entstehen von Umweltgefahren verhindern.

---

57 Für die Hypothese von *Kersting*, DVBl. 1992, 343 (347), durch die Ausweitung des objektiven Abfallbegriffs durch die Änderungsrichtlinie 91/156/EWG habe der Rat gerade zum Ausdruck bringen wollen, daß er die Förderung eines effektiven Umweltschutzes gerade nicht durch eine Erweiterung des subjektiven Abfallbegriffs erreichen wolle, findet sich keine Bestätigung.

58 *Fluck*, DVBl. 1993, 590 (592); soweit es das nationale deutsche Recht betrifft, vgl. nur *Schwermer* in: *Kunig/Schwermer/Versteyl*, Abfallgesetz, § 1 Rn. 15 mit weit. Nachw.

Aus der Systematik der Abfallrahmenrichtlinie könnte sich aber die Notwendigkeit einer Einschränkung des Abfallbegriffes ergeben. Aus zahlreichen Stellen sowohl der ursprünglichen Abfallrahmenrichtlinie 75/442/EWG, als auch der Änderungsrichtlinie 91/156/EWG[59] geht hervor, daß Stoffe und Gegenstände, die Abfälle darstellen - soweit sie nicht bereits vermieden werden können - entweder einer Beseitigung oder - vorrangig - einer Verwertung zugeführt werden sollen. Das gemeinschaftliche Abfallrecht unterscheidet also zwischen Abfällen, die zur Beseitigung bestimmt sind und solchen, die zur Verwertung bestimmt sind. Stellte allerdings eine, auf einen bestimmten Stoff oder Gegenstand angewendete Behandlungsmethode weder eine Verwertung im Sinne des Anhangs II B, noch eine Beseitigung nach Anhang II A dar, so wäre daraus zu schließen, daß die Stoffe und Gegenstände, die eine derartige Behandlung erfahren, nach der Absicht des Richtliniengebers keine Abfälle im Sinne der Abfallrahmenrichtlinie darstellen sollen, weil sie nicht im Sinne der Abfallrahmenrichtlinie entweder beseitigt oder verwertet werden könnten. Ein Ausscheiden aus dem Regelungsbereich des Abfallrechts würde in diesem Fall über den Abfallbegriff vor sich gehen. Dies bedeutete aber für den Entledigungsbegriff, daß er eine Einschränkung erfahren müßte, um der Ausscheidungsfunktion des Abfallbegriffes gerecht zu werden.

Was unter "Beseitigung" und was unter "Verwertung" zu verstehen ist, ergibt sich aus den Legaldefinitionen des Art. 1 Buchstaben e) und f) der Abfallrahmenrichtlinie, die auf in den Anhängen II A (Beseitigung) und II B (Verwertung) aufgeführte Verfahren der Behandlung der Stoffe und Gegenstände verweisen. Der Anhang II B kann damit Anhaltspunkte dafür liefern, was der Rat unter Verwertung im Sinne der Abfallrahmenrichtlinie verstanden wissen wollte.[60]

Bei den in der Anlage II B aufgeführten Verwertungsmethoden R 1 bis R 13 handelt es sich vorrangig um solche eines speziellen Stoffrecyclings. Die Methoden R 1 bis R 5, R 7 und R 8 beschreiben spezifische Verfahren der Rückgewinnung und Verwertung einzelner, in bestimmten industriellen Verfahren angewendeter Stoffe. Im Vordergrund steht dabei der Versuch, diese Stoffe nach einer entsprechenden Behandlung zu dem gleichen Zweck wieder einzusetzen. Als Beispiel sei die Aufarbeitung von Altöl aus Kraftfahrzeugen genannt. Bestimmte Verfahren ermöglichen es, das Öl ein zweites

---

59 Z. B. Erwägungsgründe Nr. 4, 10 und 11 der Richtlinie 91/156/EWG, Art. 1 Buchstabe d), Art. 3 sowie Art. 4 Abs. 1 der Richtlinie 75/442/EWG.

60 Siehe hierzu auch *Fluck*, DVBl. 1993, 590 (592 f.).

Mal als Schmieröl in Kraftfahrzeugen einzusetzen, bevor es endgültig einer Beseitigung zugeführt oder erneut aufgearbeitet wird.[61] Dieses Verfahren, das unter R 8 vom Anhang II B der Richtlinie erfaßt ist, stellt ein typisches Verwertungsverfahren im Sinne der Richtlinie dar. Die so von Anhang II B festgelegten Verwertungsmethoden gelten aber nur für den engen Bereich der beschriebenen Stoffe und sind daher nicht abschließend. Eine ergänzende Funktion dürfte der Verwertungsmethode R 6 zukommen: Um die soeben erwähnten Verfahren durchführen zu können, ist es oftmals erforderlich, die eingesetzten Stoffe zunächst von bestimmten Verunreinigungen zu trennen. Können bei einem derartigen Trennvorgang die Verunreinigungen ihrerseits wiedergewonnen werden, so stellt der Trennvorgang bezüglich der Verunreinigungen ein Verwertungsverfahren dar. - Die Verwertungsmethoden R 9 und R 10 sind im Gegensatz zu den bislang behandelten dadurch gekennzeichnet, daß in ihnen eine ganz bestimmte Art der Verwendung als Verwertung definiert wird. Es handelt sich um biologische Verfahren und um exotherme Umwandlungsmöglichkeiten von Stoffen. Damit ist der gesamte Bereich der sogenannten thermischen Verwertung erfaßt. R 11 bis R 13 enthalten schließlich Klarstellungen und Erweiterungen, die sich lediglich auf die vorangegangenen Methoden beziehen. Sie sind für die hier vorzunehmende Analyse deshalb nicht von Belang.

Vollständig umfaßt ist von Anhang II B die - wie es im Wortlaut der Richtlinie heißt - "Rückgewinnung/Verwertung". Über die Methoden R 1 und R 2 ist die Rückgewinnung/Verwertung *organischer Stoffe*, über die Methoden R 3 und R 4 die der Komplementärgruppe der *anorganischen Stoffe* ein Verwertungsverfahren im Sinne der Abfallrahmenrichtlinie. Stofflich ist damit die Aufzählung durch die Verwertungsverfahren R 1 bis R 4 vollständig. Die Verwendung des Wortpaares kann dabei verdeutlichen, daß eine Verwertungshandlung sowohl die *Behandlung* zur erneuten Nutzbarmachung eines Stoffes oder Gegenstandes ist, als auch seine weitere *Verwendung* im aufgearbeiteten Zustand. Sie kann aber auch deshalb verwendet worden sein, um klarzustellen, daß nur eine weitere Verwertung nach einer aktiven Rückgewinnung oder einer anderen Form der Behandlung ein Verwertungsverfahren im Sinne des Anhangs II B darstellt. Hierfür spricht zum einen, daß die Vornahme einer derartigen aktiven Handlung ein geeignetes

---

[61] Die Beseitigung bestimmt sich dann nach der Richtlinie des Rates vom 16. Juni 1975 über die Altölbeseitigung (75/439/EWG, ABl. Nr. L 194 vom 25. Juli 1975, S. 31 ff.), geändert durch die Richtlinie des Rates vom 22. Dezember 1986 (87/101/EWG, ABl. Nr. L 42 vom 12. Februar 1987, S. 43 ff.).

Abgrenzungskriterium zum schlichten Weiterbenutzen eines Gegenstandes durch einen Dritten darstellen würde.[62] Will der Besitzer den Stoff oder Gegenstand abgeben, um ihn unmittelbar einem weiteren Gebrauch zuzuleiten, so stellt diese Abgabe keine Entledigung zur Verwertung dar. Erst wenn die Abgabe erfolgt, um den Stoff oder Gegenstand einer Behandlung zuzuführen, die eine weitere Benutzung ermöglicht, stellt dies eine Verwertung in dem genannten Sinne dar. Zum anderen wird eine derartige Auslegung dem Wortsinn des in der Abfallrahmenrichtlinie verwendeten Begriffs "Verwertungsverfahren" gerecht, der in seinem zweiten Teil auf einen aktiv durchzuführenden Vorgang hindeutet.

Eine Verwertung liegt damit nicht vor, wenn die aus einem (Produktions- oder Nutzungs-) Prozeß ausgeschiedenen Stoffe und Gegenstände unmittelbar wieder als Rohstoff Verwertung in einem andern Prozeß finden. Konsequenz dieser Interpretation wäre es, daß weder die unmittelbare Nutzung von Gips aus einer Rauchgasentschwefelungsanlage im Rahmen der Bauindustrie eine Verwertung (von Abfall) darstellt, noch die sogenannte Koppelproduktion, also der Vorgang, daß ein in einem - beispielsweise chemischen - Prozeß angefallener Rückstand in einer anderen Produktion unmittelbar wieder Verwendung findet. In beiden Fällen ist kein Aufbereitungsvorgang zwischen das Ausscheiden aus einer Produktion und die Einführung in eine andere Produktion geschaltet. Die thermische Nutzung von Rückständen ist hingegen wegen ihrer Erwähnung als Verwertungsverfahren R 10 Verwertung.

Der Verwertungsbegriff der Abfallrahmenrichtlinie, der nicht alle denkbaren Nutzungsmöglichkeiten gebrauchter Gegenstände umfaßt, spricht damit für das Erfordernis der Einschränkung des (subjektiven) Abfallbegriffs.

Ein weiterer Umstand begründet die Notwendigkeit einer Einschränkung: Aus Art. 7 Abs. 1 S. 2 1. Spiegelstrich der Richtlinie ergibt sich, daß die von der zuständigen nationalen Behörde zu erstellenden Abfallbewirtschaftungspläne auch die zu verwertenden Abfälle umfassen. Eine derartige, allgemeine Bewirtschaftung von gebrauchten Produkten, wie sie Satz 3 der genannten Vorschrift dann ermöglicht, ist aber mit den Grundsätzen einer marktwirtschaftlichen Organisation des Gemeinsamen Marktes[63], wie sie sich aus Art. 3 Buchstabe f) und Art. 85 bis 90 des EWG-Vertrages ergeben,

---

62 *Fluck*, DVBl. 1993, 590 (592).

63 *Koch* in: *Grabitz* (Hrsg.), Kommentar zum EWG-Vertrag, vor Art.85 Rn. 1 mit weit. Nachw.

nicht vereinbar. Im Ergebnis ist eine Einschränkung des Abfallbegriffes der Abfallrahmenrichtlinie damit grundsätzlich erforderlich, um die notwendige Abgrenzung zwischen (neuen und gebrauchten) Produkten (bzw. Wirtschaftsgütern)[64] und Abfällen vornehmen zu können.[65]

bb) Ob diese Abgrenzung jedoch zwingend über den Begriff der Entledigung vorzunehmen ist, erscheint fraglich. Möglich könnte auch eine Lösung über die Abfallgruppen des Anhangs I sein. Anbieten würde sich hier beispielsweise die Abfallgruppe Q 14: "Produkte, die vom Besitzer nicht oder nicht mehr verwendet werden (z. B. in der Landwirtschaft, den Haushaltungen, Büros, Verkaufsstellen, Werkstätten usw.)". Würde die Kommission hier eine Konkretisierung der Gruppe Q 14 dergestalt vornehmen, daß sie differenzierte zwischen solchen Produkten, die von einem Dritten zwecks weiterer Verwendung in der gleichen oder einer ähnlichen Weise oder zumindest als Produkt übernommen würden[66] und Produkten, die von dem Besitzer einem der in Art. 1 Buchstabe f) in Verbindung mit Anhang II B der Änderungsrichtlinie 91/156/ EWG aufgeführten oder einem gleichwertigen Verwertungsverfahren zugeführt werden, so hätte dies eine hinreichende und praktikable Differenzierung zwischen Abfall und Wirtschaftsgütern zur Folge, die auf einer anderen Ebene als auf der des Entledigungsbegriffes abliefe. Für eine derartige Einbeziehung subjektiver Elemente in die Definition nach den Abfallgruppen bietet sich die Gruppe Q 14 bereits wegen ihrer Überschrift an. Daß ein Produkt vom Besitzer nicht oder nicht mehr verwendet wird, kann durchaus in seinem Willen liegen. Damit besteht mit dem Erfordernis der Ausgrenzung von Wirtschaftsgütern aus dem Abfallbegriff kein zwingender Grund, den Entledigungsbegriff einschränkend auszulegen, um die notwendige Begrenzung des Abfallbegriffes zu erreichen.

cc) Machen die Europäischen Gemeinschaften allerdings von der Möglichkeit der Einschränkung des Abfallbegriffs durch die Abfallgruppen bei der Schaffung derselben keinen Gebrauch, so deutet dies darauf hin, daß eine

---

64 Begriffswahl unter anderem bei *Fluck*, DVBl. 1993, 590 (592).

65 Im Ergebnis ebenso *Dieckmann*, NuR 1992, 407 (408).

66 Möglicherweise auch dergestalt, daß definiert werden: "Gezielt hergestellte Stoffe oder Gegenstände, deren vorgesehene Verwendung noch nicht beendet ist"; so *Dieckmann*, NuR 1992, 407 (410), der auf den *Rat von Sachverständigen für Umweltfragen*, Sondergutachten Abfallwirtschaft, BT-Drs. 11/8493 Tz. 101 verweist.

Einschränkung über den Begriff der Entledigung gewollt ist.[67] Dies würde dann dazu führen, daß der Entledigungsbegriff entsprechend dem ermittelten Wortsinn[68] einschränkend dergestalt auszulegen ist, daß das eine Entledigung nur dann vorliegt, wenn sie seitens des Besitzers erfolgt oder geplant ist, um den Stoff oder Gegenstand einem der in Anhang II A oder II B aufgeführten Beseitigungs- oder Verwertungsverfahren zuzuführen. Einschränkend festzuhalten bleibt allerdings, daß dies kein zwingendes Erfordernis ist, das sich unmittelbar aus der Definition oder der systematischen Stellung des Entledigungsbegriffs innerhalb des gemeinschaftsrechtlichen Abfallrechts ergibt.

dd) Unter der Voraussetzung, daß die Kommission die Konkretisierung der Abfallgruppen Q 1 bis Q 16 wie geplant vornimmt, liegt damit Abfall im Sinne des subjektiven Begriffsteils dann vor, wenn sich der Besitzer eines in dem Verzeichnis des Anhang I aufgeführten Stoffes oder Gegenstandes dessen mit dem Ziel entledigt oder entledigen will, diesen einem Beseitigungsverfahren nach Anhang II A oder einem Verwertungsverfahren nach Anhang II B zuzuführen.[69] Kein Abfall liegt entsprechend den Ausführungen zu den Verwertungsverfahren[70] dann vor, wenn der Besitzer den Stoff oder Gegenstand an einen Dritten weiterleitet, der diesen ohne weitere Behandlung als Rohstoff oder als Gebrauchsgegenstand einsetzt.

5. Objektiver Abfallbegriff

Alternativ zum Vorliegen der Voraussetzungen des subjektiven Abfallbegriffs ist die Abfalleigenschaft eines Stoffes oder Gegenstandes, wie sich ebenfalls aus Art. 1 Buchstabe a) der Abfallrahmenrichtlinie ergibt, auch dann gegeben, wenn sich der Besitzer des Stoffes oder Gegenstandes entledigen *muß*. Diese, als objektiver Abfallbegriff bezeichnete Variante stellt die ordnungs- oder gefahrenabwehrrechtliche Komponente des Abfallbegriffs dar. Würde lediglich auf den subjektiven Begriffsteil abgestellt, so läge die

67 Die neuesten Entwicklungen bei der Schaffung der Konkretisierung der Abfallgruppen deuten auf eine derartige Lösung hin; vgl. *Fluck*, DVBl. 1993, 590 (591), der von dem im Entstehen begriffenen "Europäischen Abfallverzeichnis" spricht, das die Stoffe und Gegenstände nach ihrer Herkunft unterteilt.

68 Siehe oben, Zweiter Teil, B II 4 a).

69 So im Ergebnis auch *Fluck*, DVBl. 1993, 590 (593).

70 Siehe oben, Zweiter Teil, B II 4 c) aa).

Entscheidung über die Entsorgung allein bei dem Abfallbesitzer. Diesen mögen aber Gründe, wie beispielsweise die Kosten und Mühen einer umweltgerechten Entsorgung, dazu bewegen, von einer Entledigung abzusehen und die betreffenden Stoffe und Gegenstände stattdessen beispielsweise auf einem eigenen Gelände zu lagern. Auch die Entsorgung solcher Stoffe und Gegenstände muß aber im Interesse der Verhinderung von z. B. Geruchsbelästigungen und gesundheitsschädlichen Verunreinigungen möglich sein.[71] Das Institut des objektiven Abfallbegriffs begründet deshalb die Abfalleigenschaft eines Stoffes oder Gegenstandes unabhängig von dem Entledigungswillen des Abfallbesitzers. Man spricht in diesem Zusammenhang auch von "Zwangsabfällen".[72] Besitzer von Stoffen oder Gegenständen, die sich nach Art. 1 Buchstabe a) der Abfallrahmenrichtlinie entledigen, entledigen wollen oder entledigen müssen, sind gemäß Art. 1 Buchstabe c) der Richtlinie sowohl der Erzeuger der Stoffe und Gegenstände als auch die natürliche oder juristische Person, in deren Besitz sie sich befinden. Durch die Erweiterung auf die Erzeuger - eine Legaldefinition findet sich in Art. 1 Buchstabe b) der Abfallrahmenrichtlinie - hat eine deutliche Ausdehnung des Verpflichtetenkreises gegenüber der Richtlinie in ihrer alten Fassung nach der Richtlinie 75/442/EWG stattgefunden.

Wie bereits bei dem subjektiven Abfallbegriff muß zusätzlich das Unterfallen des Stoffes oder Gegenstandes unter eine der Abfallgruppen des Anhangs I gegeben sein. Dies ergibt sich bereis dem Wortlaut nach, nämlich aus dem Umstand, daß die Voraussetzungen des Unterfallens unter den Anhang I und das Bestehen einer Pflicht zur Entledigung durch die Konjunktion "und" miteinander verknüpft sind.[73]

Einzige zusätzliche Voraussetzung zur Erfüllung des objektiven Abfallbegriff ist damit das Bestehen einer Entledigungspflicht. Der Besitzer muß sich des Stoffes oder Gegenstandes entledigen müssen. Hierzu heißt es wörtlich in Art. 1 Buchstabe a) der Abfallrahmenrichtlinie: "Abfall: Alle Stoffe oder Gegenstände, ... deren sich ihr Besitzer ... entledigen muß." Diesen Wortlaut besitzt der objektive Begriffsteil aber erst seit der Änderung durch

---

71 *Bartels*, Abfallrecht - Eine systematische Darstellung, S. 23; *Hoschützky/Kreft*, Recht der Abfallwirtschaft, § 1 Anm. 1.2.; *Schwermer* in: *Kunig/Schwermer/Versteyl*, Abfallgesetz, § 1 Rn. 24.

72 *Schwermer* in: *Kunig/Schwermer/Versteyl*, Abfallgesetz, § 1 Rn. 23; *Mann*, Abfallverwertung als Rechtspflicht, S. 55.

73 *Bickel*, Nur 1992, 361 (369); *Dieckmann*, Nur 1992, 407 (411); *Fluck*, DVBl. 1993, 590 (591).

die Richtlinie 91/156/EWG. In der alten Fassung der Abfallrahmenrichtlinie lag objektiv Abfall vor, wenn sich der Besitzer der Stoffe und Gegenstände nach den geltenden einzelstaatlichen Vorschriften zu entledigen hatte. Als mitgliedstaatliche Vorschriften in diesem Sinne waren beispielsweise solche zum Schutze der menschlichen Gesundheit oder der öffentlichen Sicherheit und Ordnung zu verstehen. Der gemeinschaftsrechtliche Abfallbegriff verwies damit auf das innerstaatliche Ordnungsrecht. Es war aus dem Wortlaut der Vorschrift erkennbar, wie eine Entledigungspflicht statuiert werden konnte, nämlich durch einen Gesetzesakt eines Mitgliedstaates. Eine Pflicht der Mitgliedstaaten zum Erlaß bestimmter Regelungen enthielt das europäische Abfallrecht allerdings nicht.[74] Damit lag die Ausgestaltung des objektiven Abfallbegriffs allein in den Händen der Mitgliedstaaten.

In der neuen Fassung, die bis zum 1. April 1993 von den Mitgliedstaaten umzusetzen war, ist die Formulierung "nach den geltenden einzelstaatlichen Vorschriften" entfallen. Dies deutet darauf hin, daß künftig zumindest nicht mehr allein mitgliedstaatliche Regelungen den objektiven Abfallbegriff ausgestalten sollen, sondern die Europäischen Gemeinschaften ihren abfallrechtlichen Regelungsanspruch insofern erweitern, als sie auch Regelungen treffen können wollen, die den objektiven Abfallbegriff konkretisieren. Aus dem Wortlaut ist hingegen nicht zu schließen, daß die diesbezüglichen Regelungen der Mitgliedstaaten zukünftig unbeachtlich sein sollen. Er ist vielmehr offen für jede Art von rechtlich begründeten Entledigungverpflichtungen.

Ob die Richtlinie 91/689/EWG über gefährliche Abfälle bezüglich bestehender Entledigungspflichten für bestimmte Stoffe eine Konkretisierung der Vorgaben der Abfallrahmenrichtlinie beinhaltet, wie dies von *Fluck*[75] dargelegt wird, darf bezweifelt werden. Aspekte, die einen Abfallstoff gefährlich im Sinne der Richtlinie über gefährliche Abfälle machen, werden zwar im Regelfall eine Entledigungspflicht begründen. Der Umstand, daß die Richtlinie über gefährliche Abfälle auf der Ermächtigung des Art. 2 Abs. 2 der Abfallrahmenrichtlinie beruht, spricht entgegen den Ausführungen von *Fluck* gerade gegen eine Verbindung von Gefährlichkeit im Sinne der Richtlinie über gefährliche Abfälle und Entledigungspflicht nach der Abfallrahmenrichtlinie. Sowohl die Richtlinie über gefährliche Abfälle - wie sich aus deren Art. 1 Abs. 1, 2 und 3 ergibt - als auch Art. 2 Abs. 2 der Abfallrahmenricht-

74 *Kersting*, Die Abgrenzung zwischen Abfall und Wirtschaftsgut, S. 164.

75 *Fluck*, DVBl. 1993, 590 (591).

linie setzen voraus, daß es sich bei den betroffenen Stoffen und Gegenständen bereits um Abfälle handelt. Zur Klarstellung der Abfalldefinition sind diese Regelungen daher ungeeignet. Möglicherweise stellt Art. 2 Abs. 2 der Abfallrahmenrichtlinie aber eine Ermächtigung für den Erlaß von Regelungen dar, die derartige Entledigungspflichten statuieren. Dagegen spricht jedoch der Zusammenhang mit Art. 2 Abs. 1, der Sonderregelungen für Stoffe und Gegenstände darstellt, die zwar Abfälle im Sinne der Definition des Art. 1 Buchstabe a) sein mögen, für die jedoch aus verschiedenen Erwägungen die Regelungen des europäischen Abfallrechts gleichwohl nicht zur Anwendung kommen sollen. Wenn Abs. 2 derselben Vorschrift nun von besonderen Regelungen für bestimmte Abfallgruppen spricht, liegt es nahe, hierin eine Ermächtigung zur Schaffung von Regelungen zu sehen, die - über die bereits getroffenen Ausnahmen des Abs. 1 hinaus - weitere Abfallarten von der Anwendung des europäischen Abfallrechts ausnehmen oder dessen Regelungen zumindest ergänzen. Art. 2 Abs. 2 ist daher für die Konkretisierung des objektiven Abfallbegriffs insgesamt nicht ergiebig.[76]

Mangels bislang ergangener gemeinschaftsrechtlicher Regelungen, die eine Entledigungspflicht begründen können, bietet es sich an, zunächst auf die nationalen Rechtsvorschriften einzugehen, die eine Entledigungspflicht begründen können. Daß die Begründung von Entledigungspflichten durch nationale Rechtsvorschriften weiterhin möglich ist, geht aus dem Wortlaut von Art. 1 Buchstabe b) nicht hervor. Ein Vergleich mit der alten Fassung der Abfallrahmenrichtlinie 75/442/EWG und der Entwurfsfassung der Kommission zur Änderungsrichtlinie 91/156/EWG[77] belegt jedoch die Absicht, die hinter der Änderung des Wortlautes gestanden hat: Während die alte Fassung der Abfallrahmenrichtlinie ausdrücklich auf Entledigungspflichten, die durch mitgliedstaatliches Recht begründet worden sind, abgestellt hat, heißt es in Art. 1 Buchstabe a) der Entwurfsfassung der Kommission, daß Abfälle diejenigen Stoffe und Gegenstände sind, deren sich der Besitzer aus den in Anhang I aufgeführten Gründen entledigen muß. Bei dem der Entwurfsfassung angefügten Anhang I handelt es sich um die bereits erwähnten Abfallgruppen[78] des in großen Teilen wort- und im wesentlichen sinngleichen Anhangs I der heutigen Richtlinienfassung. Nach dem Entwurf hing also die

---

76 A. A. *Fluck*, DVBl. 1993, 590 (591).

77 Vorschlag für eine Richtlinie des Rates zur Änderung der Richtlinie 75/442/EWG über Abfälle (KOM (88) 391 endg. - SYN 145), ABl. Nr. C 295 vom 19. November 1988, S. 3 ff.

78 Siehe oben, Zweiter Teil, B II 2.

Begründung des objektiven Abfallbegriffs von der Einteilung und der Ausgestaltung der Abfallgruppen des Anhangs I und damit ausschließlich von gemeinschaftsrechtlichen Faktoren ab. Eine Öffnung für die Berücksichtigung mitgliedstaatlicher Entledigungspflichten existierte nicht. Daß der Rat bei der endgültigen Fassung der Richtlinie von dieser Formulierung, die im übrigen weder vom Europäischen Parlament[79], noch vom Wirtschafts- und Sozialausschuß[80] beanstandet worden war, abgerückt ist und in neutraler Form ausschließlich auf Entledigungspflichten abgestellt hat, zeigt, daß er der strikten Zuwendung zu einem rein gemeinschaftsrechtlich geprägten objektiven Abfallbegriff nicht folgen wollte. Daß er insoweit überhaupt eine Änderung vorgenommen hat, läßt aber auf der anderen Seite den Schluß zu, daß er auch die rein mitgliedstaatlich ausgerichtete Definition nicht beibehalten wollte. Diese Erwägungen führen zu folgendem Ergebnis: Die neutrale Abfassung des objektiven Abfallbegriffs stellt einen Kompromiß zwischen einem rein mitgliedstaatlichen und einem rein gemeinschaftsrechtlich bestimmten Abfallbegriff dar. Gemeinschaftsrechtliche Regelungen können zukünftig Entledigungspflichten des Abfallbesitzers begründen, aber die Mitgliedstaaten bleiben weiterhin befugt, den objektiven Abfallbegriff durch eigene Regelungen zu prägen.[81]

6. Bereichsausnahmen

Gemäß Art. 2 Abs. 1 der Abfallrahmenrichtlinie gelten die Vorschriften der Richtlinie nicht für gasförmige Emissionen in die Atmosphäre sowie für Abfälle, die radioaktiv sind oder im Rahmen der Bergbautätigkeit anfallen, Tierkörper und Fakälien sowie ähnliche natürliche, ungefährliche Stoffe aus der Landwirtschaft, Abwässer mit Ausnahme flüssiger Abfälle und Sprengstoffe. Nach Abs. 2 der Vorschrift können Einzelrichtlinien weitere Ausnahmen festlegen.[82] Mit diesem Inhalt regelt auch Art. 2 - neben Art. 1 Buchstabe a) - den Anwendungsbereich der Richtlinie und prägt folglich den Abfallbegriff. Interessante Rückschlüsse läßt der Umstand zu, daß der Richtliniengeber einige Abfallarten ausdrücklich aufgeführt hat. Daß Art. 2 Abs. 1 bestimmt, daß die erwähnten Bereichsausnahmen lediglich für "diese Richtli-

---

79 ABl. Nr. C 158 vom 26. Juni 1989, S. 232 ff.

80 ABl. Nr. C 56 vom 6. März 1989, S. 2 ff.

81 Zum deutschen, objektiven Abfallbegriff siehe unten Zweiter Teil B III 3.

82 Siehe hierzu auch Zweiter Teil, B II 4.

nie" Geltung beanspruchen, spielt zumindest für die weitere Betrachtung des neuen Rechts der grenzüberschreitenden Verbringung keine Rolle, denn in Art. 1 Abs. 2 Buchstabe d) der Abfallverbringungsverordnung der EG finden sich die gleichen Ausnahmebestimmungen. Soweit es die Anwendbarkeit der Verbringungsrichtlinie betrifft, so ist deren Anwendungsbereich über die Richtlinie über gefährliche Abfälle eröffnet. Zwar ist nach deren Art. 1 Abs. 3 für die Bestimmung des Abfallbegriffs die Abfallrahmenrichtlinie heranzuziehen, eine Aussage darüber, ob auch deren Bereichsausnahmen zu übertragen sind, ist jedoch dem Wortlaut der Richtlinie über gefährliche Abfälle nicht zu entnehmen. Anhaltspunkte lassen sich jedoch den Anhängen der Richtlinie über gefährliche Abfälle entnehmen, die gemäß Art. 1 Abs. 4 der Richtlinie zur Bestimmung der Gefährlichkeit von Abfällen heranzuziehen sind. So lassen sich durchaus Stoffe denken, die gefährlich im Sinne der Richtlinie sind, weil sie etwa bestimmte Rückstände enthalten, gleichzeitig aber unter die Bereichsausnahme des Art. 2 Abs. 1 Buchstabe b) Nr. ii) der Abfallrahmenrichtlinie fallen. Man denke beispielsweisen an Rückstände aus dem maschinellen Untertagebetrieb, wie etwa Hydrauliköle oder ähnliches. Als weiteres Beispiel enthält Ziffer 15 des Anhangs I "pyrotechnische Erzeugnisse und sonstige explosive Stoffe", für die aber die Bereichsausnahme des Art. 2 Abs. 1 Buchstabe b) Nr. v) der Abfallrahmenrichtlinie gilt. Wären die Bereichsausnahmen der Abfallrahmenrichtlinie auch auf die Richtlinie über gefährliche Abfälle anwendbar, hätte es der Belegung der unter diese Ausnahmen fallenden Stoffe mit dem zusätzlichen Attribut "gefährlich" nicht bedurft. Erst der Umstand, daß sie gleichwohl in den Anwendungsbereich der Richtlinie über gefährliche Abfälle fallen, macht ihre Berücksichtigung in den Anhängen erforderlich. Konsequenterweise müssen diese Stoffe folglich in den Anwendungsbereich der Richtlinie über gefährliche Abfälle und damit auch unter die Abfallverbringungsvorschriften der Verbringungsrichtlinie fallen. Aus der Einschlägigkeit einer Bereichsausnahme nach der Abfallrahmenrichtlinie läßt sich daher wohl nicht schließen, daß die Regelungen der Richtlinie über gefährliche Abfälle für den betreffenden Stoff nicht anwendbar ist. Andererseits stellt sich die Frage, wie sich die Regelungen über gefährliche Abfälle beispielsweise auf gasförmige Emissionen anwenden lassen. Die dargestellten Differenzen dürften sich aus Abstimmungs- und Harmonisierungsschwierigkeiten bei dem Erlaß der Regelungen ergeben haben. Deshalb muß für jede einzelne Bereichsausnahme der Abfallrahmenrichtlinie überprüft werden, ob sie im Rahmen der Richtlinie über gefährliche Abfälle anwendbar ist. Das Ergebnis wird differenziert ausfallen.

Damit läßt sich festhalten, daß das alte, aber derzeit noch anwendbare Abfallverbringungsrecht der Verbringungsrichtlinie teilweise auch Abfälle umfaßt, die vom Anwendungsbereich der Abfallrahmenrichtlinie ausgeschlossen sind. Diesen Umstand hätten die nationalen Gesetzgeber bei der Umsetzung der Richtlinie zu berücksichtigen gehabt. Das neue Recht der Abfallverbringungsverordnung der EG unterscheidet diesbezüglich hingegen nicht mehr. Es übernimmt ohne weitere Einschränkungen den Abfallbegriff der Abfallrahmenrichtlinie, indem es auch die gleichen Bereichsausnahmen festlegt. Hier gilt folglich ein einheitlicher Abfallbegriff.

C. Der Abfallbegriff der §§ 13 bis 13c AbfG

I. Grundlagen

Das deutsche Recht der Abfallverbringung, geregelt (noch)[83] in dem *Grundsatz der Abfallentsorgung im Inland* nach § 2 Abs. 1 S. 1 AbfG[84] sowie in den §§ 13 bis 13c AbfG, ist anwendbar auf Abfälle im Sinne des § 1 Abs. 1 AbfG. Nach Satz 1 dieser Vorschrift sind Abfälle (alle) beweglichen Sachen, deren sich der Abfallbesitzer entledigen will oder deren geordnete Entsorgung zur Wahrung des Wohls der Allgemeinheit, insbesondere des Schutzes der Umwelt, geboten ist. Satz 2 enthält eine Ergänzung für Stoffe, die der Verwertung zugeführt werden sollen, Absatz 2 Bereichsausnahmen für Rechtsgebiete und Stoffgruppen, bei denen die Vorschriften des Abfallgesetzes nicht anzuwenden sein sollen. Die Bezugnahme des § 2 Abs. 1 S. 1 AbfG spricht dafür, daß die genannten Vorschriften von einem einheitlichen Abfallbegriff ausgehen, wie insgesamt für das Abfallgesetz festgestellt werden kann, daß ihm ein Abfallbegriff zugrunde liegt, an dem - von genannten Ausnahmen abgesehen - alle materiellen Vorschriften anknüpfen.[85]

Verfassungsrechtliche Vorgaben für die Begriffsbestimmung des Abfallgesetzes bestehen nicht, weil die entsprechenden Begriffe des Grundgesetzes

---

83 Eine Änderung des Abfallrechts ist durch die Bundesregierung bereits auf den Weg gebracht; vgl. BR-Drs. 245/93 (Gesetzentwurf) vom 16. April 1993.

84 Siehe bereits oben, Erster Teil, C IV 1.

85 Vgl. hierzu *Schwermer* in: *Kunig/Schwermer/Versteyl*, Abfallgesetz, § 1 Rn. 1.

und des Abfallgesetzes kongruent sind.[86] Im Grundgesetz findet sich der Begriff in der Gesetzgebungsermächtigung für den Bundesgesetzgeber im Bereich des Abfallrechts in Art. 74 Nr. 24 GG. Der Bund erhält aufgrund dieser Vorschrift die Kompetenz zur (konkurrierenden) Gesetzgebung auf dem Gebiet der Abfallbeseitigung. Zur Bestimmung des verfassungsrechtlichen Abfallbegriffs kann zwar nicht ohne weiteres auf die einfachgesetzlichen, die Verfassung erst ausfüllenden Normen des AbfG zurückgegriffen werden.[87] Diese haben aber aus einem entscheidenden Argument für die Verfassung eine prägende Wirkung: Die Verfassungsänderung, durch die die Nr. 24 in Art. 74 GG eingefügt wurde,[88] wurde bereits im Hinblick auf die Schaffung des Abfallbeseitigungsgesetzes vorgenommen.

II. Der subjektive Abfallbegriff

1. Der Entledigungsbegriff nach deutschem Recht

a) Der Entledigungsbegriff nach deutschem Verständnis

§ 1 Abs. 1 S. 1 AbfG bestimmt, daß Abfälle diejenigen bewegliche Sachen sind, deren sich der Besitzer entledigen will, ohne daß es dabei etwa auf deren Wert oder ihre Gefährlichkeit für die menschliche Gesundheit oder die Umwelt ankommt. Auch im Rahmen des nationalen Rechts[89] ist ein zentraler Punkt der Betrachtung die Entledigung, die der Besitzer der Sache[90] wollen und dessen subjektive Seite er nach außen kenntlich machen muß. Nur derjenige Wille ist in diesem Zusammenhang beachtlich, der sich nach außen kundtut, so daß er von anderen wahrgenommen werden kann.[91] Die Wirksamkeit der Entledigungshandlung bestimmt sich entsprechend den Regeln

---

86 *Hösel/v. Lersner*, Recht der Abfallbeseitigung, Zur Vorgeschichte und Einführung (Nr. 1020) S. 9 ff.; *Versteyl* in: *Kunig/Schwermer/Versteyl*, Abfallgesetz, Einl Rn. 8 f.

87 *Maunz* in: *Maunz/Dürig/Herzog/Scholz*, Grundgesetz, Art. 74 Rn. 250.

88 30. Gesetz zur Änderung des Grundgesetzes vom 12. April 1972, BGBl. I, S. 593.

89 Vgl. die Ausführungen zum gemeinschaftsrechtlichen subjektiven Abfallbegriff oben, Zweiter Teil, B II 4.

90 Hierzu unten, Zweiter Teil, C II 2 und 3.

91 Z. B. *v. Lersner*, NuR 1981, 1 (2); *Altenmüller*, DÖV 1978, 27 (32); *Schwermer* in: *Kunig/Schwermer/Versteyl*, Abfallgesetz, § 1 Rn. 18.

über die zivilrechtliche Willenserklärung, §§ 116 ff. BGB.[92] Entledigungshandlungen sind keine Realakte, weil sie mit der Eröffnung des abfallrechtlichen Regimes über die bestimmte Sache eine Rechtsfolge bewirken.[93]

Im Gegensatz zum Entledigungsbegriff des Gemeinschaftsrechts setzt der des § 1 Abs. 1 S. 1 AbfG verbreiteter Ansicht nach voraus, daß der von dem Besitzer verfolgte Zweck der Aufgabe der tatsächlichen Verfügungsgewalt allein sein darf, sich von der Sache zu befreien. Neben diesem Zweck darf die Weggabe nicht zugleich auch den Zweck haben, sich oder einem anderen einen Vorteil zukommen zu lassen.[94] Eine Entledigung liege deshalb nicht vor, wenn die Sache beispielsweise verkauft oder verschenkt wird.[95] Der Wille des Besitzers richte sich in diesen Fällen zumindest auch und zumeist maßgeblich darauf, die Sache als Wirtschaftsgut weiterzugeben.[96] Ein solcher Fall liege selbst dann vor, wenn der Besitzer den Abfall an einen Verwerter gibt, der, durch den Erlös, den das Produkt des Verwertungsverfahrens erzielt, die Abnahmekosten unter die einer Deponie senken kann. Kann ein Reststoff - und sei es nur als Füllmaterial - eingesetzt werden, erhöht dies seinen Wert.[97] In diesem Fall sei die teilweise Ersparung der Kosten durch den Abfallbesitzer ein Zweck, der die subjektive Abfalleigenschaft ausschließe, weil die Weggabe der Sache keine Entledigung im Rechtssinne darstelle.[98] Dem Abfallbesitzer wird damit - durch die Einbeziehung des objektiven Merkmals "Vorteil", der ihm oder einem Dritten zukommt - unterstellt, daß sein Wille zumindest auch auf die Erlangung

---

[92] *Kloepfer*, Umweltrecht, S. 685; *Hösel/v. Lersner*, Recht der Abfallbeseitigung, § 1 AbfG (Nr. 1110) Rn. 5; *Schwermer* in: *Kunig/Schwermer/Versteyl*, Abfallgesetz, § 1 Rn. 14.

[93] *Heinrichs* in: *Palandt*, Bürgerliches Gesetzbuch, § 90 Rn. 1; hinsichtlich der Beurteilung im Abfallrecht teilweise a. A. *Bartels*, Abfallrecht - Eine systematische Darstellung, S. 22.

[94] Aus der umfangreichen Rechtsprechung verschiedener Gerichte zum Entledigungsbegriff beispielhaft *BayObLG*, Beschluß vom 9. Juli 1974 - 4 St 547/74 OWi, NJW 1975, 396 (397); *OVG NW*, Urteil vom 8. Dezember 1982 - 20 A 570/82, NuR 1983, 126 (126); *OVG Saarlouis*, Beschluß vom 5. Oktober 1989 - 1 W 125/89, NVwZ 1990, 491 (492); *OLG Karlsruhe*, Beschluß vom 3. November 1989 - 2 St 61/89, NuR 1990, 186 (186); *BVerwG*, Beschluß vom 19. Dezember 1989 - 7 B 157/89, NuR 1990, 215 (215); *Schwermer* in: *Kunig/Schwermer/Versteyl*, Abfallgesetz, § 1 Rn. 14 mit weit. Nachw.

[95] *OVG NW*, Urteil vom 8. Dezember 1982 - 20 A 570/82, NuR 1983, 126 (126).

[96] *Bartels*, Abfallrecht - Eine systematische Darstellung, S. 20.

[97] Vgl. bspw. den vom *OVG Saarlouis*, Beschluß vom 5. Oktober 1989 - 1 W 125/89, NVwZ 1990, 491 entschiedenen Sachverhalt.

[98] Ganz h.M., vgl. z. B. *Schwermer* in: *Kunig/Schwermer/Versteyl*, Abfallgesetz, § 1 Rn. 15; *Bartels*, Abfallrecht - Eine systematische Darstellung, S. 20; *Hösel/v. Lersner*, Recht der Abfallbeseitigung, § 1 AbfG (Nr. 1110) Rn. 6; *OVG Saarlouis*, Beschluß vom 5. Oktober 1989 - 1 W 125/89, NVwZ 1990, 491 (493); vgl. hierzu auch die Ausführungen bei *Bickel*, NuR 1992, 361 (361 f.).

dieses Vorteils gerichtet sei, was die Abfalleigenschaft ausschließe. Es handelt sich damit um einen grundsätzlich widerleglichen Vermutungstatbestand. Die Widerlegung dieser Vermutung gelingt beispielsweise, wenn der Dritte für die Abnahme des Stoffes einen Geldbetrag erhält. Der hierin liegende Vorteil ist allerdings keiner, der die Abfalleigenschaft ausschließen kann, er bildet vielmehr lediglich das Motiv für die Annahme.[99] Die Feststellung, ob der Abfallbesitzer dem Dritten einen Vorteil zukommen lassen will, gestaltet sich in der Praxis als Problem, das überwiegend ergebnisorientiert gelöst wird.[100] Selbst wenn man eventuelle Motive des abnahmebereiten Dritten außer Acht läßt, ergibt sich das Problem, daß die Berücksichtigung anderer Motive des Abfallbesitzers zu merkwürdigen Ergebnissen führt. Derjenige, der beispielsweise von dem Angebot vieler nordrhein-westfälischer Gemeinden Gebrauch macht und seinen sogenannten Bio-Müll in besondere Behältnisse gibt, damit dieser einer Kompostierung zugeführt werden kann, verfolgt mit diesem Tun in aller Regel zumindest auch die Absicht, etwas Sinnvolles für die Umwelt zu tun oder will den Nachbarn zeigen, was er für ein umweltbewußter Mensch sei. Derartige Motive müßten aber nach der herrschenden Auslegung des Entledigungsbegriffs den Abfallbegriff ausschließen. § 1 Abs. 1 S. 1 AbfG bestimmt demzufolge ergänzend, daß auch im Falle der Verwertung Sachen Abfälle darstellen können, wenn sie von dem Besitzer der entsorgungspflichtigen Körperschaft oder einem von dieser beauftragten Dritten überlassen werden. Findet eine Einsammlung durch Private statt, gilt dies allerdings nicht. Bei gleichbleibenden Motiven des Besitzers stellt eine Sache demnach in dem einen Falle Abfall dar, im anderen hingegen nicht. Dies mag daran liegen, daß sich der subjektive Abfallbegriff, in seiner Interpretation nach der dargestellten, überwiegenden Ansicht der deutschen Rechtsprechung und Literatur, als ein Relikt aus der Zeit, als der Begriff der "Wegwerfgesellschaft" mit einer positiven Einschätzung als "Wirtschaftswunder" verbunden war, darstellt. Die Vorstellung, daß mit der Entsorgung stets andere Motive verbunden sein können, ist ihm fremd.

Einen anderen Weg der Bestimmung, was unter "Entledigung" zu verstehen ist, hat der *5. Strafsenat* des *Bundesgerichtshofs* in einem Urteil am 26. Februar 1991 beschritten.[101] Hier ging es um mit Tetrachlordibenzofuran verunreinigtes Pyrolyseöl, das vom Abfallbesitzer in Tankwagen "zum

---

99 Nach *Bickel*, NuR 1992, 361 (362) gilt dies selbst für den Staat, der stets einen Vorteil habe, wenn Abfall gemäß seinen Vorschriften entsorgt wird.

100 Siehe die Beispiele aus der Rspr. bei *Bickel*, NuR 1992, 361 (362).

101 *BGH*, Urteil vom 26. Februar 1991 - 5 StR 444/90, NJW 1991, 1621 ff.

Transport bereitgestellt worden war", nachdem er es trotz der Bereitschaft zur Zahlung eines Entgeltes von 285 DM pro Tonne keinen Abnehmer finden konnte. Drei Monate später bewertete die zuständige Behörde das Pyrolyseöl als Abfall, so daß es in der Folge zu dem Strafverfahren wegen unweltgefährdender Abfallbeseitigung durch Lagerns des Pyrolyseöls kam, das Gegenstand des erwähnten Urteils war. Das Gericht kam zu dem Ergebnis, daß es für den subjektiven Abfallbegriff nicht entscheidend auf die weiteren Vorstellungen und Absichten des Besitzers ankommt, sondern ausschließlich darauf, daß er für diesen wertlos ist und er sich von ihm befreien will. Dies ergebe sich daraus, daß in § 1 Abs. 1 AbfG die Abfallverwertung selbständig neben der Abfallbeseitigung als Ziel des Abfallrechts festgeschrieben sei. Unter Abfallentsorgung sei demzufolge auch das Gewinnen von Stoffen und Energie zu verstehen, was wiederum bewirke, daß der Abfallbegriff nicht um die gerade zur Verwertung bestimmten Sachen vermindert werden könne.[102]

Bickel[103] geht von einer zivilrechtlichen Betrachtungsweise aus. Das Abfallrecht regele öffentlich-rechtlich die Rechtsfolgen einer Eigentumsaufgabe nach § 959 BGB, die durch eine entsprechende Willenserklärung des Besitzers, die Aufgabe des Besitzes in der Absicht, das Eigentum aufzugeben, verwirklicht werde. Eine derartige Besitzentledigung finde hingegen nicht statt, wenn die Besitzaufgabe in der rechtlich beachtlichen Absicht, also etwa nicht der Absicht der Umgehung des Abfallrechts, geschehe, einem Dritten Eigentum zu verschaffen.[104] *Bickels* differenzierter dogmatischer Ansatz führt zu den gleichen Ergebnissen, zu denen auch die oben beschriebene herrschende Meinung gelangt.

b) Kritische Ansätze

Kritisch wird dies von *Fluck* bewertet.[105] Er ist der Ansicht, daß sich bereits aus der Entstehungsgeschichte des Abfallgesetzes ergebe, daß auch die Abgabe einer Sache zur Verwertung durch einen Dritten eine Entledigung im Sinne von § 1 Abs. 1 S. 1 AbfG sei. Hierzu führt er aus, daß der Regie-

---

102 *BGH*, Urteil vom 26. Februar 1991 - 5 StR 444/90, NJW 1991, 1621 (1622).

103 *Bickel*, NuR 1992, 361 ff.

104 *Bickel*, NuR 1992, 361 (367).

105 *Fluck*, DVBl. 1989, 590 (595).

rungsentwurf zum Abfallgesetz von 1986[106] bereits die Regelung enthielt, daß die Abfallverwertung einen Teil der Abfallbeseitigung darstelle. Der Innenausschuß des Deutschen Bundestages führte dann auf Vorschlag der CDU/CSU-F.D.P.-Fraktion den Begriff der Abfallentsorgung als Oberbegriff ein.[107] Hieraus ergebe sich, daß die Regelungen des Abfallrechts sowohl die Beseitigung als auch die Verwertung von Stoffen einer Regelung zuführen wollten. Damit müssen aber auch Sachen, die nach dem Willen des entsorgenden Besitzers verwertet werden sollen, Abfall darstellen.[108] Für diese Auffassung spricht zum einen, daß nach § 1 Abs. 2 AbfG die Verwertung Bestandteil der Abfallentsorgung im Sinne des Abfallgesetzes ist. Hiergegen wird von *Schwermer* vorgebracht, die Einbeziehung der Verwertungshandlungen sei lediglich Folge der Erweiterung des Abfallbegriffs auf solche Stoffe, die nach § 1 Abs. 1 S. 2 AbfG von den entsorgungspflichtigen Körperschaften eingesammelt werden.[109] Eine derartige Sichtweise ist möglich, aber wegen des offenen Wortlautes des § 1 Abs. 2 AbfG nicht zwingend.

Darüber hinaus kann Argument für eine derartige Sichtweise die Existenz des § 1 Abs. 3 Nr. 7 AbfG sein, wenn durch diese Bestimmung nicht eine bloße Klarstellung erfolgen soll. Gegen einen klarstellenden Inhalt spricht allerdings, daß die Nummern 6 und 7 im Rahmen von Vorschriften (Nummern 1 bis 5 und 8) ihren Platz gefunden haben, die ihrerseits nicht eine nur klarstellende Funktion haben. § 1 Abs. 3 Nr. 7 AbfG bestimmt, daß die Vorschriften des Abfallgesetzes nicht für Stoffe gelten, die durch gewerbliche Sammlung einer ordnungsgemäßen Verwertung zugeführt werden. Sie wäre überflüssig, wenn derartige Stoffe bereits wegen eines engen Entledigungsbegriffes nicht dem Abfallgesetz unterfielen.[110] Mit dieser Regelung (und der des Abs. 3 Nr. 6) könnte der Gesetzgeber deshalb die notwendige Trennung der rechtlichen Behandlung von zu beseitigenden und zu

---

106 BT-Drs. 10/2885, S. 5; BT-Drs. 10/5656, S. 8, 60 ff.

107 BT-Drs. 10/5656, S. 60 ff.

108 In eine andere Richtung geht die Kritik von *Kersting*, Die Abgrenzung zwischen Abfall und Wirtschaftsgut, S. 60 f., der die" Funktionsgrenze des subjektiven Abfallbegriffs" für erreicht hält, weil die steigenden Entsorgungskosten die Abfallbesitzer dazu veranlassen, verstärkt Wege der Umgehung der abfallrechtlichen Vorschriften zu suchen. Dies spreche dafür, die Bedeutung des Entledigungswillens zurückzudrängen.

109 *Schwermer* in: *Kunig/Schwermer/Versteyl*, Abfallgesetz, § 1 Rn. 36.

110 So auch *Bickel*, NuR 1992, 361 (362); für überflüssig halten die Vorschift hingegen *Birn/Jung*, Abfallbeseitigungsrecht für die betriebliche Praxis, § 1 AbfG Anm. 3.7.

verwertenden Abfällen vorgenommen haben.[111] § 1 Abs. 3 Nr. 7 AbfG würde damit gerade keine Vorschrift darstellen, die den Abfallbegriff des § 1 Abs. 1 AbfG erweitert.[112] Gegen eine solche Interpretation sprechen auch nicht die weiteren Voraussetzungen des § 1 Abs. 3 Nr. 7 AbfG, von denen nicht klar ist, ob ihr Vorliegen konstitutive Wirkung hinsichtlich der Abfalleigenschaft einer Sache hat.

c) Verwertung von Reststoffen nach § 1a AbfG

Hiergegen spricht auch nicht die Vorschrift des § 1a Abs. 1 S. 2 AbfG, nach der die Pflichten der Betreiber genehmigungsbedürftiger Anlagen nach dem Bundes-Immissionsschutzgesetz verpflichtet sind, Abfälle durch Verwertung von Reststoffen zu vermeiden, unberührt bleiben.[113] Zwar wird in § 5 Abs. 1 Nr. 3 BImSchG die Reststoffverwertung aus der Abfallbehandlung ausgeklammert. Man könnte also folgern, daß Reststoffe, die verwertet werden können, keine Abfälle darstellten und der Entledigungsbegriff des § 1 Abs. 1 AbfG damit eng zu fassen sei. Dabei würde jedoch vernachlässigt, daß der Reststoffbegriff des Bundes-Immissionsschutzgesetzes speziell auf die Bedürfnisse des anlagenbezogenen Immissionsschutzrechts abgestimmt ist.[114] Als Reststoffe in diesem Sinne sind solche beweglichen Sachen anzusehen, die bei dem Betrieb einer Anlage anfallen, ohne daß dieser Betrieb der Anlage auf ihre Erzeugung ausgerichtet ist.[115] Die Pflichten aus § 5 BImSchG sind anlagenbezogen. Dementsprechend gebietet es die Reststoffvermeidungs- und -verwertungspflicht des Bundes-Immissionsschutzgesetzes, in der Anlage entstehende Reststoffe zu vermeiden oder innerhalb des Anlagenbetriebes eine Verwertung zu ermöglichen und durchzuführen. Erst wenn dies nicht möglich ist, ist eine Behandlung als Abfall geboten. Das Abfallrecht kommt demzufolge erst dann zum Tragen, wenn Vermeidungs- und Verwertungs-

---

111 A. A. wohl *Schwermer* in: *Kunig/Schwermer/Versteyl*, Abfallgesetz, § 1 Rn. 77; *Hösel/v. Lersner*, Recht der Abfallbeseitigung, § 1 AbfG (Nr. 1110) Rn. 28 f.; vgl. auch *BGH*, Urteil vom 1. Februar 1990 - I ZR 126/88, UPR 1990, 297 (299).

112 So aber *Backes*, DVBl. 1987, 333 (335). Vielmehr würde der behauptete Widerspruch durch ein solches Vorgehen aufgelöst.

113 Vgl. *Fluck*, DVBl. 1993, 590 (596).

114 *Jarass*, Bundes-Immissionsschutzgesetz, § 5 Rn. 61 mit weit. Nachw.

115 *VGH BW*, Urteil vom 18. März 1991 - 3 S 2223/91, UPR 1992, 351 (352); *OVG Saarlouis*, Beschluß vom 5. Oktober 1989 - 1 W 125/89, NVwZ 1990, 491 (491); *Hansmann*, NVwZ 1990, 409 (410).

pflichten nach § 5 BImSchG nicht (mehr) bestehen.[116] Das Fehlen von Verwertungsmöglichkeiten innerhalb des Anlagenbetriebes indiziert aber nicht das Fehlen jeglicher Verwertungsmöglichkeit. Von einem solchen Verwertungsbegriff geht auch die Vorschrift des § 1a Abs. 1 S. 2 AbfG aus, wenn sie die anlagenbezogenen Pflichten unberührt lassen will. Aus der Erwähnung der Verwertung in § 5 Abs. 1 S. 3 BImSchG und § 1a Abs. 1 S. 2 AbfG kann damit nicht darauf geschlossen werden, daß zur Verwertung bestimmte Reststoffe (generell) nicht dem Abfallbegriff des § 1 Abs. 1 AbfG unterfallen können.

Kein Argument zur systematischen Auslegung des Entledigungsbegriffs können die Vorschriften der §§ 5, 5a und 15 AbfG darstellen, die sich nicht auf den subjektiven Abfallbegriff beziehen, sondern gesetzliche Erweiterungen des objektiven Abfallbegriffs sind.[117] Ebenso nicht in Betracht kommt eine Wertung durch § 2 Abs. 3 AbfG, der ausdrücklich erwähnt, daß eine Regelung nur für Stoffe getroffen werden soll, die kein Abfall im Sinne des Abfallgesetzes sind. Spricht letztlich wegen der dargestellten Umstände auch einiges dafür, von einem weiten Entledigungsbegriff auszugehen, so lassen Wortlaut und Systematik der abfallrechtlichen Bestimmungen doch Zweifel offen, ob das Abfallgesetz sich eher für einen engen Entledigungsbegriff[118] oder für den weiteren, entsprechend der Abfallrahmenrichtlinie[119] entschieden hat.

2. Richtlinienkonforme Auslegung des deutschen Entledigungsbegriffes

a) Grundlagen der richtlinienkonformen Auslegung

Eine Lösung könnte sich im Wege einer richtlinienkonformen Auslegung des deutschen Rechts, wie sie im Ergebnis bereits vom *Bundesgerichtshof* in

[116] *Jarass*, Bundes-Immissionsschutzgesetz, § 5 Rn. 63 mit weit. Nachw.

[117] Siehe unten, Zweiter Teil, C IV 3.

[118] Im Sinne der herrschenden deutschen Literatur, vgl. statt aller *Schwermer* in: *Kunig/ Schwermer/Versteyl*, Abfallgesetz, § 1 Rn. 15 mit weit. Nachw.

[119] Siehe oben, Erster Teil, B II 4 b).

seinem Urteil vom 26. Februar 1991[120] vorgenommen worden ist, ergeben. Das Gebot, eine (deutsche) nationale Rechtsvorschrift so auszulegen, daß ihr Inhalt mit dem Gemeinschaftsrecht vereinbar ist, ergibt sich, soweit es wie hier innerhalb des nationalen Rechtssystems von Belang ist, aus der Vermutung, daß der deutsche Gesetzgeber Normen, die der Umsetzung von EG-Richtlinien dienen, gemeinschaftsrechtsentsprechend erlassen wollte, um damit seinen EG-vertraglichen Umsetzungsverpflichtungen nachzukommen.[121] Es handelt sich damit um ein Gebot zur richtlininkonformen Auslegung *kraft nationalen Rechts*.

Daneben stellt sich die Frage, ob das Rechtsinstitut der richtlinienkonformen Auslegung auch auf der Ebene des Gemeinschaftsrecht eine dogmatische Grundlage findet, es also auch *kraft Gemeinschaftsrechts* Wirkung entfaltet. Dies könnte bereits deshalb zweifelhaft sein, weil fraglich ist, ob das Gemeinschaftsrecht selbst das Gebot zur richtlinienkonformen Auslegung nationaler Regelungen enthält. Nach Ansicht des *Europäischen Gerichtshofs* ist dies aber der Fall.[122] Gemäß Art. 5 Abs. 1 EGV sind die Mitgliedstaaten gegenüber der Gemeinschaft verpflichtet, allgemeine und besondere Maßnahmen zu treffen, um ihre Verpflichtungen, die sich aus dem EG-Vertrag oder einer Rechtshandlung der Gemeinschaftsorgane ergeben können, zu erfüllen und der Gemeinschaft die Erfüllung ihrer Aufgaben zu erleichtern. Dies beinhaltet nach Ansicht des *Europäischen Gerichtshofs* die Pflicht, unter Ausnutzung aller Mittel das Gemeinschaftsrecht innerstaatlich so zur Anwendung zu bringen, wie es das Gemeinschaftsrecht verlangt. Aus Art. 189 Abs. 3 EGV ergebe sich darüber hinaus konkret die Verpflichtung der Mitgliedstaaten zur Umsetzung der von der Gemeinschaft erlassenen Richtlinien. Beide Verpflichtungen träfen nicht allein die Mitgliedstaaten als solche, sondern darüber hinaus alle Träger staatlicher Gewalt innerhalb der Mitglied-

---

120 *BGH*, Urteil vom 26. Februar 1991 - 5 StR 444/90, NJW 1991, 1621 ff.

121 Siehe die Nachweise bei *Jarass*, EuR 1991, 211 (217 - Fn. 29).

122 *EuGH*, Urteil vom 10. April 1984 - Rs. 14/83 (v. Colson und Kamann), Slg. 1984, 1891 (1909); Urteil vom 10. April 1984 - Rs. 79/83 (Harz), Slg. 1984, 1921 (1942); Urteil vom 8. Oktober 1987 - Rs. 80/86 (Kolpinghuis Nijmegen), Slg. 1987, 3969 (3986); Urteil vom 20. September 1988 - Rs. 31/87 (Beentjes/Niederländischer Staat), Slg. 1988, 4635 (4662); Urteil vom 7. November 1989 - Rs. 125/88 (Nijman), Slg. 1988, 3533 (3546); kritisch *Jarass*, EuR 1991, 211 (216); vgl. auch *Salzwedel*, UPR 1989, 41, (42).

staaten.[123] Soweit es die Judikativ- und - weitgehend - die Exekutivorgane der Mitgliedstaaten angeht, vermögen diese die Umsetzung allerdings nicht, wie das Gemeinschaftsrecht grundsätzlich voraussetzt, über Akte der Rechtssetzung herbeizuführen, sondern allenfalls im Wege der Rechtsanwendung. Ohne in Konflikt mit innerstaatlichen Prinzipien, wie beispielsweise dem Grundsatz der Gewaltenteilung und den entsprechenden nationalen Kompetenzzuweisungen zu geraten, kann dies aber nur im Wege der Gesetzesinterpretation geschehen.

b) Voraussetzungen richtlinienkonformer Auslegung

Voraussetzung ist allerdings zum einen, daß das nationale Recht überhaupt Auslegungsspielräume eröffnet, die durch die Vorgaben der Richtlinie ausfüllungsbedürftig sind.[124] Die Eröffnung solcher Spielräume für Exekutive und Judikative ausschließlich durch den mitgliedstaatlichen Gesetzgeber trägt ebenfalls dem einzelstaatlichen Gewaltenteilungsprinzip Rechnung. Außerdem könnten über eine richtlinienkonforme Auslegung im Ergebnis der Rechtsanwendung ähnliche Ergebnisse erzielt werden, wie mit einer unmittelbaren Anwendung der Richtlinie,[125] womit deren enge Voraussetzungen unterlaufen wären. Grenze jeder richtlinienkonformen Auslegung muß daher wie bei jeder Auslegungsmethode der Wortlaut der betreffenden Norm sein.[126] Soweit es den Entledigungsbegriff betriff, ist dieser Umstand aber gegeben. Der Sinngehalt seines Wortlautes ist nicht zweifelsfrei, so daß eine Auslegung geboten ist. Die Ausnutzung dieses Spielraumes hat auch unter Berücksichtigung der gemeinschaftsrechtlichen Vorgaben zu erfolgen.

---

123 Siehe bspw. *EuGH*, Urteil vom 10. April 1984 - Rs. 14/83 (v. Colson und Kamann), Slg. 1984, 1891 (1909); Urteil vom 10. April 1984 - Rs. 79/83 (Harz), Slg. 1984, 1921 (1942); Urteil vom 8. Oktober 1987 - Rs. 80/86 (Kolpinghuis Nijmegen), Slg. 1987, 3969 (3986); Urteil vom 20. September 1988 - Rs. 31/87 (Beentjes/Niederländischer Staat), Slg. 1988, 4635 (4662); Urteil vom 7. November 1989 - Rs. 125/88 (Nijman), Slg. 1988, 3533 (3546).

124 *EuGH*, Urteil vom 10. April 1984 - Rs. 14/83 (v. Colson und Kamann), Slg. 1984, 1891 (1909); Urteil vom 10. April 1984 - Rs. 79/83 (Harz), Slg. 1984, 1921 (1942); Urteil vom 8. Oktober 1987 - Rs. 80/86 (Kolpinghuis Nijmegen), Slg. 1987, 3969 (3986); Urteil vom 12. Juli 1990 - Rs. C-188/89 (Forster u.a./British Gas plc.), EuZW 1990, 424 (424); *Jarass*, EuR 1991, 211 (217 f.).

125 Hierzu *Jarass*, NJW 1991, 2665 ff. mit weit. Nachw.

126 *Larenz*, Methodenlehre der Rechtswissenschaft, S. 324.

Eine Heranziehung der Abfallrahmenrichtlinie zur Auslegung des Begriffs der Entledigung in § 1 Abs. 1 S. 1 AbfG scheitert auch nicht daran, daß das AbfG nicht ausdrücklich als Vorschrift zur Umsetzung der Richtlinie konzipiert ist. Dies ergibt sich aus der Entstehungsgeschichte des Abfallgesetzes, das auf die Richtlinie noch nicht eingeht. Die Argumentation des *Europäischen Gerichtshofs* mit der Pflicht der Mitgliedstaaten zur Umsetzung der Richtlinienziele ist inhaltlich nicht auf richtlinienumsetzende mitgliedstaatliche Regelungen beschränkt, sondern erfaßt sämtliche nationalen Vorschriften.[127] Mit Ablauf der Umsetzungsfrist der Abfallrahmenrichtlinie, die nach Art. 13 der Richtlinie 24 Monate beträgt und damit am 15. Juli 1977 abgelaufen ist, ist die Pflicht der Bundesrepublik Deutschland entstanden, eine mit dem Gemeinschaftsrecht übereinstimmende Umsetzung dieser Richtlinie herbeizuführen, seit dem 1. April 1993 hat die Umsetzung in nationales Recht den Anforderungen der Abfallrahmenrichtlinie in der Fassung der Änderungsrichtlinie 91/156/EWG zu genügen. Damit ist die Pflicht für die Träger staatlicher Gewalt begründet, Auslegungsspielräume, die sich im nationalen Recht ergeben, so auszulegen, daß den Anforderungen des Gemeinschaftsrechts Rechnung getragen wird.[128] Dies gilt auch für den Begriff der Entledigung im Begriff des gewillkürten Abfalls.[129]

Ob die Abfallrahmenrichtlinie unmittelbare Wirkung entfalten kann oder nicht, spielt in diesem Zusammenhang keine Rolle. Nach der Auffassung des *Europäischen Gerichtshofes* ist eine richtlinienkonforme Ausleung auch und gerade in den Fällen vorzunehmen, in denen eine Richtlinie keine unmittelbare Wirkung entfaltet.[130] Dadurch, daß der richtlinienkonform Auslegende an die Begrenzungen durch die anderen Auslegungsmethoden gebunden ist, bewegt er sich in einem klar umrissenen Gebiet.[131] Konflikte dergestalt, daß durch eine Anwendung der gemeinschaftsrechtlichen Vorschrift durch nationale Gerichte und Behörden in den Kompetenzbereich des nationalen Gesetzgebers eingegriffen werden kann, sind deshalb nicht zu besorgen. Die an eine unmittelbare Wirkung gestellten Erfordernisse der Bestimmtheit und der

---

127 *Jarass*, EuR 1991, 211 (220) mit weit. Nachw.; a. A. *Di Fabio*, NJW 1990, 947 (949).

128 *Jarass*, EuR 1991, 211 (220).

129 Im Ergebnis ebenso *Franzheim/Kreß*, JR 1991, 404 (404), die insofern von "Richtlinienwirkung zweiten Grades" sprechen.

130 *EuGH*, Urteil vom 10. April 1984 - Rs. 79/83 (Harz), Slg. 1984, 1921 (1942); Urteil vom 8. Oktober 1987 - Rs. 80/86 (Kolpinghuis Nijmegen), Slg. 1987, 3969 (3986); *Jarass*, EuR 1991, 211 (212); *Scherzberg*, Jura 1993, 225 (232).

131 Siehe oben, Zweiter Teil, C III 2 a).

Unbestimmtheit der gesetzlichen Regelungen sind damit im Rahmen der richtlinienkonformen Auslegung keine notwendige Einschränkung.[132]

c) Anwendung auf den Entledigungsbegriff

Für die Auslegung des Entledigungsbegriffs im deutschen Abfallrecht könnte sich daraus ergeben, daß, wie vom *Bundesgerichtshof* für den Bereich des strafrechtlichen Abfallbegriffs angenommen,[133] der weite Entledigungsbegriff der Abfallrahmenrichtlinie[134], der auch die Entledigung zur Verwertung mit umfaßt, in den subjektiven Abfallbegriff des deutschen Abfallrechts zu implementieren ist. Dagegen spricht auch nicht ein möglicher struktureller Unterschied von deutschem und gemeinschaftsrechtlichem Abfallbegriff, die sich im Bereich des objektiven Abfallbegriffs überschneiden.[135] Zwar könnte den Mitgliedstaaten ein Freiraum dergestalt verbleiben, daß sie einen Sachverhalt wahlweise dem objektiven oder dem subjektiven Abfallbegriff zuordnen können, wenn nur das Gesamtergebnis den gemeinschaftsrechtlichen Vorgaben entspricht. Nicht für alle Stoffe, die vom Entlediger zur Verwertung vorgesehen sind, ist jedoch eine Beseitigung zur Wahrung des Wohls der Allgemeinheit geboten. Damit verbleiben aber Lücken. Die Gesamtbegriffe des Abfalls nach nationalem und Gemeinschaftsrecht sind, nach Erschöpfung der herkömmlichen Auslegungsmethoden, inkongruent. Folglich können aus einem (behaupteten) strukturellen Unterschied der Abfallbegriffe keine Folgen für die richtlinienkonforme Auslegung des Entledigungsbegriffs hergeleitet werden.

Möglicherweise vermögen jedoch Unterschiede im Bereich der Einzelregelungen des Abfallrechts ein anderes Ergebnis zu begründen. Gegen eine Ausweitung der abfallrechtlichen Kontrollbefugnisse durch eine Extensivierung des Abfallbegriffs auf zur Verwertung bestimmte Stoffe spräche es, wenn sich für die erfaßten Stoffe und Gegenstände Rechtsfolgen ergäben, die gemeinschaftsrechtlichen Vorgaben widersprächen. Eine isolierte Betrachtung der Begrifflichkeiten kann die Wertungen des Gemeinschaftsrechts nicht auf das deutsche Abfallrecht übertragen. Vielmehr ist eine Untersuchung der dar-

---

132 Vgl. hierzu auch *Jarass*, Manuskript, S. 66.

133 *BGH*, Urteil vom 26. Februar 1991 - 5 StR 444/90, NJW 1991, 1621 ff.

134 Siehe oben, Zweiter Teil, B II 4.

135 Dieses Problem werfen *Franzheim/Kreß*, JR 1991, 402 (404) auf.

aus resultierenden Rechtsfolgen vorzunehmen, die erst eine eventuelle Übereinstimmung mit den Festlegungen des EG-Rechts feststellen kann. So hat zum Beispiel nach § 3 Abs. 1 AbfG der Abfallbesitzer die Abfälle dem Entsorgungspflichtigen zu überlassen, wenn nicht ausnahmsweise etwas anderes bestimmt ist. Wer Entsorgungspflichtiger ist, ergibt sich abschließend aus Art. 3 Abs. 2 AbfG. Es handelt sich um die nach Landesrecht zuständigen Körperschaften des öffentlichen Rechts, also die Gemeinden und Gemeindeverbände sowie die von diesen zur Mithilfe bei der Erfüllung der Entsorgungspflicht eingeschalteten privaten Dritte.[136] Eine Ausweitung des Abfallbegriffs auf zur Verwertung bestimmte Stoffe im Rahmen einer Richtlinienkonformen Auslegung hätte in diesem Zusammenhang zur Folge, daß die Besitzer dieser Stoffe - von den erwähnten Ausnahmen abgesehen - verpflichtet wären, die Stoffe den entsorgungspflichtigen Körperschaften zu überlassen.[137] Die Zuständigkeit der öffentlichen Gebietskörperschaften wäre damit nicht nur für die Abfallbeseitigung, sondern auch für einen Teilbereich der Abfallwirtschaft eröffnet, die einen Handel mit den Reststoffen als Wirtschaftsgüter ermöglicht. Ein derartiges Ergebnis könnte eine nicht unbedeutende Einschränkung der Gewerbefreiheit bedeuten. Eine umfangreiche Begutachtung aller abfallrechtlichen Folgen muß allerdings den Rahmen dieser Arbeit sprengen. Auch aus Gründen der Vereinfachung seien die Betrachtungen hier deshalb auf das Verbringungsrecht beschränkt.

Die Ausweitung des Entledigungsbegriffs in dem dargestellten Sinne hätte im Rahmen des Abfallverbringungsrechts zur Folge, daß *alle* Stoffe und Gegenstände, die einem der in den Anhängen II A und II B der Abfallrahmenrichtlinie genannten Verwertungs- oder Beseitigungsverfahren zugeführt werden sollen, für die grenzüberschreitende Verbringung einer Genehmigung der zuständigen Behörde nach § 13 Abs. 1 AbfG bedürfen.

Hierzu käme es allerdings nicht, wenn die Verbringungsregelungen des Abfallgesetzes auf die zur Verwertung bestimmten Stoffe auch dann nicht anwendbar wären, wenn sie Abfall darstellen würden. Universelle, daß heißt alle Stoffe und Gegenstände betreffende Ausnahmeregelungen finden sich in § 3 Abs. 3 AbfG sowie in § 1 Abs. 3 Nr. 6 und 7 AbfG. § 3 Abs. 3 AbfG soll den entsorgungspflichtigen Körperschaften die Möglichkeit eröffnen, sich der Pflicht zur Durchführung besonders aufwendiger Entsorgungsarten

136 *Kunig* in: *Kunig/Schwermer/Versteyl*, Abfallgesetz, § 3 Rn. 11.

137 Vgl. *Arndt/Köhler*, NJW 1993, 1945 (1946 f.).

zu entziehen.[138] Der Ausschluß bestimmter Abfallarten ist zum einen abhängig von dem entsprechenden Willen der entsorgungspflichtigen Körperschaft, zum anderen ist seine Anwendung auf Einzelfälle beschränkt, in denen die Unfähigkeit der entsorgungspflichtigen Körperschaftzur Entsorgung feststeht.[139] Für eine umfassende Einschränkung des Anwendungsbereiches des Abfallgesetzes ist die Vorschrift daher nicht geeignet.

Dies könnte aber hinsichtlich § 1 Abs. 3 Nr. 6 und 7 AbfG der Fall sein.[140] Nach diesen Bestimmungen sind die materiellen Regelungen des Abfallgesetzes grundsätzlich auf Stoffe nicht anwendbar, die durch eine (gemeinnützige oder gewerbliche) Sammlung einer ordnungsgemäßen Verwertung zugeführt werden. Die genannten Vorschriften müßten also für sämtliche zur Verwertung bestimmte Stoffen eine Ausnahme auch von den verbringungsrechtlichen Festsetzungen des Abfallgesetzes bewirken.

Sowohl § 1 Abs. 3 Nr. 6 als auch Nr. 7 AbfG erwähnen als Voraussetzung, daß die Stoffe aus einer Sammlung hervorgehen müssen. Im eigentlichen Wortsinne ist unter einer Sammlung ein Vorgang zu verstehen, bei der eine Person Gegenstände zusammenträgt. Ob diese Person die Gegenstände notwendigerweise durch eigenes Aktivwerden (z. B. Herumfahren) erhalten muß, darf bezweifelt werden. Es macht nämlich im Ergebnis keinen Unterschied, wenn die Person die zu sammelnden Gegenstände von Dritten, die diese Gegenstände abgeben wollen, gebracht bekommt. Dies gilt auch für Gegenstände, die einer Verwertung zugeführt werden sollen: Sowohl dann, wenn der Sammler die Gegenstände durch Abholen ersammelt, als auch dann, wenn sie von den Entledigern zu ihm gebracht werden, stets ist das Ergebnis eine Menge von Gegenständen, die die abgebenden Dritten dem Sammler übergeben haben. Die Regelungen des Abfallgesetzes gebieten keine andere Bewertung. Eine Sammlung liegt stets dann vor, wenn eine Person eine bestimmte Menge Gegenstände zu einem gleichen Zweck zusammenführt. Ob eine Sammlung vorliegt, ist darüber hinaus nicht davon abhängig, von wievielen Dritten der Sammler Gegenstände zur Sammlung erhält. Für das Vorliegen einer Sammlung kommt es allein auf die Zweckrichtung der Tätigkeit des Sammlers an. Richtet sich diese auf das Zusammentragen mehrerer Gegenstände, so liegt deshalb bereits eine Sammlung vor. Der Begriff

---

138 *Kunig* in: *Kunig/Schwermer/Versteyl*, Abfallgesetz, § 3 Rn. 40.

139 *OVG Koblenz*, Urteil vom 20. September 1988 - 7 A 70/87, ZfW 1989, 166 (168); *Kunig* in: *Kunig/Schwermer/Versteyl*, Abfallgesetz, § 3 Rn. 42.

140 Zu dieser Vorschrift vgl. bereits oben, Zweiter Teil, C III 1 b).

der Sammlung ist damit in einem umfassenden Sinne zu verstehen.[141] Durch die Verwendung des Begriffspaars "gemeinnützig" und "gewerblich", die hinsichtlich der wirtschaftlichen Zielsetzung ein abgeschlossenes System bilden, sind dabei Sammlungen jeder Form erfaßt.

Problematisch bleibt im Rahmen dieses Ergebnisses zum einen die Einzelverwertung, bei der ein einzelner Gegenstand an einen Drittenzur Vewertung abgegeben wird, zum anderen die Eigenverwertung, bei der die Verwertung unmittelbar durch den "Abfallproduzenten" vorgenommen wird. Läßt sich die zuletzt genannte Fallgruppe noch relativ einfach über eine funktionale Trennung des "Produzenten" vom "Verwerter" lösen, bereitet es doch Schwierigkeiten, die Übernahme eines einzelnen Gegenstandes als Sammlung zu bezeichnen. Auch diesbezüglich macht es im Ergebnis jedoch keinen Unterschied, ob eine einzelne Sache oder eine Mehrzahl von Sachen durch einen Dritten zusammengetragen wird, wenn im Vordergrund das Interesse bleibt, verwertbare Stoffe außerhalb der Regelungen des Abfallgesetzes zu verwenden.[142] Somit lassen sich sowohl Einzel-, als auch Eigenverwertungen als Reststoffsammlungen im Sinne des § 1 Abs. 3 Nr. 6 und 7 AbfG einordnen.

Daß bestimmte, einzeln erwähnte Stoffe aus dem Anwendungsbereich von § 1 Abs. 3 Nr. 6 und 7 AbfG herausgenommen wurden, ist dabei unschädlich,[143] weil es sich bei ihnen um auch dem objektiven Abfallbegriff unterfallende Stoffe handelt, für die die Auslegung des Entledigungsbegriffes keine Rolle spielt.[144]

Soweit es die gewerblichen Sammlungen betrifft, sind weitere Voraussetzungen zum einen der Nachweis einer ordnungsgemäßen Verwertung gegenüber der entsorgungspflichtigen Körperschaft, zum anderen das Fehlen von entgegenstehenden öffentlichen Interessen. Die erste Bedingung begründet hierbei Überwachungsbefugnisse zugunsten der entsorgungspflichtigen Körperschaften, die damit auch Zuständigkeiten im Bereich der Verwertung erhalten. Die Zulässigkeit der Begründung derartiger Überwachungsrechte

---

141 So wohl auch *Schwermer* in: *Kunig/Schwermer/Versteyl*, Abfallgesetz, § 1 Rn. 77, der davon ausgeht, daß die behandelten Vorschriften die privatwirtschaftlich organisierte Altstoffsammlung und -verwertung außerhalb des Abfallgesetzes ermöglichen sollen.

142 Diese läßt sich auch aus den Ausführungen von *Schwermer* in: *Kunig/Schwermer/Versteyl*, Abfallgesetz, § 1 Rn. 77 folgern.

143 Die von §§ 2 Abs. 2 und 3, 5, 5a und 15 AbfG erfaßten Stoffe.

144 Siehe unter, Zweiter Teil, C IV 3.

wird im allgemeinen bejaht.[145] Über den richtigen Zeitpunkt der Nachweiserbringung und die Rechtsfolgen besteht dabei allerdings Unklarheit. Die zweite Voraussetzung ist aufgrund der weitreichenden Eingriffsbefugnis der entsorgungspflichtigen Körperschaften problematisch. Sie ist deshalb so auszulegen, daß entgegenstehende öffentliche Interessen nur unter sehr engen Voraussetzungen von den entsorgungspflichtigen Körperschaften geltend gemacht werden können.[146] Unter dieser Prämisse sind die Nummern 6 und 7 des § 1 Abs. 3 AbfG grundsätzlich geeignet, für die zur Verwertung bestimmten Stoffe die auf die Beseitigung abgestimmten Rechtsfolgen des Abfallgesetzes zu dispensieren.

Damit ergibt sich insgesamt folgender Befund: Soweit eine privatwirtschaftliche Verwertungshandlung vorgesehen ist, bestimmen die Nummern 6 und 7 des § 1 Abs. 3 AbfG, daß die Regelungen des Abfallgesetzes nicht anwendbar sind. Für Altstoffsammlungen der entsorgungspflichtigen Körperschaften trifft § 1 Abs. 1 S. 2 AbfG eine besondere Regelung, wobei nach § 1 Abs. 2 AbfG von der Entsorgung durch die entsorgungspflichtige Körperschaft ausdrücklich auch die Verwertung mit umfaßt ist. Einer entsprechenden, weiten Auslegung des Entledigungsbegriffes stehen damit die Rechtsfolgen des Verbringungsrechts des Abfallgesetzes nicht entgegen. Einer Genehmigung zur grenzüberschreitenden Verbringung von Abfällen bedarf es nur dann, wenn die Abfälle zur Entsorgung bestimmt sind, nicht hingegen dann, wenn sie privatwirtschaftlich verwertet werden sollen. Diese Einschränkung kommt auch zum Tragen, soweit andere abfallrechtliche Pflichten betroffen sind, wie etwa die Zulässigkeit von Behandlungsanlagen oder die Transportkontrolle.

d) Zusammenfassung

Die materiellen Rechtsfolgen des Abfallgesetzes stehen damit einem weiten Entledigungsbegriff nicht entgegen. Im Wege richtlinienkonformer Auslegung des Entledigungsbegriffes ist daher mit dem 5. Strafsenat[147] zu dem Ergebnis zu gelangen, daß der subjektive Abfallbegriff des § 1 Abs. 1 S. 1

---

145 *Schwermer* in: *Kunig/Schwermer/Versteyl*, Abfallgesetz, § 1 Rn. 77.

146 Vgl. hierzu *Backes*, DVBl. 1987, 333 (334); *v. Lersner*, NuR 1981, 1 (4); *Schwermer* in: *Kunig/Schwermer/Versteyl*, Abfallgesetz, § 1 Rn. 79 mit weit. Nachw.

147 *BGH*, Urteil vom 26. Februar 1991 - 5 StR 444/90, NJW 1991, 1621 ff.

AbfG, also der allgemeine Abfallbegriff, auch denjenigen Abfall mit umfaßt, dessen sich der Besitzer nicht nur entledigt, um ihn loszuwerden, sondern auch, um ihn nach einer Umwandlung einer weiteren Verwertung zuzuführen.[148] Die Abgrenzung der Verwertung von einem Produktionsvorgang beispielsweise von Halbzeugen kann dabei über die Zielrichtung der Handelnden vorgenommen werden.

III. Der objektive Abfallbegriff

1. Stellung innerhalb der Abfalldefinition

Objektiv - das heißt, ohne daß es eines entsprechenden Entledigungswillens des Besitzers bedarf - sind solche Sachen Abfall, deren geordnete Entsorgung zur Wahrung des Wohls der Allgemeinheit, insbesondere des Schutzes der Umwelt, geboten ist, § 1 Abs. 1 S. 1, 2. Alt. AbfG. Der objektive Begriffsteil stellt eine unter sozialen Gesichtspunkten vorgenommene Ergänzung zum subjektiven Abfallbegriff dar.[149] Er begründet eine Entledigungspflicht auch gegen den Willen des jeweiligen Abfallbesitzers.[150] Innerhalb des Abfallbegriffs ist allerdings keine Rangordnung zwischen dem subjektiven und dem objektiven Begriffsteil erkennbar. So kann dieselbe Sache sowohl nach subjektiven wie auch nach objektiven Gesichtspunkten Abfall sein.[151] Im Bereich des objektiven Abfallbegriffs kommt es nicht auf den Wert (weder den subjektiven Wert für den Besitzer oder einen Dritte, noch den Verkehrswert) der Sache an. Auch Stoffe, die einen hohen Wert haben, können unter Umständen eine Gefahr für die Allgemeinheit darstellen, die

148 Damit ist allerdings noch nicht geklärt, ob das Abfallgesetz in Bezug auf den Abfallbegriff eine gemeinschaftsrechtmäßige Umsetzung der Abfallrahmenrichtlinie darstellt. Die Frage einer richtlinienkonformen Auslegung entscheidet sich allein innerhalb des nationalen Rechts.

149 *Mann*, Abfallverwertung als Rechtspflicht, S. 55; nach *Bickel*, NuR 1992, 361 (368) handelt es sich sogar nicht um einen selbständigen Begriffsteil, vielmehr liege hier eine (unwiderlegliche) gesetzliche Fiktion des Entledigungswillens des Eigentümers vor, die das Vorliegen eines einheitlichen Abfallbegriffs begründe.

150 Auch im Sinne der objektiven Abfalldefinition des Abfallbegriffs der Abfallrahmenrichtlinie. Vgl. hierzu oben, Zweiter Teil, B II 5. Da allerdings Entledigungspflichten aufgrund gemeinschaftsrechtlicher Vorschriften zumindest zur Zeit noch nicht existieren, beschränkt sich der gemeinschaftsrechtliche auf den Inhalt des nationalen objektiven Abfallbegriffs.

151 *Bartels*, Abfallrecht - Eine systematische Darstellung, S. 23; a. A. z. B. *Altenmüller*, DÖV 1978, 27 (29).

nur durch eine geordnetete Entsorgung als Abfall abgewehrt werden kann.[152] Allerdings kann, in Ermangelung anderer Hinweise, der Wert einer Sache ein Indiz dafür darstellen, ob eine - mit entsprechenden Kosten und Mühen verbundene - Sicherung der Sache in Betracht kommt, oder ob die Entsorgung im Hinblick auf die Gefährlichkeit der Sache ultima ratio ist.

2. Anwendbarkeit der Eigentumsregelungen des Bürgerlichen Rechts

Zur Entledigung verpflichtet ist bei Vorliegen des objektiven Abfallbegriffs der Besitzer der entsprechenden Sache. Es entspricht allgemeiner Meinung, daß der Begriff der beweglichen Sache in § 1 Abs. 1 S. 1 AbfG dem des Bürgerlichen Rechts entspricht.[153] Unter einer Sache ist demgemäß, entsprechend § 90 BGB, jeder körperliche Gegenstand zu verstehen. Nicht im Raum abgrenzbare Gegenstände, wie beispielsweise sich in der Atmosphäre befindende Gase oder freies Wasser, fallen, unabhängig von ihrem Aggregatzustand, nicht unter diese Definition.[154] Die Heranziehung der zivilrechtlichen Grundsätze kann auch für die Abgrenzung der beweglichen Sachen von den Immobilien vorgenommen werden. Zwar dient diese Unterscheidung im Zivilrecht der Zuordnung der unterschiedlichen eigentumsrechtlichen Folgen, die Erfassung lediglich der beweglichen Sachen liegt jedoch in der Absicht des Gesetzgebers des Abfallgesetzes. Soweit auch eine Entledigung von Sachen möglich ist, die dem Rechtskreis des Immobiliarsachenrechts zuzuordnen sind, richtet sich diese überwiegend nach anderen rechtlichen Systemen, wie beispielsweise den Regeln des Baurechts.[155]

Lediglich für einen Teilaspekt der zivilrechtlichen Eigentumszuweisungsregeln wird die Übertragbarkeit auf das Abfallrecht betritten. Daß Scheinbestandteile eines Grundstückes im Sinne von § 95 BGB keinen Abfall darstellen können, weil es für das Abfallrecht auf die tatsächliche Verbundenheit mit dem Grundstück ankommt, nicht hingegen auf die Endgültig-

---

152 *Altenmüller*, DÖV 1978, 27 (30); *Schwermer* in: *Kunig/Schwermer/Versteyl*, Abfallgesetz, § 1 Rn. 25 mit weit. Nachw.

153 *Schwermer* in: *Kunig/Schwermer/Versteyl*, Abfallgesetz, § 1 Rn. 3 ff; *Bartels*, Abfallrecht - Eine systematische Darstellung, S. 16; *Hoschützky/Kreft*, Recht der Abfallwirtschaft, § 1 Anm. 1.1.

154 *Heinrichs* in: *Palandt*, Bürgerliches Gesetzbuch, § 90 Rn. 1.

155 *Bartels*, Abfallrecht - Eine systematische Darstellung, S. 16.

keit mit der jemand den Bestandteil mit dem Grundstück verbunden hat,[156] erscheint auf den ersten Blick nicht überzeugend. Von *Schwachheim*[157] wird denn hiergegen auch vorgetragen, dies habe zur Konsequenz, daß im Rahmen des allgemeinen Ordnungsrechts auf die Haftung des Zustandsstörers zurückgegriffen werden müsse. Für die Frage der Heranziehung des Eigentümers der fraglichen Sache grenze das allgemeine Ordnungsrecht seinerseits jedoch wieder nach den zivilrechtlichen Grundsätzen - einschließlich des § 95 BGB - ab.[158] Damit werde letzten Endes doch wieder der Eigentümer des Schienbestandteils polizeipflichtig. Selbst wenn man *Schwachheim* bei allen Voraussetzungen seiner Argumentation folgt, so ist jedoch gleichwohl nicht einzusehen, warum Abfall- und Ordnungsrecht ein bestimmtes Verhalten bzw. einen bestimmten Umstand eben nicht unterschiedlichen Rechtsfolgen zuordnen sollten. Dafür mag es Gründe geben. Mit der Frage des Eigentums ist nämlich nur jeweils ein Teil der spezifischen Voraussetzungen für das Eintreten der in Frage kommenden Rechtsfolgen erfaßt. Unterschiede in anderen Bereichen mögen den Grund dafür darstellen, einen bestimmten Gegenstand einmal als beweglich, das andere Mal als unbeweglich zu behandeln.[159] Für eine Unanwendbarkeit des § 95 BGB im Rahmen des Abfallbegriffs spricht, daß auch bei der Feststellung des Besitzes der Besitzwillen nur eine untergeordnete Rolle spielt.[160] Maßgeblich ist allein die Inhaberschaft der tatsächlichen Gewalt. Dieser Konzentration auf objektive Elemente entspricht es, im Rahmen der Eigentumszuordnung, nicht, wie § 95 dies tut, auf die innere Zielrichtung des Bestandteilseigentümers abzustellen, sondern, auch im Rahmen dieses Tatbestandsmerkmals, auf die objektiven Gegebenheiten. Hierdurch wird eine gleichartige, spezifisch abfallrechtliche Bestimmung sowohl des Eigentums-, wie auch des Besitzbegriffes erreicht.

---

156 So *Schwermer* in: *Kunig/Schwermer/Versteyl*, Abfallgesetz, § 1 Rn. 18; *Altenmüller*, DÖV 1978, 27 (32); *Hösel/v. Lersner*, Recht der Abfallbeseitigung, § 1 AbfG (Nr. 1110) Rn. 5.

157 *Schwachheim*, NVwZ 1989, 128 (129).

158 *Schwachheim*, NVwZ 1989, 128 (129) verweist insoweit auf *Götz*, Allgemeines Polizei- und Ordnungsrecht, S. 99 und *OVG Hamburg*, Urteil vom 27. April 1983 - OVG Bf II 15/79, DÖV 1983, 1016 (1017).

159 Vgl. zu diesem Problem im Rahmen der immissionsschutzrechtlichen Nachsorgepflichten auch *Dierkes*, Die Grundpflichten bei der Einstellung des Betriebes genehmigungsbedürftiger Anlagen gemäß § 5 Abs. 3 BImSchG, S. 139 ff. sowie *Fluck*, NuR 1989, 409 (410).

160 Siehe hierzu unten, Zweiter Teil, C II 2 sowie *Schwermer* in: *Kunig/Schwermer/Versteyl*, Abfallgesetz, § 1 Rn. 9.

3. Besitz

Besitzer im Sinne der Abfalldefinition des § 1 Abs. 1 S. 1 AbfG ist nicht der Besitzer im bürgerlich-rechtlichen Sinne nach den Vorschriften der §§ 858 ff. BGB. Abzustellen ist nicht, wie dort, zusätzlich auf einen entsprechenden Willen des Besitzers, sondern allein auf das objektive Kriterium der Innehabung der tatsächlichen Sachherrschaft.[161] Damit knüpft das Abfallrecht an die gleichen Aspekte an, wie das allgemeine Polizei- und Ordnungsrecht, dem zur Begründung der Pflichten der bürgerlich-rechtliche Besitzer ebenfalls fremd ist.[162] Der Grund für diese Betrachtungsweise liegt im Abfallrecht - wie im allgemeinen Polizei- und Ordnungsrecht - darin, daß Zweck der Definition die Zuordnung von Verantwortlichkeiten zu einer Sache ist, nicht hingegen - wie im Zivilrecht - die Geltendmachung von Abwehr- und Herausgabeansprüchen. Damit ist aber die tatsächliche Sachherrschaft das sachgerechte Zuordnungskriterium. Würde man auf den Besitzwillen abstellen, wäre der Besitzdiener nach § 855 BGB trotz realer Einwirkungsmöglichkeiten nicht heranzuziehen, der mittelbare Besitzer hingegen wäre pflichtig, obwohl er keinen Einfluß auf die Sache haben muß.[163]

4. Abfallbeseitigung zur Wahrung des Wohls der Allgemeinheit

a) Ausgestaltung der eigentumsrechtlichen Position durch die Entledigungspflicht

Der objektive Abfallbegriff eröffnet die Möglichkeit, Sachen, deren sich der Besitzer nach objektiven Gesichtspunkten entledigen sollte, weil ihre Exi-

---

161 St. Rspr. der mit dieser Problematik befaßten obersten Bundesgerichte. Vgl. z. B. *BVerwG*, Urteil vom 11. Februar 1983 - 7 Z 45/80, BVerwGE 67, 8 (12); *dass.*, Urteil vom 2. September 1983 - 4 C 5/80, DVBl. 1984, 225 (227); *dass.*, Beschluß vom 20. Juli 1988 - 7 B 9/88, NVwZ 1988, 1021 (1021); *dass.* Urteil vom 19. Januar 1989 - 7 C 82/87, DVBl. 1989, 522 (522); *BGH*, Urteil vom 14. März 1985 - III ZR 12/84, NuR 1985, 202 (202); Aus der Literatur *Schwermer* in: *Kunig/Schwermer/Versteyl*, Abfallgesetz, § 1 Rn. 9; *Franßen*, Abfallrecht in: *Salzwedel*, Grundzüge des Umweltrechts, S. 399 (408); *Hösel/v. Lersner*, Recht der Abfallbeseitigung, § 1 AbfG (Nr. 1110) Rn. 5; *Bartels*, Abfallrecht - Eine systematische Darstellung, S. 18 f.

162 Vgl. *Knemeyer*, Polizei- und Ordnungsrecht, S. 139; *Götz*, Allgemeines Polizei- und Ordnungsrecht, S. 111; *Drews/Wacke/Vogel/Martens*, § 21.

163 *Bartels*, Abfallrecht - Eine systematische Darstellung, S. 18.

stenz eine Gefahr für die erwähnten Schutzgüter darstellt, dies aber aus egoistischen Motiven nicht tut, dem Regime des Abfallrechts zu unterwerfen.[164] Er begründet also eine Entledigungspflicht ohne und unter Umständen auch gegen den Willen des Besitzers und berührt damit den Schutzbereich des Grundrechte auf Eigentum, Art. 14 GG, weil der Begründung der Überlassungspflicht an die entsorgungspflichtige Körperschaft entweder eine enteignende oder eine eigentumsgestaltende Wirkung zukommt.[165] Wenn die Begründung einer solchen Entledigungspflicht auch möglicherweise die Eigentumsverhältnisse an der konkreten Sache selbst unberührt läßt, so schließt sie doch jede andere Art der Verwendung, als die der Entsorgung als Abfall aus. Hierin ist ein Eingriff in das Eigentum durch die Vornahme einer Nutzungsbeschränkung zu sehen.[166] Diese Nutzungsbeschränkung stellt sich als eine Inhalts- und Schrankenbestimmung des Eigentums im Sinne von Art. 14 Abs. 1 S. 2 GG dar, weil sie genereller und abstrakter Natur ist, also normativ den Rechts- und Pflichtenkreis der Betroffenen festlegt.[167] Den Anforderungen des sich aus dem Rechtsstaatprinzip, Art. 20 Abs. 3 GG ergebenden Grundsatz der Verhältnismäßigkeit[168] als verfassungsrechtliches Erfordernis an die Begründung der Entledigungspflicht des Abfallbesitzers wird durch die Anforderung der "Gebotenheit der Entsorgung als Abfall" Rechnung getragen.[169] Besondere Bedeutung dürfte hierbei in der Praxis dem Aspekt der Erforderlichkeit zukommen: Sofern ein anderes Mittel denkbar ist, das die Gefahr für das Wohl der Allgemeinheit beseitigt, das den Eigentümer aber nicht enteignet, ist eine Entsorgung als Abfall nicht geboten, liegt mithin kein Abfall im objektiven Sinne vor. Ein solcher Fall

---

[164] Vgl. z. B. *v. Lersner*, NuR 1981, 1 (1 f.).

[165] Zur Systematik des Grundrechts in der Rechtsprechung des *BVerfG* siehe *BVerfG*, Beschluß vom 12. Juni 1979 - 1 BvL 19/76, BVerfGE 52, 1 ff. sowie *Böhmer*, NJW 1988, 2561 ff.

[166] *Jarass* in: *Jarass/Pieroth*, Grundgesetz, Art. 14 Rn. 21; *Papier* in: *Maunz/Dürig/ Herzog/Scholz*, Grundgesetz, Art. 14 Rn. 28 f.; Bei den erfaßten grundrechtlichen Positionen dürften die vermögensrechtlichen Aspekte dominieren, so daß insoweit ein Rückgriff auf andere Freiheitsrechte nicht möglich ist; vgl. hierzu auch *Jarass* in: *Jarass/Pieroth*, Grundgesetz, Art. 14 Rn. 4.

[167] *BVerfG*, Beschluß vom 12. Juni 1976 - 1 BvL 19/76, BVerfGE 52, 1 (27); Beschluß vom 14. Juli 1981 - 1 BvL 24/78, BVerfGE 58, 137 (144 ff.); Beschluß vom 12. März 1986 - 1 BvL 81/79, BVerfGE 72, 66 (76).

[168] Vgl. hierzu *Jarass* in: *Jarass/Pieroth*, Grundgesetz, Art. 20 Rn. 56 ff.

[169] *Bartels*, Abfallrecht - Eine systematische Darstellung, S. 26.

liegt vor, wenn die Gefahr durch schlichtes Beiseiteschaffen der Sache oder eine sichere Verpackung und Versiegelung beseitigt werden kann.[170]

Zur Auslegung des Begriffs des Wohles der Allgemeinheit könnte auf Art. 2 Abs. 1 S. 2 AbfG zurückgegriffen werden,[171] der insofern eine Konkretisierung enthält. Zwar geht es bei dem objektiven Abfallbegriff um die Beeinträchtigungen für das Wohl der Allgemeinheit durch die Nicht-Entsorgung, während § 2 Abs. 1 S. 2 AbfG gerade regelt, inwieweit die Entsorgung das Wohl der Allgemeinheit nicht beeinträchtigen soll.[172] Gleichwohl kann § 2 Abs. 1 S. 2 AbfG eine Interpretationshilfe bei der Auslegung des Begriffs des Wohls der Allgemeinheit im Sinne des objektiven Abfallbegriffs darstellen.[173]

b) Der Begriff des Wohls der Allgemeinheit

Was unter dem Wohl der Allgemeinheit zu verstehen ist, erschließt sich nicht unmittelbar aus dem Wortlaut des Begriffs. Nach *Külz* erscheint das "Wohl der Allgemeinheit" in einer ersten Betrachtung als ein generell verständlicher Grundbegriff, der einer Auslegung weder fähig noch bedürftig ist, sondern erst dadurch faßbar wird, daß er mit anderen, Nicht-Gemeinwohlinteressen, in einen dialektischen Gegensatz tritt.[174] In rechtlichen Regelungen findet er in vielerlei Gestalt Verwendung. Die höchstrangigste Rechtsnorm, die das "Wohl der Allgemeinheit" erwähnt, ist Art. 14 GG. Nach dessen Absätzen 2 und 3 soll der Gebrauch des Eigentum zugleich dem Wohl der Allgemeinheit dienen; eine Enteignung ist nur zum Wohle der Allgemeinheit zulässig. Daneben findet der Begriff Verwendung in vielen Berei-

---

170 *Schwermer* in: *Kunig/Schwermer/Versteyl*, Abfallgesetz, § 1 Rn. 27; *Franßen*, Abfallrecht in: *Salzwedel*, Grundzüge des Umweltrechts, S. 399 (409 f.); *Kloepfer*, Umweltrecht, S. 688.

171 Zum Begriff des "Wohls der Allgemeinheit" in § 2 Abs. 1 S. 2 AbfG siehe unten, Dritter Teil, A II 2 a).

172 *Mann*, Abfallverwertung als Rechtspflicht, S. 55; zur Gefährdung des Wohls der Allgemeinheit im Rahmen des objektiven Abfallbegriffs umfassend *Kersting*, Die Abgrenzung zwischen Abfall und Wirtschaftsgut, S. 64 ff. mit zahlreichen Anwendungsfällen aus der Rspr.

173 A. A. *OVG Koblenz*, Urteil vom 21. Februar 1984 - 7 A 90/83, NuR 1986, 135 (135); *Schwermer* in: *Kunig/Schwermer/Versteyl*, Abfallgesetz, § 1 Rn. 26; *Altenmüller*, DÖV 1978, 27 (30).

174 *Külz*, Das "Wohl der Allgemeinheit" im Wasserhaushaltsgesetz, in: Festschrift für Paul Gieseke, 1958, S. 187 (196); ihm folgend *Hösel/v. Lersner*, Recht der Abfallbeseitigung, § 2 (Nr. 1120) Rn. 4.

chen öffentlich-rechtlicher Regelungen, so beispielsweise in den §§ 1 Abs. 5 und 31 Abs. 2 Nr. 1 BauGB, sowie § 3 TierKBG, im Bereich des Umweltsrechts unter anderem auch in § 5 Abs. 1 Nr. 3 BImSchG. Inhaltsidentisch mit dem "Wohl der Allgemeinheit" sind nach *Ossenbühl* beispielsweise die Wendungen "Gemeinwohl", "Öffentliches Wohl", "Interessen der Allgemeinheit", etc. Dieser Umstand macht die Definition des Begriffs nicht einfacher. *Von Arnim* beschreibt das Allgemeinwohl als das Ziel allen gesellschaftlichen Strebens, also als ausgewogene Bündelung aller (relevanten) gesellschaftlichen Interessen.[175] Die Ermittlung des Gemeinwohls ist demzufolge ein Vorgang, durch den bestimmte öffentliche Interessen zusammengefaßt und in ein ausgewogenes Verhältnis zueinander gebracht werden.[176] Welche Spezialinteressen im Einzelfall Eingang in die Ermittlung des Wohls der Allgemeinheit zu finden haben, richtet sich nach dem Zusammenhang, in dem der Begriff verwendet wird. Am umfassendsten dürfte die Interessenberücksichtigung im Rahmen einer Grundrechtsprüfung vorzunehmen sein, weil die Gewährleistung grundrechtlicher Garantien ein hohes gesellschaftliches Interesse darstellt, dem (nahezu) alle anderen Interessen unterzuordnen sind. Dieser hohe Abstraktionsgrad ist unter verfassungsrechtlichen Gesichtspunkten - hinzuweisen ist hier vor allem auf das dem Rechtsstaatsprinzip zugehörige Bestimmtheitsgebot -[177] nur dann hinnehmbar, wenn im jeweiligen Anwendungsfall eine Konkretisierung gelingt, die allen verfassungsmäßigen Anforderungen genügt.[178] *Ossenbühl* bezeichnet den verwandten Begriff des Gemeinwohls in einem solcherart verfassungskonform verstandenen Sinne deshalb auch als "das, was die hierfür zuständige Instanz in einem allgemein anerkannten Verfahren und unter Beachtung verfassungsrechtlich vorgegebener Grenzen als Gemeinwohl erklärt".[179]

Die Verwendung des Begriffs des Wohls der Allgemeinheit im Bereich des Abfallrechts dürfte dem WHG entlehnt sein, dessen Regelungen einen nicht zu unterschätzenden Einfluß auf die Regelung der Abfallbeseitigung genom-

---

175 *v. Arnim*, Gemeinwohl und Gruppeninteressen, S. 9.

176 *Ossenbühl*, Gemeinwohl in: *Kimminich/v. Lersner/Storm* (Hrsg.), Handwörterbuch des Umweltrechts, Sp. 663 ff.

177 Hierzu *Jarass* in: *Jarass/Pieroth*, Grundgesetz, Art. 20 Rn. 38 f.

178 So auch *Kleinschnittger*, Die abfallrechtliche Planfeststellung, S. 87 und *Tettinger*, Rechtsanwendung und gerichtliche Kontrolle im wirtschaftsverwaltungsrecht, S. 379 ff. Zur Verwendung des Begriffs in Art. 14 GG vgl. BVerfG, Urteil vom 18. Dezember 1968, 1 BvR 638/64 u. a., BVerfGE 24, 367 (403 f.).

179 *Ossenbühl*, Gemeinwohl in: *Kimminich/v. Lersner/Storm*, Handwörterbuch des Umweltrechts, Sp. 664. Hinzuweisen ist insbesondere auch auf die Ausführungen in *von Arnim*, Gemeinwohl und Gruppeninteressen.

men haben. Die Einflußmöglichkeiten des Wasserrechts beruhen auf dem Umstand, daß die Verwaltung der Abfallbeseitigung traditionell in die Hände der Wasserbehörden gelegt war und daß sich demzufolge das Abfallrecht administrativ parallel zum Wasserrecht entwickelt hat. Auch das Wasserhaushaltsgesetz verknüpft die Regelung der Gewässerbenutzung durch Erlaubnisse und Bewilligungen mit der Einhaltung des Wohls der Allgemeinheit. Es hat den Begriff offensichtlich seinen Vorläufern, den Wassergesetzen der Länder, entlehnt, die zum Teil ähnliche Begriffe (gemeinwirtschaftliches Interesse, öffentliches Wohl, öffentliches Interesse) verwendet haben.[180] Sowohl für die in den Vorläufern verwendeten Synonyme wie auch im Wasserhaushaltsgesetz ergeben sich aber die gleichen Probleme bei der Bestimmung des Wohls der Allgemeinheit.[181] Für die Begriffsbestimmung lassen sich deshalb durch den Rückgriff auf die Vorläufer aber keine Ergebnisse finden, die zu einer Konkretisierung des Wohls der Allgemeinheit führen.

Bei dem Begriff des Wohls der Allgemeinheit handelt es sich um einen unbestimmten Rechtsbegriff, der aufgrund seiner Abstraktheit insbesondere der Konkretisierung durch den Rechtsanwender bedarf. Seine Unbestimmtheit führt zum einen dazu, daß Bedenken hinsichtlich seiner Vereinbarkeit mit dem dem Rechtsstaatsprinzip entlehnten Bestimmtheitsgebot[182] entstehen, zum anderen und damit zusammenhängend stellt sich die Frage nach der gerichtlichen Überprüfbarkeit der von der Behörde gewonnenen Ergebnisse. Das *Bundesverfassungsgericht* hat in ständiger Rechtsprechung festgestellt, daß unbestimmte Rechtsbegriffe, die zur Regelung vielschichtiger Sachverhalte bestimmt sind, grundsätzlich zulässig sind.[183] Dem ist zuzustimmen: Die relative Unbestimmtheit der verwendeten Begriffe muß mit der Unbestimmtheit der zu regelnden Lebenssachverhalte korrespondieren. Der Gesetzgeber ist auf die Verwendung derartig offener Begriffe angewiesen, um dem Recht bei sich schnell entwickelnden Lebenssituationen nicht von vornherein jegliche Bewegungsfähigkeit zu nehmen.[184] Einer Verwendung des offenen Begriffs des "Wohls der Allgemeinheit"

---

[180] Vgl. hierzu die Ergebnisse von *Külz*, Das "Wohl der Allgemeinheit" im Wasserhaushaltsgesetz, in: Festschrift für Paul Gieseke, 1958, S. 187 (189 ff.).

[181] Vgl. nur *Giesecke/Wiedemann/Czychowski*, Wasserhaushaltsgesetz, § 6 Rn. 7 ff. und *Külz*, Das "Wohl der Allgemeinheit" im Wasserhaushaltsgesetz, in: Festschrift für Paul Gieseke, 1958, S. 187 (189 ff.).

[182] Hierzu *Jarass* in: *Jarass/Pieroth*, Grundgesetz, Art. 20 Rn. 38 f.

[183] *BVerfG*, Beschluß vom 8. August 1978 - 2 BvL 8/77, BVerfGE 89, 136 ff. mit weit. Nachw.

[184] So z. B. *Sendler*, UPR 1981, 1 (9 f.).

stehen daher keine verfassungsrechtlichen Bedenken entgegen.[185] Zu diesem Ergebnis läßt sich aber nur dann kommen, wenn es sich bei dem Wohl der Allgemeinheit, wie ein großer Teil der Literatur annimmt, um einen unbestimmten Rechtsbegriff handelt, den anzuwenden die Behörde zwar ermächtigt ist, bei dem die jeweilige Einzelfallanwendung aber der vollen inhaltlichen Kontrolle durch die Verwaltungsgerichte unterliegt.[186] Wäre diese nicht der Fall, so würde der Begriff der Verwaltung eine mit dem Gewaltenteilungsprinzip und dem Bestimmtheitsgebot nicht mehr zu vereinbarende, weite Eingriffsermächtigung geben. Nimmt man an, daß der Verwaltung, abhängig von dem zu entscheidenden Sachverhalt, ein mehr oder weniger großer Beurteilungsspielraum hinsichtlich der Berücksichtigung von Entscheidungen über die Einbeziehung von Zukunftsprognosen[187] verbleibt, ist dieser Ansatz plausibel.

c) Bestimmung durch den Normzusammenhang

Nach § 2 Abs. 1 S. 2 AbfG sind Abfälle so zu entsorgen, daß das Wohl der Allgemeinheit nicht beeinträchtigt wird, insbesondere nicht dadurch, daß eines der in Nr. 1 bis 6 erwähnten Schutzgüter nachteilig betroffen wird. Die Vorschrift nennt damit Beispiele, in welchen Fällen eine Gemeinwohlbeeinträchtigung vorliegen kann. Die Aufzählung ist nicht abschließend, wie sich aus der Verwendung des Wortes "insbesondere" ergibt, das Raum für weitere, zu berücksichtigende Aspekte gibt.[188] Gleichwohl stellt die Vorschrift in der Form der "Regelbeispielmethode"[189] eine Umschreibung des Allgemeinwohls dar.

Aufgrund ihres Wortlautes ist von besonderem Interesse die Nr. 6 des § 2 Abs. 1 S. 2 AbfG. Die Formulierung "sonst die öffentliche Sicherheit oder Ordnung gefährdet oder gestört" deutet darauf hin, daß Nr. 6 innerhalb der

---

185 So auch *Hösel/von Lersner*, Recht der Abfallbeseitigung, § 2 (Nr. 1120) Rn. 4; vgl. auch *Tettinger*, Rechtsanwendung und gerichtliche Kontrolle im Wirtschaftsverwaltungsrecht, S. 379 ff.

186 *Giesecke/Wiedemann/Czychowski*, Wasserhaushaltsgesetz, § 6 Rn. 7 d; *Sieder/Zeitler*, Wasserhaushaltsgesetz, § 6 Rn. 7; *Hösel/v. Lersner*, Recht der Abfallbeseitigung, § 2 (Nr. 1120) Rn. 4.

187 *Kunig* in: *Kunig/Schwermer/Versteyl*, Abfallgesetz, § 2 Rn. 15.

188 *Kunig* in: *Kunig/Schwermer/Versteyl*, Abfallgesetz, § 2 Rn. 24.

189 Begriff bei *Kleinschnittger*, Die abfallrechtliche Planfeststellung, S. 87.

Regelbeispiele der Nummern 1 bis 6 einen Auffangtatbestand darstellt.[190] Zur öffentlichen Sicherheit gehören auch nicht die Umwelt betreffende, öffentliche sowie wichtige private Rechtsgüter. Der Begriff knüpft damit an das allgemeine Ordnungsrecht an, wo er ebenfalls Verwendung findet. Da hiernach jeder Verstoß gegen eine Norm des positiven Rechts einen Eingriff in die öffentliche Sicherheit darstellt, sind alle Schutzgüter von § 2 Abs. 1 S. 2 AbfG durch Nr. 6, die öffentliche Sicherheit erfaßt.[191] Aus diesem Grunde dürften über die Regelbeispiele der Nummern 1 bis 6 hinausgehende Schutzgüter, die wegen § 2 Abs. 1 S. 2 AbfG ("insbesondere") Berücksichtigung zu finden haben, nur vereinzelt zu finden sein.[192] In Betracht kommen wohl noch kulturelle Aspekte.[193] Alle diese Umstände sind zu einem Gesamtbild zusammenzufügen, so daß es zu einer abwägenden Einzelfallbetrachtung kommt, die alle berücksichtigungsfähigen Aspekte enthält.

Neben den Nummern 1 bis 6 könnte aufgrund seiner systematischen Stellung die Regelung des § 2 Abs. 1 S. 3 AbfG in die Gemeinwohldefinition mit einzubeziehen sein, nach der bei der Abfallentsorgung die Ziele und Erfordernisse der Raumordnung und Landesplanung zu beachten sind. Dem steht aber zum einen die Nichteinfügung in den Katalog der Regelbeispiele des Satzes 2 entgegen. Hätte der Gesetzgeber die Berücksichtigung allgemeiner planerischer Aspekte als besonderes Gemeinwohlinteresse gewollt, so hätte er sie als weiteres Regelbeispiel mit aufnehmen können.[194] Daneben finden landesplanerische Belange bereits Eingang in die Entscheidung über den Abfallentsorgungsplan nach § 6 AbfG.

Daß es sich bei den Schutzgütern des Allgemeinwohls nach § 2 Abs. 1 AbfG nicht um sogenannte gesetzliche *Planungsleitsätze*,[195] die strikte Be-

---

190 *Pohl*, Abfallrechtliche Sicherungs- und Rekultivierungspflichten, S. 86; *Kunig* in: *Kunig/Schwermer/Versteyl*, Abfallgesetz, § 2 Rn. 41.

191 *Kunig* in: *Kunig/Schwermer/Versteyl*, Abfallgesetz, Anh. §§ 10, 10a Rn. 10; *Koch*, Bodensanierung nach dem Verursacherprinzip, S. 81.

192 So auch *Pohl*, Abfallrechtliche Sicherungs- und Rekultivierungspflichten, S. 87; *Kleinschnittger*, Die abfallrechtliche Planfeststellung, S. 90.

193 *Kloepfer*, Umweltrecht, S. 709; *HessVGH*, Urteil vom 23. November 1988 - 5 UE 1040/84, NVwZ 1989, 484 (487); solche Rechtgüter müßten denen des § 2 Abs. 1 S. 2 AbfG vergleichbar sein.

194 Soweit es die Anwendung des Begriffs im Rahmen des § 13 Abs. 1 S. 2 AbfG betrifft, spricht außerdem dagegen, daß die Planungsbelange darüber hinaus bereits über § 13 Abs. 1 S. 2 Nr. 3 a) AbfG Eingang in die behördliche Entscheidung über die Genehmigung grenzüberschreitender Verbringung von Abfällen gefunden haben.

195 Zum Begriff vgl. *BVerwG*, Urteil vom 22. März 1985 - 4 C 73/82, BVerwGE 71, 163 (164).

achtung verlangen, handelt, sondern um Aspekte, die in einen Abwägungsvorgang einzustellen sind, ergibt sich aus der Offenheit des Begriffs des Wohles der Allgemeinheit. Würde im Rahmen der umfassenden Schutzgüter jeder Aspekt eine strikte Beachtung verlangen, würde dies zu einem allgemeinen Verbot der jeweiligen Handlung führen.[196] Im Rahmen des Abfallbegriffs kann dies dazu führen, daß der objektive Abfallbegriff regelmäßig erfüllt wäre.

Aus diesem Grunde sind die Planungsbelange - Ziele und Erfordernisse der Raumordnung und Landesplanung - im Rahmen des Allgemeinwohls nach § 2 Abs. 1 S. 2 AbfG nicht zu berücksichtigen.[197]

Eine Beeinträchtigung des Wohls der Allgemeinheit im Sinne des § 2 Abs. 1 S. 2 AbfG ist dann gegeben, wenn das Allgemeinwohl entsprechend dem Ergebnis der Schutzgüterabwägung nachteilig betroffen ist.[198] Ergibt sich, daß Belange, die in die Gemeinwohlbildung eingestellt sind, nachteilig beeinflußt werden oder möglicherweise gar bereits geschädigt sind, so stellt sich die Frage, ob dies eine Beeinträchtigung im Sinne des Gesetzes darstellt. Eine solche Sichtweise würde der Offenheit des Begriffs des "Wohls der Allgemeinheit" nicht gerecht. Vielmehr ist in die abwägende Betrachtungsweise die Frage der Beeinträchtigung mit einzubeziehen: Ist eine Verletzung eines weniger entscheidenden Schutzaspektes gegeben, muß daraus noch nicht zwangsläufig eine Beeinträchtigung des Wohls der Allgemeinheit folgern.[199] Vielmehr können sich andere Belange derart in den Vordergrund schieben, daß im Abwägungsergebnis der verletzte Belang untergeht. So kann beispielsweise eine relativ geringfügige Beeinträchtigung des Wohlbefindens von Anwohnern hingenomen werden, wenn sich die Maßnahme ansonsten als eher schutzgutfreundlich darstellt.

Daraus folgt, daß kein Einzelaspekt eine Totalsperre bewirken darf.[200] Auf der anderen Seite kann sich aus der Summierung für sich gesehen äußerst

---

196 *BVerwG*, Urteil vom 22. März 1985 - 4 C 15/83, BVerwGE 71, 167 (170); *Kleinschnittger*, Die abfallrechtliche Planfeststellung, S. 89; *Schwermer* in: *Kunig/Schwermer/Versteyl*, Abfallgesetz, § 8 Rn. 8.

197 *Beckmann/Appold/Kuhlmann*, DVBl. 1988, 1002 (1010); *Kleinschnittger*, Die abfallrechtliche Planfeststellung, S. 87 f.; a. A. *Hösel/v. Lersner*, Recht der Abfallbeseitigung, § 2 (Nr. 1120) Rn. 31.

198 Z. B. *Sieder/Zeitler*, Wasserhaushaltsgesetz, § 6 Rn. 11.

199 So aber wohl *Pohl*, Abfallrechtliche Sicherungs- und Rekultivierungspflichten, S. 87.

200 *Kunig* in: *Kunig/Schwermer/Versteyl*, Abfallgesetz, § 2 Rn. 31.

schwacher Beeinträchtigungen von Einzelbelangen in der Gesamtbetrachtung eine Beeinträchtigung des Wohls der Allgemeinheit ergeben. Eine Beeinträchtigung des Wohls der Allgemeinheit liegt nach alledem dann vor, wenn nach Einstellung und Abwägung aller öffentlicher Belange die Nachteile der beabsichtigten grenzüberschreitenden Verbringung gegenüber den Vorteilen überwiegen. Zu betonen ist dabei, daß mit Ausnahme von Individualinteressen aufgrund der Offenheit des Begriffs des Wohles der Allgemeinheit umfassend alle Aspekte in die Abwägung einzufließen haben.

5. Gesetzliche Erweiterungen des objektiven Abfallbegriffs

Ohne daß es auf den Willen des Besitzers zur Entledigung ankommt, sind bestimmte Fahrzeuge ohne amtliches Kennzeichen nach § 5 Abs. 2 AbfG, Altöle nach § 5a AbfG sowie bestimmte Abwässer und ähnliche Stoffe nach objektiven Kriterien als Abfall zu behandeln. Bei § 5 Abs. 2 AbfG handelt es sich um eine Fiktion der Abfalleigenschaft aufgrund des Umstandes, daß trotz bestehender Zulassungspflicht nach den §§ 16 ff. StVZO kein amtliches Kennzeichen an dem Fahrzeug vorhanden ist.[201] Bei Vorliegen der einzelnen objektiven Voraussetzungen entsteht die Abfalleigenschaft nach Ablauf der Monatsfrist und damit die Entsorgungspflicht der betreffenden Gebietskörperschaft. Mit der Regelung sollte den zuständigen Behörden das Einschreiten gegen das wilde Abstellen von Autowracks ermöglicht werden. Ohne die betreffende Regelung müßte sie Ermittlungen darüber anstellen, ob bei dem oft nicht ermittelbaren Besitzer ein Entledigungswille besteht oder ob von dem Wrack eine Gefahr ausgeht.[202] Für Altöle - Begriff nach § 5a Abs. 1 S. 2 AbfG - geht das Abfallgesetz einen anderen Weg, indem es keine Fingierung der Abfalleigenschaft bildet, sondern den Anwendungsbereich der Vorschriften auf den Nicht-Abfall Altöl ausdehnt.[203] Ähnlich handhabt es das Abfallgesetz, wenn es in § 15 regelt, daß die Vorschriften des Abfallgesetzes teilweise auch auf die Aufbringung von Abwasser, Klärschlamm, Fäkalien oder ähnliche Stoffe auf landwirtschaftlich, forstwirtschaftlich oder gärt-

---

201 *Kunig* in: *Kunig/Schwermer/Versteyl*, Abfallgesetz, § 5 Rn. 28; vgl. auch *OLG Celle*, Urteil vom 17. Mai 1983 - 16 U 237/82, NVwZ 1984, 540 (541).

202 *Kloepfer*, Umweltrecht, S. 689; *Hoppe/Beckmann*, Umweltrecht, S. 472; *Kersting*, Die Abgrenzung zwischen Abfall und Wirtschaftsgut, S. 98.

203 *Bundesregierung* in: BT-Drs. 11/756, S. 10; *Hösel/v. Lersner*, Recht der Abfallbeseitigung, § 5a AbfG (Nr. 1151) Rn. 3; *Kunig* in: *Kunig/Schwermer/Versteyl*, Abfallgesetz, § 5a Rn. 4 mit weit. Nachw.

nerisch genutzte Böden anwendbar sind. Die Stoffe werden dadurch nicht zu Abfällen.[204] Maßgebliches Kriterium für die Anwendung ist hier aber nicht eine bestimmte Eigenschaft der Stoffe, sondern das Aufbringen der Stoffe durch den Besitzer.

IV. Bereichsausnahmen

In einigen gesetzlich bestimmten Fällen führt die Einordnung einer Sache als Abfall im objektiven oder subjektiven Sinne nicht zu einer Anwendbarkeit der Regelungen des Abfallgesetzes. § 1 Abs. 3 AbfG nimmt bestimmte Abfallarten von den abfallrechtlichen Bestimmungen aus. Es handelt sich überwiegend um Stoffe, deren Unterfallen unter eine sondergesetzliche Regelung eine Anwendbarkeit der Vorschriften des Abfallgesetzes entbehrlich macht, weil bereits die Sondergesetze - und dies im Einzelfall sachgerechter - Gefahren für die Schutzgüter des Abfallgesetzes, also im wesentlichen die Gesundheit der Menschen und die Erhaltung der Umwelt, abwehren. Zu nennen sind das Tierkörperbeseitigungsgesetz, das Fleischbeschaugesetz, das Tierseuchengesetz und das Pflanzenschutzgesetz (Nr. 1), das Atomgesetz (Nr. 2), das Berggesetz (Nr. 3) und das Wasserhaushaltgesetz (Nr. 5). Daneben unterfallen Kampfmittel (Nr. 6) und unter bestimmten Voraussetzungen Stoffe, die im Wege der Sammlung einer Verwertung zugeführt werden sollen.[205] Die Erwähnung nicht gefaßter gasförmiger Stoffe in § 1 Abs. 3 Nr. 4 AbfG hat keine eigenständige Bedeutung, da die genannten Stoffe bereits aufgrund ihrer fehlenden Sacheigenschaft nicht als Abfall zu qualifizieren und damit nicht nach den Regeln des Abfallgesetzes zu entsorgen sind.[206] Vielmehr richtet sich ihre Behandlung nach dem Bundes-Immissionsschutzgesetz. Ob bei einem Zurückbleiben des Schutzes der Sonderregelungen auch für die nach § 1 Abs. 3 AbfG ausgeschlossenen Stoffe eine Heranziehung der Vorschriften des Abfallgesetzes möglich ist, erscheint im Hinblick auf die Entstehungsgeschichte der Vorschrift insbesondere im Rahmen des Novellierungsverfahrens zur Schaffung des Abfallgesetzes von 1986 zweifelhaft. Dem Gesetzgeber war die Kritik daran, daß die Regelungen der speziellen Rechtsvorschriften, wie etwa des Bundesberggesetzes in abfall-

---

204 *Kersting*, Die Abgrenzung zwischen Abfall und Wirtschaftsgut, S. 101; vgl. auch *BGH*, Urteil vom 1. Februar 1990 - I ZR 126/88, UPR 1990, 297 (298).

205 Siehe hierzu bereits oben, Zweiter Teil, C II 1 b) und C II 2 c).

206 *Schwermer* in: *Kunig/Schwermer/Versteyl*, Abfallgesetz, § 1 Rn. 71.

rechtlicher Hinsicht hinter denen des Abfallgesetzes zurückbleiben bekannt. Gleichwohl hat er die heutige Regelung Regelung getroffen. Dies läßt den Schluß zu, daß er die Anwendung der speziellen Regelung für ausreichend zum Schutze der abfallrechtlichen Gefahren gehalten hat. Keinesfalls läßt sich hingegen aus dem Verhalten des Gesetzgebers schließen, er sei trotz Kenntnis der Kritik "offensichtlich davon ausgegangen, daß eine unschädliche Entsorgung der vom Abfallgesetz ausgenommenen Stoffe nach den einschlägigen Sondergesetzen gewährleistet sei".[207] Damit bleiben die den Nummern 1 bis 8 des § 1 Abs. 3 AbfG unterfallenden Stoffe unbedingt außerhalb des Anwendungsbereiches des Abfallgesetze, sofern die einzelnen Ausnahmetatbestände nicht etwas anderes vorschreiben.

Ebenfalls außerhalb des Anwendungsbereichs bleiben Kleinstmengen, wie sie beispielsweise im Rahmen des Kraftfahrzeugverkehrs etwa im Aschenbecher mitgeführt werden. Unter dem Aspekt der Sozialadäquanz sind die abfallrechtlichen Regelungen diesbezüglich teleologisch zu reduzieren.[208]

D. Der neue Abfallbegriff des Entwurfs zu einem Kreislaufwirtschafts- und Abfallgesetz

I. Reform des Abfallrechts

Um der trotz aller Anstrengungen seit der letzten großen Novelle des Abfallrechts im Jahre 1986 bestehenden, krisenhaften Lage im Bereich der Abfallwirtschaft Rechnung zu tragen, hatte sich die *Bundesregierung* bereits zu Beginn der 12. Legislaturperiode zur Schaffung eines neuen Abfallgesetzes entschlossen.[209] Die Angleichung des deutschen Abfallrechts an die Vorgaben des Gemeinschaftsrechts erhöhte die Notwendigkeit der Reform. Inzwischen liegt ein Gesetzentwurf der *Bundesregierung* zu dem "Gesetz zur Förderung einer abfallarmen Kreislaufwirtschaft und Sicherung der umweltverträglichen Entsorgung von Abfällen (Kreislaufwirtschafts- und Abfallge-

---

207 So *Hoppe/Beckmann*, Umweltrecht, S. 474; *Hösel/v. Lersner*, Recht der Abfallbeseitigung, § 1 AbfG (Nr. 1110) Rn. 21; *Bartels*, Abfallrecht - Eine systematische Darstellung, S. 30; wie hier *Backes*, DVBl. 1987, 333 (334).

208 BR-Drs. 304/93 (Gesetzentwurf), S. 39.

209 Koalitionsvereinbarung für die 12. Legislaturperiode vom 16. September 1991; zitiert nach *Laufs*, ZAU 1991, 5 (6).

setz - KrW-/AbfG)" vor, der das Vorverfahren nach Art. 76 Abs. 2 GG passiert hat.[210] Für den Bereich des Abfallverbringungsrechts, das sich nunmehr im Achten Teil des Gesetzentwurfes - §§ 44 bis 46 KrW-/AbfGE - befindet, ist durch den Gesetzentwurf inhaltlich eine Neuregelung nicht beabsichtigt. Es verbleibt bei geringfügigen sprachlichen und systematischen Anpassungen.[211] Daneben hat die *Bundesregierung* allerdings am 7. Mai 1993 einen Entwurf zu einem Ausführungsgesetz zu dem Basler Übereinkommen vom 22. März 1989 über die Kontrolle der grenzüberschreitenden Verbringung gefährlicher Abfälle und ihrer Entsorgung vorgelegt.[212] Es wird zu überprüfen sein, in welchem Verhältnis diese beiden Normensysteme zukünftig stehen.

Im Bereich der Anwendbarkeit der Regelungen über die grenzüberschreitende Verbringung (Abfallbegriff) ergeben sich allerdings weitreichende Veränderungen. Der Gesetzentwurf zu dem Kreislaufwirtschafts- und Abfallgesetz führt als Oberbegriff den Legalbegriff der Rückstände ein.[213] Nach § 3 Abs. 1 S. 1 KrW-/AbfGE sind dies bewegliche Sachen, die (1.) im Rahmen des Betriebes von Anlagen nach dem Bundes-Immissionsschutzgesetz anfallen, ohne daß der Zweck des Anlagenbetriebes hierauf gerichtet ist,[214] (2.) bei einer Nutzung von Stoffen, Erzeugnissen oder bei Dienstleistungen anfallen, ohne daß der Zweck der Handlung hierauf gerichtet ist, (3.) deren ihrem Zweck entsprechende Verwendung entfällt oder aufgegeben wird, ohne daß ein neuer Verwendungszweck an deren Stelle tritt, (4.) die zum Zwecke der Verwertung oder Entsorgung eingesammelt werden oder (5.) die bei der Sanierung von Böden als kontaminierte Stoffe anfallen, soweit sie nicht vor Ort behandelt und wieder eingebracht werden.

Nach Satz 2 der Vorschrift ist für die Feststellung des Zwecks des Anlagenbetriebs oder des Vorgangs im Sinne des Satzes 1 Nr. 1, 2, 3 und 4 die

---

210 Gesetzentwurf der Bundesregierung vom 16. April 1993, BR-Drs. 245/93 (Gesetzentwurf) mit Empfehlungen der Ausschüsse, Anträgen der Bundesländer und dem Beschluß des Bundesrates vom 28. Mai 1993; Der Entwurf der Bundesregierung beruht im wesentlichen auf einem Referentenentwurf zu einem *Gesetz zur Förderung einer rückstandsarmen Kreislaufwirtschaft und Sicherung der umweltverträglichen Entsorgung von Abfällen (Kreislaufwirtschafts- und Abfallgesetz - KrW/AbfG)* - WA II 2 - 30101 1/1 vom 19. Juni 1992.

211 Soweit die Begründung der *Bundesregierung* zu dem Gesetzentwurf, BR-Drs. 245/93 (Gesetzentwurf), S. 163.

212 BR-Drs. 304/93 (Gesetzentwurf).

213 So auch *Fluck*, DVBl. 1989, 590 (597).

214 Mit dem Entwurf zu dem KrW/AbfG ist insoweit auch eine Änderung von § 5 Abs. 1 Nr. 3 und Abs. 2 verbunden.

Zweckbestimmung durch den Anlagenbetreiber oder Besitzer, hilfsweise die Verkehrsanschauung zu berücksichtigen. Die Rückstände unterteilen sich nach § 3 Abs. 2 und 3 KrW-/AbfGE in sogenannte Sekundärrohstoffe einerseits und Abfälle andererseits. Sekundärrohstoffe sind solche Rückstände die nach Maßgabe des KrW-/AbfGE zu verwerten sind, während Abfälle solche Rückstände sind, die nicht als Sekundärrohstoffe verwertet werden dürfen. Damit erweitert sich der Anwendungsbereich des Abfallrechts deutlich gegenüber dem, den die oben dargestellte herrschende Meinung für den Bereich des AbfG für anwendbar gehalten hat um diejenigen Sachen, die als Sekundärrohstoffe Wirtschaftsgüter darstellen.[215]

Der Entwurf der *Bundesregierung* zum Kreislaufwirtschafts- und Abfallgesetz hat - auch und gerade hinsichtlich der konzipierten Begrifflichkeiten - bereits vielfältige Kritik hervorgerufen. So wird vom *Bundesrat* vorgetragen, daß der Gesetzentwurf vollzugsunfreundlich und vollzugshemmend sei. Dies liege auch an der Definition des Reststoff- und Abfallbegriffs, der die Auswirkungen der europäischen Integration auf die innerstaatliche Rechtsgestaltung nicht hinreichend berücksichtige.[216] Dem ist zuzustimmen. Bereits die Änderungsrichtlinie 91/156/EWG zur Abfallrahmenrichtlinie enthält in ihrem Erwägungsgrund Nr. 3 die Feststellung, daß "für eine effizientere Abfallbewirtschaftung in der Gemeinschaft eine gemeinsame Terminologie und eine Definition der Abfälle erforderlich"[217] ist. Der Entwurf der *Bundesregierung* hingegen verwendet offensichtlich bewußt eine dem Gemeinschaftsrecht widersprechende Begrifflichkeit, indem es den Begriff "Abfall", den das Gemeinschaftsrecht als Oberbegriff für zu verwertende und zu beseitigende "Reststoffe" gleichermaßen verwendet, als Teilbegriff für den Oberbegriff "Reststoffe" benutzt, der um die weitere Teilmenge "Sekundärrohstoffe" zu ergänzen ist.[218]

Einerseits weicht der Entwurf damit hinsichtlich der tatbestandlichen Voraussetzungen vom Abfallbegriff des Abfallgesetzes ab, entspricht aber wiederum nicht der Konzeption des gemeinschaftsrechtlichen Begriffes. An-

---

215 Vgl. Regierungsentwurf BR-Drs. 245/93 (Gesetzentwurf), S. 121.

216 BR-Drs. 245/93 (Beschluß), S. 7

217 Erwägungsgrund Nr. 3 der Richtlinie des Rates vom 18. März 1991 zur Änderung der Richtlinie 75/442/EWG über Abfälle (91/156/EWG), ABl. Nr. L 78 vom 26. März 1991, S. 32.

218 Die Verwendung dieser Begriffe mag einem Verwurzeltsein in der traditionellen Terminologie des deutschen Abfall- (und Immissionsschutz-) rechts entspringen.

dererseits können Folgerungen aus diesem Umstand erst gezogen werden, wenn sich auch materielle Unterschiede ergeben.

Soweit es das Recht der Abfallverbringung - §§ 44 bis 46 KrW-/AbfGE - betrifft, so ist dessen Anwendungsbereich auch nach dem Gesetzentwurf auf die Teilmenge der Abfälle beschränkt, nicht hingegen sind diesbezügliche Regelungen für Sekundärrohstoffe getroffen worden.[219] Dies ergibt sich daraus, daß die §§ 44 bis 46 KrW-/AbfGE ihrem Wortlaut nach ausschließlich für Abfälle im Sinne des Entwurfs gelten.[220] Da die neue Abfallverbringungsverordnung der Europäischen Gemeinschaften allerdings Regelungen auch für zu verwertende Abfälle im Sinne des Gemeinschaftsrechts trifft, stellt sich die Frage, ob der Gesetzentwurf mit dem Gemeinschaftsrecht vereinbar ist oder ob der Handlungsspielraum des nationalen Gesetzgebers nicht bereits überschritten ist.[221]

II. Abfälle als Teilmenge der Rückstände nach § 3 Abs. 3 KrW-/AbfGE

Allerdings muß zur Begründung der Abfalleigenschaft nach § 3 Abs. 3 KrW-/ AbfGE hinzutreten, daß nicht die Möglichkeit besteht, den Rückstand als Sekundärrohstoff zu verwerten. Aus der Begründung der *Bundesregierung* ergibt sich, daß dieses Kriterium anhand der Vorschriften der §§ 4 und 5 KrW-/AbfGE zu untersuchen ist. Es unterfielen nur diejenigen Rückstände dem Abfallbegriff, die nicht ordnungsgemäß und schadlos verwertet werden könnten.[222] Was hierunter zu verstehen ist, ergibt sich insbesondere aus § 4 KrW-/AbfGE, der die Grundsätze der abfallarmen Kreislaufwirtschaft, wie sie sich nach § 3 Abs. 7 KrW-/AbfGE darstellt, also des Verwertungsmodells enthält.[223] Die Bedeutung der Attribute "ordnungsgemäß" und "schadlos", ergibt sich aus § 4 Abs. 3 KrW-/AbfGE. Danach ist eine Verwertung ordnungsgemäß, wenn sie im Einklang mit anderen öffentlich-rechtlichen Vorschriften geschieht; schadlos ist sie, wenn nach Art, Menge und Beschaffenheit der zu verwertenden Rückstände eine Beeinträchtigung des Wohls der

219 Hierauf weist auch *Fluck*, DVBl. 1989, 590 (598) hin.

220 Damit bleibt es inhaltlich bei den Bestimmungen der §§ 13 - 13c AbfG, vgl. BR-Drs. 245/93 (Gesetzentwurf), S. 163.

221 Siehe hierzu unten, Zweiter Teil, F II.

222 Vgl. Regierungsentwurf BR-Drs. 245/93 (Gesetzentwurf), S. 124 f.

223 Siehe hierzu auch *Fluck*, DVBl. 1989, 590 (598).

Allgemeinheit nicht zu erwarten ist. Hierbei sind allerdings die technischen Möglichkeiten und die wirtschaftliche Zumutbarkeit zu berücksichtigen, § 4 Abs. 4 KrW-/AbfGE. Im Ergebnis entsteht ein Vorrang der Kreislaufwirtschaft und damit eine Verwertungspflicht des Rückstandsbesitzers nach § 4 KrW-/AbfGE, wenn nach Abwägung aller relevanten ökologischen und ökonomischen Belange eine Verwertung sowohl ökonomisch als auch technisch möglich ist. Eine Einstufung als Abfall kommt dann gemäß § 3 Abs. 2 und 3 KrW-/AbfGE nicht in Betracht.

Die Regelung erinnert an die Grundpflicht des Betreibers einer nach den §§ 4 ff. BImSchG genehmigungsbedürftigen Anlage aus § 5 Abs. 1 Nr. 3 BImSchG. Hiernach sind genehmigungsbedürftige Anlage so zu errichten und zu betreiben, daß Reststoffe vermieden werden, es sei denn, sie werden ordnungsgemäß und schadlos verwertet oder, soweit Vermeidung und Verwertung technisch nicht möglich oder unzumutbar sind, als Abfälle ohne Beeinträchtigung des Wohls der Allgemeinheit beseitigt. Von der begrifflichen Vorstellung des Bundes-Immissionsschutzgesetzes ist die *Bundesregierung* bei der Schaffung des Gesetzentwurfs zum Kreislaufwirtschafts- und Abfallgesetz wohl ausgegangen. § 5 Abs. 1 Nr. 3 BImSchG nennt die im Anlagenbetrieb verbleibenden Stoffe insgesamt Reststoffe und teilt diese auf in Stoffe, die, wenn sie nicht bereits vermieden sind, verwertet werden sollen und solche, die aufgrund bestimmter Umstände nicht verwertet werden können. Die letzteren nennt die Vorschrift Abfälle.[224] Auch in § 5 Abs. 1 Nr. 3 BImSchG spielt die ordnungsgemäße und schadlose Verwertung ohne Beeinträchtigung des Wohls der Allgemeinheit die entscheidende Rolle zur Begründung der Abfalleigenschaft.[225] Dementsprechend sieht der Gesetzentwurf in Art. 2 auch eine Änderung der reststoffbezogenen Vorschriften des Bundes-Immissionsschutzgesetzes vor.[226]

III. Entfallen des subjektiven Abfallbegriffs?

Der Abfallbegriff knüpft nach der Konzeption der *Bundesregierung* kumulativ sowohl an das Unterfallen unter eine der Teilgruppen des § 3 Abs. 1 S.

---

224 Vgl. zum vorstehenden *Jarass*, Bundes-Immissionsschutzgesetz, § 5 Rn. 63 mit weit. Nachw.

225 Siehe bereits oben, Zweiter Teil, C III 1 c).

226 BR-Drs. 245/93 (Gesetzentwurf), S. 78.

1 Nr. 1 bis 5 KrW-/AbfGE als auch an das Fehlen einer Verwertungsermächtigung durch die Regelungen des Gesetzes an. Die Einordnung einer Sache als Abfall hängt folglich zukünftig ausschließlich von der jeweiligen Stoffbeschaffenheit ab. Kann ein Stoff verwertet werden, was anhand der §§ 4 und 5 KrW-/AbfGE zu untersuchen ist, so wird er nicht zu Abfall. Dem Besitzer ist es demzufolge nicht mehr möglich, eine Sache zu Abfall zu erklären. Der subjektive Abfallbegriff in seiner bisherigen Form entfällt in Zukunft.[227] Zweifelhaft bleibt aber, ob der Gesetzentwurf der Bundesregierung komplett auf subjektive Anknüpfungspunkte verzichtet. So könnte § 3 Abs. 1 S. 1 Nr. 3 KrW-/AbfGE die Regelung eines subjektiven Abfallbegriffs darstellen, indem dort auf den Wegfall des Verwendungszwecks einer Sache als abfalleigenschaftsbegründendes Kriterium abgestellt wird.

Nach § 3 Abs. 1 S. 2 KrW-/AbfGE ist der Zweck eines Vorgangs im Sinne des § 3 Abs. 1 S. 1 Nr. 3 KrW-/AbfGE anhand der Zweckbestimmung durch den Besitzer, erst hilfsweise durch eine Betrachtung nach der Verkehrsanschauung zu ermitteln. Diese Formulierung legt - aufgrund der durch den Wortlaut festgelegten Rangfolge - den Schluß nahe, daß die Verkehrsanschauung dann unberücksichtigt bleiben muß, wenn sich der Zweck des Vorgangs anhand einer subjektiven Zweckbestimmung durch den Besitzer ermitteln läßt. Ein Rückgriff auf die Verkehrsanschauung wäre in diesem Fall ausgeschlossen.

Interessant ist in diesem Zusammenhang wiederum eine Betrachtung der Reststoffvorschrift des § 5 Abs. 1 Nr. 3 BImSchG, die wohl das gesetzgeberische Vorbild für das Modell des Kreislaufwirtschafts- und Abfallgesetzes gewesen ist. Auch im Rahmen des § 5 Abs. 1 Nr. 3 BImSchG stellt sich nämlich die Frage, ob es für die Begründung der Reststoffeigenschaft entscheidend auf den Willen des Anlagenbetreibers oder auf die Verkehrsanschauung ankommt. Nach Nr. I.2.1 des Musterentwurf des Länderausschusses für Immissionsschutz für eine Verwaltungsvorschrift zu § 5 Abs. 1 Nr. 3 BImSchG und der in Literatur und Rechsprechung herrschenden Meinung[228] liegt ein Reststoff dann vor, wenn sie im Rahmen des Anlagenbetriebs an-

227 Vgl. Regierungsentwurf BR-Drs. 245/93 (Gesetzentwurf), S. 124 f.

228 Der Musterentwurf des Länderausschusses für Immissionsschutz für eine Verwaltungsvorschrift zu § 5 Abs. 1 Nr. 3 BImSchG ist abgedruckt in NVwZ 1989, 130 ff.; zum Reststoffbegriff im BImSchG vgl. *Rehbinder*, DVBl. 1989, 496 (497); *Rebentisch*, UPR 1989, 209 (211); *Hansmann*, NVwZ 1990, 409 (410); *Jarass*, Bundes-Immissionsschutzgesetz, § 5 Rn. 62; *Dierkes*, Die Grundpflichten bei der Einstellung des Betriebes genehmigungsbedürftiger Anlagen gemäß § 5 Abs. 3 BImSchG, S. 127 ff.; *VGH BW*, Urteil vom 18. März 1991 - 3 S 2223/91, UPR 1992, 351 (352).

fallen, ohne daß der Zweck des Anlagenbetriebs hierauf gerichtet ist. Verbreiteter Ansicht nach kommt es aber bei der Ermittlung des Anlagenzwecks in diesem Zusammenhang gerade nicht auf den Willen des Anlagenbetreibers, sondern allein auf die objektive Verkehrsanschauung an, weil es im Streitfalle - und einer behördlichen oder gerichtlichen Entscheidung bedürften schließlich nur die Streitfälle - nicht auf die bloßen Behauptungen des Anlagenbetreibers ankommen dürfe.[229] Das vermag nicht zu überzeugen. Zuzugeben ist zwar, daß der subjektive Ansatz einer Ergänzung durch objektive Kriterien bedarf, um den Mißbrauch durch die Anlagenbetreiber im Streitfalle auszuschließen. Denkbar wäre, daß der Betreiber bei einer Inpflichtnahme die Anlage entsprechend den Erfordernisse umwidmet, um so den Reststoffpflichten zu entgehen. Zu diesem Zwecke die Berücksichtigung des Betreiberwillens völlig zurückzudrängen, hieße jedoch, das Kind mit dem Bade auszuschütten. Möglicherweise unterscheidet sich der vom Anlagenbetreiber vorgetragene Wille von dem Ergebnis der unter Fachleuten bestehenden Verkehrsauffassung. Ausreichend wäre es, für den vorgetragenen Willen des Anlagenbetreibers das Vorhandensein objektiver Anhaltspunkte zu fordern und diesen Willen erst dann unberücksichtigt zu lassen, wenn für das Vorbringen des Anlagenbetreibers keine derartigen objektiven Anhaltspunkte sprechen.[230] Damit wäre erreicht, daß in rechtsmißbräuchlicher Absicht vorgetragene Zwecke nicht berücksichtigungsfähig sind, etwaige Besonderheiten, die der Anlagenbetreiber wünscht, wären aber gleichwohl berücksichtigungsfähig. Der Umstand, daß subjektive Kriterien eines objektivierbaren Anhaltspunktes bedürfen, findet sich auch in anderen Rechtsbereichen. So ist etwa für die Schadensprognose bei der Beurteilung einer polizeirechtlichen Gefahr auf eine Situation abzustellen, wie sie sich einem idealtypischen Beamten darstellt. Gefordert ist hier ein normativ-subjektiver Wahrscheinlichkeitsmaßstab.[231] Eine derartige Betrachtungsweise findet auch bei der Ermittlung des strafrechtlichen Sorgfaltsmaßstabs Anwendung.[232] Es ist deshalb auch im Bereich der Feststellung des Anlagenzwecks insoweit auf die Zweckbestimmung durch den Anlagenbetreiber zurückzugreifen, als sich objektive Anhaltspunkte finden lassen, die eine derartige Zweckbestimmung stützen. Erst in dem Fall, daß eine Zweckbe-

---

229 *Dierkes*, Die Grundpflichten bei der Einstellung des Betriebes genehmigungsbedürftiger Anlagen gemäß § 5 Abs. 3 BImSchG, S. 128; *Jarass*, Bundes-Immissionsschutzgesetz, § 5 Rn. 62.

230 So wohl auch *Rebentisch*, UPR 1989, 209 (211).

231 Vgl. *Drews/Wacke/Vogel/Martens*, Gefahrenabwehr, S. 223 mit zahlreichen weiteren Nachweisen.

232 Siehe *Cramer* in: *Schönke/Schröder*, Strafgesetzbuch, § 15 Rn. 131 ff.

stimmung mangels objektiver Anhaltspunkte unbeachtlich ist oder sich eine Zweckbestimmung durch den Anlagenbetreiber überhaupt nicht feststellen läßt, ist auf die Verkehrsanschauung zurückzugreifen.

Die Übertragung in den Bereich des Rückstandsdefinition stützt dieses Ergebnis noch. Läßt sich im Bereich des Immissionsschutzrechts noch einwenden, daß der vom Betreiber bestimmte Zweck des Anlagenbetriebes von der Verkehrsanschauung nur in äußerst wenigen Fällen differieren dürfte, weil die Anlagenbetreibung wiederum einem gewerblichen Zweck dient, der sich anhand der Unternehmung des Betreibers bestimmen läßt, so gilt dies gerade nicht im Bereich der Rückstände. Hier sind es nicht nur gewerbliche Zwecke, die hinter der Innehabung einer Sache stehen, wie dies bei dem Betrieb einer Anlage der Fall ist. Jede private - und sei sie auch für andere noch so unverständliche - Nutzung einer Sache stellt einen möglichen Zweck dar. Die Anschauung des Verkehrs dürfte deshalb in manchen Fällen den Interessen des Besitzers nur unzureichend Rechnung tragen.

Eine Unbeachtlichkeit der Zweckbestimmung durch den Besitzer ergibt sich demzufolge nicht. Entsprechend des Wortlautes des Definitionsansatzes ist nur bei einer Nicht-Feststellbarkeit oder einer Unbeachtlichkeit auf die Verkehrsauffassung zurückzugreifen.

§ 3 Abs. 1 S. 1 Nr. 3 KrW-/AbfGE, auf den sich Satz 2 ebenfalls bezieht, erwähnt den Begriff des Vorgangs allerdings nicht. Er spricht davon, daß eine dem Zweck der Sache entsprechende Verwendung entfällt oder aufgegeben wird. Der Vorgang, der in Satz 2 gemeint sein könnte, kann allein das Entfallen und das Aufgeben der zweckentsprechenden Verwendung sein, weil diese in ihren Folgen dynamischen Vorgänge die Einstufung einer Sache als Rückstand begründen sollen. Damit richtet sich die Begründung der Rückstandseigenschaft im Sinne von § 3 Abs. 1 S. 1 Nr. 3 KrW-/AbfGE primär danach, ob der Besitzer eine zweckentsprechende Verwendung beenden will und die Sache auch nicht anderweitig verwenden will. Insbesondere die zweite Voraussetzung läßt dem Rückstandsbesitzer einen weiten Spielraum. Letztlich hängt es doch wieder von seinem Willen ab, ob er die Sache einer weiteren Verwendung, sei es eine eigene oder durch einen Dritten zuführen will, oder ob er der Sache jeden Verwendungszweck entziehen will. Dann erst ist die Rückstandseigenschaft begründet.

Hat - entsprechend der dargestellten Auslegung von § 3 Abs. 1 S. 1 Nr. 3 KrW-/ AbfGE - der Abfallbesitzer keine wie immer geartete Verwendung für die betreffende Sache, so liegt ein Rückstand vor. Eine Verwendung kann auch die Weitergabe an einen Dritten sein, der die Sache zu dem gleichen oder einem anderen Zweck einsetzen will. Gründe für eine enge Betrachtungsweise dieses Umstandes sind nicht ersichtlich. Eine Beschränkung der in diesem Zusammenhang zulässigen Zwecke kann sich nur aus dem Gesetzentwurf selbst ergeben. Wenn ein zulässiger Zweck in diesem Zusammenhang auch die Verwertung als Sekundärrohstoff oder die Entsorgung als Abfall wäre, liefen die Regelungen des Kreislaufwirschafts- und Abfallgesetzes leer, weil ihr Anwendungsbereich praktisch niemals eröffnet wäre. Damit können innerhalb der Rückstandsdefinition zu berücksichtigende Zwecke des Abfallbesitzers nicht sein, die Sache zukünftig als Abfall ablagern zu wollen oder diese als Sekundärrohstoff zu verwerten. Der Rückstandsbegriff nach § 3 Abs. 1 S. 1 Nr. 3 KrW-/AbfGE erfaßt damit im Ergebnis all diejenigen Stoffe, die der subjektive Abfallbegriff des § 1 Abs. 1 S. 1 AbfG dann erfaßt hat, wenn man den Entledigungsbegriff im Wege der richtlinienkonformen Auslegung auf die Entledigung zur Verwertung ausgedehnt hat.[233]

Daneben ist aber - wie oben erörtert - erforderlich, daß die Voraussetzungen von § 3 Abs. 3 KrW-/AbfGE vorliegen. Hierbei handelt es sich um ein objektives Kriterium, weil es allein an die tatsächlichen Gegebenheiten zur Verwertung einer Sache anknüpft. Auf den Willen des Besitzers zur Entsorgung als Abfall oder Verwertung als Sekundärrohstoff kommt es dabei nicht an. Gleichwohl bleibt aber mitbegründendes Merkmal, daß jeder Verwertungszweck der Sache entfallen sein muß. Dieser Umstand stellt, wie dargestellt, ein subjektives Kriterium dar. Damit kann die Einstufung einer Sache als Abfall nach § 3 Abs. 1 S. 1 Nr. 3, Abs. 3 KrW-/AbfGE sowohl von objektiven als auch von subjektiven Aspekten abgängen. Man kann diese Verbindung von Maßstäben auch dergestalt ausdeuten, daß Abfälle diejenigen Sachen sind, für die der Besitzer keine Verwendung mehr hat, wenn diese nicht zu verwerten sind. Es handelt sich dann um einen um ein objektives Kriterium eingeschränkten subjektiven Abfallbegriff. Von einer vollständigen Aufgabe des subjektiven Abfallbegriffes kann daher im Ergebnis nicht gesprochen werden.

---

233 Siehe oben, Zweiter Teil, C III 2.

IV. Erweiterung des objektiven Abfallbegriffs?

Im Bereich des bisherigen objektiven Abfallbegriffs stellt der Regierungsentwurf alternativ auf eine Reihe von Faktoren ab. Zunächst ist es zur Begründung der Abfalleigenschaft gemäß § 3 Abs. 3 KrW-/AbfGE ebenfalls erforderlich, daß eine Verwertung der betreffenden Sachen nicht in Betracht kommt, was nach den Regelungen des § 4 KrW-/AbfGE zu beurteilen ist. In diesem Zusammenhang bleibt auch das Wohl der Allgemeinheit ein zu berücksichtigendes Element.

Mit § 3 Abs. 1 S. 1 Nr. 1 und 2, sowie Nr. 4 und 5 KrW-/AbfGE können neben dem subjektiven Bestandteil der Nr. 3[234] andere Faktoren die Rückstandseigenschaft begründen. Die Vorschrift des § 3 Abs. 1 Nr. 1 KrW-/AbfGE knüpft an den Betrieb einer nach dem Bundes-Immissionsschutzgesetz genehmigungsbedürftigen Anlage an. Die Formulierung ist Nr. I. 2.1 des Musterentwurf des Länderausschusses für Immissionsschutz für eine Verwaltungsvorschrift zu § 5 Abs. 1 Nr. 3 BImSchG entlehnt und entspricht insoweit auch der in Literatur und Rechsprechung herrschenden Meinung in Bezug auf den Inhalt des Reststoffbegriffs im Sinne von § 5 Abs. 1 Nr. 3 BImSchG.[235] Dieses Regelungsmodell hat sich der Gesetzesentwurf wohl zum Vorbild genommen, wenn er in § 3 Abs. 1 S. 1 Nr. 2 KrW-/AbfGE eine Übertragung auf jede Art von Nutzungen von Stoffen, Erzeugnissen sowie auf Dienstleistungen überträgt.[236] § 3 Abs. 1 S. 1 Nr. 4 KrW-/AbfGE stellt schließlich einen Auffangtatbestand zu den Nummern 1 bis 3 dar.[237] Nach Nr. 5 schließlich sind Rückstände aus der Bodensanierung Rückstände, soweit sie nicht nach der Reinigung unmittelbar vor Ort wieder in den Boden eingebracht werden.

---

234 Siehe oben, Zweiter Teil, D II.

235 Siehe hierzu bereits oben, Zweiter Teil D III; vgl. *Rehbinder*, DVBl. 1989, 496 (497); *Hansmann*, NVwZ 1990, 409 (410); *VGH BW*, Urteil vom 18. März 1991 - 3 S 2223/91, UPR 1992, 351 (352).

236 Kritisch hierzu *Fluck*, DVBl. 1989, 590 (598). Ob allerdings das unterschiedliche Gefährdungspotential der beim Betrieb immissionsschutzrechtlich genehmigungsbedürftiger Anlagen anfallender Stoffe und von Stoffen, die bei sonstigen Tätigkeiten anfallen, tragendes Argument für die Ablehnung einer derartigen Übertragung sein kann, ist zweifelhaft. Auch die unterschiedliche Gefährlichkeit von im Rahmen immissionsschutzrechtlich genehmigten Betriebes angefallenen Reststoffen war über diese Formulierung zu regeln. Es ist daher nicht einsichtig, warum dies bei der allgemeinen Nutzung nicht möglich sein sollte.

237 BR-Drs. 245/93 (Gesetzentwurf), S. 124.

E. Richtlinienkonformität des deutschen Abfallbegriffs

I. Äquivalenz der Abfallbegriffe

Im Ergebnis läßt sich damit festhalten, daß der subjektive Abfallbegriff des geltenden deutschen Abfallrechts nach dem Abfallgesetz in seiner richtlinienkonformen Auslegung inhaltlich mit dem subjektiven Abfallbegriff der Abfallrahmenrichtlinie übereinstimmt, sofern man dem hier vertretenen Interpretationsansatz zum Entledigungsbegriff folgt.[238] Hinsichtlich des objektiven Abfallbegriffs beläßt das Gemeinschaftsrecht den Mitgliedstaaten das Recht, Entledigungspflichten zu begründen. Mangels der Begründung eigener Entledigungspflichten durch das Gemeinschaftsrecht ist damit derzeit der deutsche objektive Abfallbegriff identisch mit dem der Abfallrahmenrichtlinie. Damit ist hinsichtlich des Anwendungsbereichs des Abfallrechts der Gemeinschaft und des geltenden Abfallrechts der Bundesrepublik Deutschland insgesamt kein Unterschied feststellbar. Über die die Anwendung einschränkende Bestimmung des § 1 Abs. 3 Nr. 6 und 7 AbfG werden allerdings die zur Verwertung bestimmten Abfälle von den materiellen Pflichten des Abfallgesetzes ausgenommen. Für sie bestehen keine weiteren abfallrechtlichen Bestimmungen.[239]

Soweit es den Rückstands- und Abfallbegriff des Entwurfs der *Bundesregierung* zu einem Kreislaufwirtschafts- und Abfallgesetz betrifft, kann sich der Stellungnahme des Bundesrates,[240] daß das Begriffssystem des Entwurfs mit dem geltenden Recht oder vorgesehenen weiteren Rechtsänderungen - auch der Europäischen Gemeinschaften - inkompatibel ist, angeschlossen werden. Der deutsche Abfallbegriff muß an das EG-Recht angepaßt werden. Dies ist eine Forderung, die die Bundesrepublik als Auftrag aus Erwägungsgrund Nr. 3 der Richtlinie 91/156/EWG trifft. Im Sinne einer notwendigen Gesetzesklarheit sollten deshalb die Begriffe der EG-Richtlinie über Abfälle (91/156/EWG) in das bundesdeutsche Recht übernommen werden. Inhaltlich sind die Regelungen von denen des Abfallgesetzes nicht zu unterscheiden.

---

238 So wohl auch *Bickel*, NuR 1992, 361 (368).

239 Zu den Folgen unten, Zweiter Teil, E II und III.

240 BR-Drs. 245/92 (Beschluß), S. 5 ff.

Auch im Rahmen des Entwurfs der *Bundesregierung* sind von den Verbringungsregelungen nur die zur Verwertung bestimmten Abfälle erfaßt.[241]

II. Bedeutung der richtlinienkonformen Auslegung im nationalen und im Gemeinschaftsrecht

Im Wege der richtlinienkonformen Auslegung kann dem subjektiven Abfallbegriff des deutschen Abfallgesetzes in seiner geltenden Fassung ein Inhalt beigemessen werden, der mit dem subjektiven Abfallbegriff der Abfallrahmenrichtlinie übereinstimmt.[242] Durch die Methode der richtlinienkonformen Auslegung gelingt es damit, das Recht der Mitgliedstaaten in diesen *anwendbar* zu machen, indem es von dem Makel der Unanwendbarkeit aufgrund Verfassungswidrigkeit bzw. EG-rechtswidrigkeit[243] befreit wird, die dadurch entsteht, daß das richtlinienwidrige Recht gegen Gemeinschaftsrecht als höherrangiges Recht verstößt.[244] Eine so verstandene richtlinienkonforme Auslegung findet ihre Grundlagen in den Vorschriften des nationalen Rechts, im bundesdeutschen Recht in der Vermutung, daß der Gesetzgeber bei der Umsetzung von Richtlinien ein mit höherrangigen Vorschriften zu vereinbarendes Recht schaffen wollte.[245] Zu diesem höherrangigen Recht

---

241 Die nachfolgenden Ausführungen können daher entsprechend auf das Kreislaufwirtschafts- und Abfallgesetz bezogen werden.

242 Siehe oben, Zweiter Teil, C III 2.

243 *Di Fabio*, NJW 1990, 947 (950); *BVerfG*, Urteil vom 22. Oktober 1986, 2 BvR 197/83, BVerfGE 73, 339 (375).

244 *BVerfG*, Urteil vom 22. Oktober 1986 - 2 BvR 197/83, BVerfGE 73, 339 (375); Urteil vom 14. April 1987 - 1 BvR 332/86, BVerfGE 75, 201 (218); Urteil vom 24. April 1985 - 2 BvF 2, 3, 4/84 und 2/84, BVerfGE 69, 1 (55); Urteil vom 7. Mai 1953 - 1 BvL 104/52, BVerfGE 2, 267 (282); *EuGH*, Urteil vom 15. Juli 1964 - Rs. 6/64 (Costa/ENEL), Slg. 1964, 1251 (1269 ff.); Urteil vom 13. Februar 1969 - Rs. 14/68 (Wilhelm/Bundeskartellamt), Slg. 1969, 1 (15 ff.); Urteil vom 17. Dezember 1970 - Rs. 11/70 (Internationale Handelsgesellschaft/Einfuhr- und Vorratsstelle Getreide), Slg. 1970, 1125 (1135 ff.); Urteil vom 13. Juli 1972 - Rs. 48/71 (Kommission/Italien), Slg. 1972, 529 (534 ff.); Urteil vom 9. März 1978 - Rs. 106/77 (Staatliche Finanzverwaltung/Simmenthal), Slg. 1978, 629 (634 ff.); Urteil vom 13. Dezember 1979 - Rs. 44/79 (Hauer/Land Rheinland-Pfalz), Slg. 1979, 3727 (3728 ff.); *Beutler* in: *Beutler/Bieber/Pipkorn/Streil*, Die Europäische Gemeinschaft - Rechtsordung und Politik, S. 97 ff.; vgl. zu den Grundlagen der richtlinienkonformen Auslegung *Jarass*, EuR 1991, 211 (215 ff.); zum Problem der Folgen der EG-rechtswidrigkeit nationalen Rechts siehe die angegebene Rechtsprechung des *Europäischen Gerichtshofes* sowie *Bleckmann*, Europarecht, S. 297 ff.

245 *BVerfG*, Urteil vom 14. April 1987 - 1 BvR 332/86, BVerfGE 75, 201 (218); Urteil vom 24. April 1985 - 2 BvF 2, 3, 4/84 und 2/84, BVerfGE 69, 1 (55); Urteil vom 7. Mai 1953 - 1 BvL 104/52, BVerfGE 2, 267 (282); aus der Literatur *Stern*, Das Staatsrecht der Bundesrepublik Deutschland, Bd. III/1, S. 1316 ff. mit zahlreichen Nachweisen; siehe hierzu auch bereits oben, Zweiter Teil, C II 2 a).

zählen auch die Regelungen des Gemeinschaftsrechts.[246] Die richtlinienkonforme Auslegung stellt, so verstanden, einen Unterfall des Rechtsinstituts der verfassungskonformen Auslegung dar. Die sich zu einem Auslegungsgebot verstärkende Vermutung setzt in dem Moment ein, in dem der nationale Gesetzgeber die Vorschriften entsprechend der innerstaatlichen Kompetenzverteilung erläßt. Sie ist deshalb nicht an den Ablauf der Umsetzungsfrist gebunden. Auch der Umstand, daß eine richtlinienkonforme Auslegung auch zu Lasten eines einzelnen oder der Bürger gehen kann, hindert die Vornahme einer solchen nicht, solange sie innerhalb des Spielraums bleibt, den das auszulegende nationale Recht und das Rechtsstaatsprinzip vorgeben.[247] Gründet man das Gebot richtlinienkonformer Auslegung daneben auch auf eine gemeinschaftsrechtliche Rechtsfortbildung, so ergibt sich kein Unterschied, weil auch in diesem Fall eine Verpflichtung zu richtlinienkonformer Auslegung erst zum Tragen kommt, wenn und soweit das nationale Recht Auslegungsspielräume eröffnet.[248] Die richtlinienkonforme Auslegung wirkt damit auch nach diesem Ansatz unmittelbar auf das Recht der Mitgliedstaaten ein.

Daß eine zum Zwecke der Herstellung der Anwendbarkeit einer Vorschrift vorgenommene richtlinienkonforme Auslegung Erfolg hatte, bedeutet allerdings noch nicht, daß damit die Frage nach der *gemeinschaftsrechtmäßigen Umsetzung* der Richtlinie in nationales Recht ebenfalls zu bejahen ist. Durch die Schaffung von Vorschriften, die im Wege der richtlinienkonformen Auslegung als mit dem Gemeinschaftsrecht übereinstimmend interpretiert werden können, hat der Mitgliedstaat zwar seine innerstaatliche, sich aus der jeweiligen Verfassung ergebende und gegenüber seinen Bürgern bestehende Pflicht zur Schaffung verfassungsmäßigen Rechts erfüllt. Nicht beantwortet ist mit einer richtlinienkonforme Auslegung des nationalen Rechts aber die Frage, ob der Mitgliedstaat auch seine, sich aus Art. 189 Abs. 3 EGV gegenüber der Europäischen Gemeinschaft ergebende Pflicht zur Umsetzung der Richtli-

---

246 Dem Gemeinschaftsrecht kommt insofern ein Anwendungsvorrang zu; vgl. hierzu *EuGH*, Urteil vom 20. September 1988 - Rs. 190/87 (Oberkreisdirektor des Kreises Borken/Moormann), Slg. 1988, 4689 (4722); *BVerfG*, Urteil vom 14. April 1987 - 1 BvR 332/86, BVerfGE 75, 201 (218); Urteil vom 24. April 1985 - 2 BvF 2, 3, 4/84 und 2/84, BVerfGE 69, 1 (55); *Oppermann*, Europarecht, S. 200 f; *Henrichs*, EuGRZ 1989, 237 (241); *Mögele*, BayVBl. 1989, 577 (579); *Huber*, AöR 116 (1991), 210 (219); *Jarass*, EuR 1991, 211 (215 ff.); *ders.*, Gutachten, S. 32 f.

247 *EuGH*, Urteil vom 10. April 1984 - Rs. 79/83 (Harz), Slg. 1984, 1921 (1942); Urteil vom 8. Oktober 1987 - Rs. 80/86 (Kolpinghuis Nijmegen), Slg. 1987, 3969 (3986).

248 *EuGH*, Urteil vom 12. Juli 1990 - Rs. C-188/89 (Forster), EuZW 1990, 1990, 424 (424); *Jarass*, EuR 1991, 211 (216).

nie durch eine derartige Vorschrift gehörig erfüllt hat, ob, mit anderen Worten, eine erst durch Interpretation richtlinienkonform ausgestaltete Norm den Umsetzungsauftrag der Europäischen Gemeinschaft an den Mitgliedstaat erfüllt.[249] Es ist also die Frage zu stellen, welche Anforderungen das Gemeinschaftsrecht, insbesondere der EG-Vertrag an die Umsetzung von Richtlinien stellt und ob diese im hier vorliegenden Fall durch die Abfalldefinition des § 1 Abs. 1 S. 1 AbfG erfüllt sind.[250]

III. Anforderungen des Gemeinschaftsrechts an die Richtlinienumsetzung

1. Regelungsintensität der Richtlinie und Inhaltstreue des § 1 Abs. 1 AbfG

Nach Art. 189 Abs. 3 EGV sind Richtlinien hinsichtlich ihres Ziels für die Mitgliedstaaten verbindlich, überlassen diesen jedoch die Wahl der Form und der Mittel der Umsetzung. Zweck dieser, nach dem Wortlaut der Bestimmung weitreichenden, mitgliedstaatlichen Freiheit ist es, den Mitgliedstaaten einen *Spielraum* zu lassen, um die gemeinschaftsrechtlichen Vorschriften den Eigentümlichkeiten der jeweiligen nationalen Rechtssysteme anzupassen.[251] In der Rechtsanwendung durch die Organe der Gemeinschaft setzt sich allerdings immer mehr die Auffassung durch, daß es zu einer effektiven Durchsetzung der Politiken der Gemeinschaft erforderlich ist, daß die Mitgliedstaaten im Rahmen ihrer nationalen Möglichkeiten zur Richtlinienumsetzung dasjenige Mittel wählen, daß sich zur *Gewährleistung der praktischen Wirksamkeit* (effet utile) der angestrebten Ziele am besten eignet.[252] Dieser Umstand schränkt die Wahlfreiheit der Mitgliedstaaten bereits weitgehend ein. Darüber hinaus dehnen die Organe der Gemeinschaft

---

249 Vgl. hierzu *Daig/Schmidt* in: *Groeben/Thiesing/Ehlermann* (Hrsg.), Kommentar zum EWG-Vertrag, Art. 189 Rn. 39; Zur unterschiedlichen Wirkung von Umsetzung und richtlinienkonformer Interpretation *Everling*, NVwZ 1993, 209 (212 f.).

250 Damit ist auch noch keine Aussage zu der Frage gemacht, inwieweit eine richtlinienkonforme Auslegung bei der Feststellung der Erfüllung der Pflichten der Mitgliedstaaten aus Art. 5 Abs. 1 EGV in Verbindung mit Art. 189 Abs. 3 EGV durch einen konkreten Umsetzungsakt eine Rolle spielt.

251 *Grabitz* in: *Grabitz* (Hrsg.), Kommentar, zum EWG-Vertrag, Art. 189 Rn. 95; *Daig/Schmidt* in: *Groeben/Thiesing/Ehlermann* (Hrsg.), Kommentar zum EWG-Vertrag, Art. 189 Rn. 39; *Geiger*, EG-Vertrag, Art. 189 Rn. 10.

252 *EuGH*, Urteil vom 8. April 1976 - Rs. 48/75 (Royer), Slg. 1976, 497 (517).

die Richtlinien auch in ihrer Regelungsintensität weiter aus. Dementsprechend enthalten viele Richtlinien nicht bloße Ziele im Sinne von anzustrebenden rechtlichen, wirtschaftlichen oder sozialen Ergebnissen.[253] Auch und gerade im Bereich des Umweltrechts machen sie mal mehr, mal weniger detailreiche Vorgaben, die die Gestaltungsfreiheit der nationalen Gesetzgeber weiter beschränken.[254] Damit verlassen sie den Weg, der für das besondere, ausschließlich gemeinschaftsrechtliche Institut der Richtlinien vorgesehen war. Hieraus ergeben sich Probleme im Hinblick auf die Implementierung der getroffenen Regelungen in die nationalen Rechtssysteme vor allem für den Vollzug der gemeinschaftsrechtlichen Regelungen. Unter Hinweis auf eine gewohnheits- und richterrechtliche Weiterentwicklung des Gemeinschaftsrechts werden solche detaillierten Vorschriften in Richtlinien aber im allgemeinen für zulässig gehalten.[255] Im Rahmen von Richtlinien im Bereich der Rechtsharmonisierung dürfte sich das Bedürfnis zu detailreichen Richtlinienbestimmungen bereits aus dem Umstand ergeben, daß ohne eine grundsätzliche und systematische Übereinstimmung der Rechtssysteme eine Harmonisierung der nationalen Vorschriften unerreichbar ist.[256]

Soweit eine Richtlinie mehr als nur eine Zielvorgabe enthält, wird seitens des *Europäischen Gerichtshofs* verstärkt eine genaue Übernahme der Richtlinienregelungen bis hin zu ihrer Worttreue gefordert, sofern die Richtlinie nicht ihrerseits den Mitgliedstaaten einen Handlungsspielraum eröffnet.[257] Eine sinngemäße Übernahme reicht in diesem Fall nicht aus.[258] Ohne ein derartiges Erfordernis wären die konkreten Ziele der Richtlinie nicht erreichbar. Dementsprechend fordert der *Gerichtshof*, daß die Anwendung der jeweiligen Richtlinie sowohl in rechtlicher als auch in tatsächlicher Hinsicht in klarer und bestimmter Weise gewährleistet sein muß.[259] Maßstab der Be-

---

253 Hierzu *Bleckmann*, Europarecht, S. 85; Zu den Gründen *Jarass*, Manuskript, S. 102 f.

254 *Geiger*, EG-Vertrag, Art. 189 Rn. 10.

255 *Bleckmann*, Europarecht, S. 87 f.

256 *Daig/Schmidt* in: *Groeben/Thiesing/Ehlermann* (Hrsg.), Kommentar zum EWG-Vertrag, Art. 189 Rn. 37.

257 *Everling*, NVwZ 1993, 209 (213) mit weit. Nachw.; siehe die Ausführungen zum Gleichwertigkeitsansatz bei *Jarass*, Manuskript, S. 87 ff.

258 *EuGH*, Urteil vom 28. Februar 1991 - Rs. C-131/88 (Kommission/Deutschland), Slg. 1990, I-825 (I-867); Urteil vom 6. Mai 1980 - Rs. 102/79 (Kommission/Belgien), Slg. 1982, 1473 (1479); Urteil vom 15. März 1990 - Rs. C-339/87 (Kommission/Niederlande), Slg. 1990, I-851, (I-880); *Bleckmann*, Europarecht, S. 92, spricht von eine Pflicht der Mitgliedstaaten, den Richtlinieninhalt im Regelfall wörtlich zu übernehmen.

259 *EuGH*, Urteil vom 28. Februar 1991 - Rs. C-131/88 (Kommission/Deutschland), Slg. 1990, I-825 (I-879).

urteilung ist dabei, ob der Bürger seine sich aus den Richtlinien ergebenden Rechte im nationalen Recht wiederfinden und durchsetzen kann. In der Entscheidung über die Umsetzung der Grundwasserrichtlinie[260] durch die Bundesrepublik Deutschland durch das Wasserhaushaltsgesetz vom 28. Februar 1991[261] führt der *Europäische Gerichthof* aus, daß eine Umsetzung des Art. 7 der Richtlinie, der besagt, daß vor der Zulassung von bestimmten Gewässereinleitungen Untersuchungen der hydrogeologischen Bedingungen, der Reinigungskraft des Bodens und die der Gefahren von Beeinträchtigungen der Grundwasserqualität vorgenommen werden müssen, durch eine Anwendung der allgemeinen Vorschriften über die Untersuchung im Verwaltungsverfahren der §§ 24 bis 26 VwVfG nicht den Anforderungen genügt, die das Erfordernis der Rechtssicherheit an eine Richtlinienumsetzung stellt.[262] Den Grund hierfür sieht der *Gerichtshof* darin, daß Art. 7 der Richtlinie im einzelnen genau festlegt, welche Untersuchungen zwingend durchzuführen sind, während die bundesdeutschen Regelungen des Verwaltungsverfahrensgesetzes der Behörde diesbezüglich einen Spielraum lassen. Damit ergebe sich nicht mit der notwendigen Sicherheit, daß die Behörde die in Art. 7 der Richtlinie vorgesehenen Untersuchungen auch durchführt.[263]

Der Grund für die Forderung des *Europäischen Gerichtshofs* zu klarer und bestimmter Umsetzung einer Richtlinie liegt in der Absicht, dem Gemeinschaftsrecht zu seiner *effektiveren Durchsetzung* zu verhelfen, als dies in der Vergangenheit geschehen ist. Die mangelhafte Umsetzungspraxis einiger Mitgliedstaaten dürfte den *Gerichtshof* zu einer derartigen Reaktion veranlaßt haben.[264] Eine Effektivierung der gemeinschaftsrechtlichen Politiken kann dadurch geschehen, daß die Bürger veranlaßt werden, ihre, sich aus dem Gemeinschaftsrecht ergebenden Rechte wahrzunehmem. Mittel des *Gerichtshofes*, eine sich verstärkende Rechtswahrnehmung durch die Bürger zu gewährleisten, sind die Begründung subjektiver Rechte der Bürger um diesen

---

260 Richtlinie 80/68/EWG des Rates vom 17. Dezember 1979 über den Schutz des Grundwassers gegen Verschmutzung durch bestimmte gefährliche Stoffe (ABl. 1980 Nr. L 20 vom 26. Januar 1980, S. 43 ff.).

261 *EuGH*, Urteil vom 28. Februar 1991 - Rs. C-131/88 (Kommission/Deutschland), Slg. 1990, I-825.

262 *EuGH*, Urteil vom 28. Februar 1991 - Rs. C-131/88 (Kommission/Deutschland), Slg. 1990, I-825 (I-879).

263 Siehe auch *Everling*, NVwZ 1993, 209 (212).

264 *Everling*, NVwZ 1993, 209 (215); *Jarass*, Manuskript, S. 40.

Rechtsschutzmöglichkeiten an die Hand zu geben,[265] die unmittelbare Anwendung von Richtlinien in Fällen, in denen eine sie begünstigende Regelung seitens der Mitgliedstaaten nicht umgesetzt wird,[266] die richtlinienkonforme Auslegung für Regelungen, die für eine unmittelbare Anwendung nicht in Betracht kommen[267] und schließlich, unterstützend, die Begründung von Schadenersatzansprüchen der Bürger gegen den Mitgliedstaat bei unterbliebener oder mangelhafter Umsetzung einer Richtlinie.[268]

Für die Umsetzung durch die Mitgliedstaaten bedeutet dies, daß diese trotz aller entstehenden Schwierigkeiten bestrebt sein sollten, eine wortgetreue Umsetzung der gemeinschaftsrechtlichen Regelungen in den Richtlinien vorzunehmen. Anderenfalls muß mit einer entsprechenden Entscheidung des *Gerichtshofs* gerechnet werden, die die mangelhafte Umsetzung der jeweiligen Richtlinie feststellen wird. Dies gilt auch insoweit, als eine unterschiedliche Struktur der gemeinschaftsrechtlichen und der mitgliedstaatliche Rechtssysteme in der konkreten Anwendung zu dem gleichen materiellen Ergebnis führt. Verlangt werden dürfte auch in diesem Fall eine wortgetreue Umsetzung der Richtlinienvorgaben.[269]

Im Hinblick auf die Festlegung des Abfallbegriff hat der *Rat der Europäischen Gemeinschaften* durch die Vornahme einer Definition innerhalb der Abfallrahmenrichtlinie die regelungsintesivste Form der Vorgabe gewählt. Die Definition legt fest, für welche Stoffe die einzelnen materiellen Regelungen des Abfallrechts Anwendung finden sollen. Eine Übertragung in das nationale Recht ist nur durch eine *inhaltsgleiche Übertragung* dieses

---

265 Zur Begründung subjektiver Rechte: *EuGH*, Urteil vom 28. Februar 1991 - Rs. C-131/88 (Kommission/Deutschland), Slg. 1990, I-825 (I-867); *Jarass*, Manuskript, S. 35 ff.

266 Zur unmittelbaren Anwendung: *EuGH*, Urteil vom 17. Dezember 1970 - Rs. 33/70 (S.A.C.E./Finanzministerium Italiens), Slg. 1970, 1213 ff.; Urteil vom 1. Februar 1977 - Rs. 51/76 (Nederlandse Ondernemingen/Inspecteur der Invoerrechten en Accijnzen), Slg. 1977, 113 ff.; Urteil vom 29. November 1978 - Rs. 21/78 (Delkvist/Anklagemyndigheden), Slg. 1978, 2327 ff.; Urteil vom 5. April 1979 - Rs. 148/78 (Ratti), Slg. 1979, 1629 ff.; Urteil vom 22. September 1983 - Rs. 271/82 (Ministére public/Auer), Slg. 1983, 2727 ff.; Urteil vom 4. Dezember 1986 - Rs. 71/85 (Niederlandische/Federatie Nederlandse Vakbeweging), Slg. 1986, 3855 ff.; Urteil vom 20. September 1988 - Rs. 190/87 (Oberkreisdirektor des Kreises Borken/Moormann), Slg. 1988, 4689 ff.

267 Zur richtlinienkonformen Auslegung: *EuGH*, Urteil vom 10. April 1984 - Rs. 14/83 (v. Colson und Kamann), Slg. 1984, 1891 ff.; Urteil vom 10. April 1984 - Rs. 79/83 (Harz), Slg. 1984, 1921 ff.; Urteil vom 8. Oktober 1987 - Rs. 80/86 (Kolpinghuis Nijmegen), Slg. 1987, 3969 ff.; Urteil vom 20. September 1988 - Rs. 31/87 (Beentjes/Niederländischer Staat), Slg. 1988, 4635 ff.; Urteil vom 7. November 1989 - Rs. 125/88 (Nijman), Slg. 1988, 3533 ff.

268 Zu Schadensersatzansprüchen: *EuGH*, Urteil vom 19. November 1991 - verb. Rs. C-6/90 und C-9/90 (Francovich u. a.), Slg. 1990, I-5357 ff.

269 So auch *Jarass*, Manuskript, S. 39 und *Everling*, NVwZ 1993, 209 (212).

Rechtssatzes in die mitgliedstaatlichen Bestimmungen möglich. Für die materielle Gleichheit der nationalen Regelungen ist es daher eigentlich nicht erforderlich, daß der Abfallbegriff als solcher transformiert wird. Ausreichend wäre in diesem Zusammenhang, daß gewährleistet ist, daß inhaltlich Regelungen für alle Stoffe, die im gemeinschaftsrechtlichen Sinne Abfall darstellen, getroffen sind, die materiell mit denen der Abfallrahmenrichtlinie übereinstimmen.[270] Im Hinblick auf die Stärkung der Rechtsposition der Bürger durch eine klare und bestimmte Umsetzung der Abfallrahmenrichtlinie dürfte dies allerdings nicht ausreichend sein. Für den Bürger ergeben sich nämlich durch auseinanderfallende Regelungen des gemeinschaftlichen Abfallrechts Schwierigkeiten bei der Feststellung, welchem Recht bestimmte Stoffe unterfallen sollen. Es kommt zur Existenz eines gespaltenen Abfallbegriffs. So führt auch der Bundesrat in seiner Stellungnahme zu der Abfalldefinition des Kreislaufwirtschafts- und Abfallgesetz aus:

"Ein derartiges Vorgehen ist vollzugsunfreundlich und wirtschaftsfeindlich. Weder den Verantwortlichen in Industrie und Wirtschaft noch den Mitarbeitern der Vollzugsbehörden ist es zumutbar, bei gleichen Tatbeständen mit unterschiedlichen Begriffen umgehen zu müssen. Abfälle der Wirtschaft werden nicht nur in Deutschland, sondern auch in der EG und der OECD verwertet, so daß die internationalen Abkommen und supranationale Regelungen zu beachten sind. Hierauf haben auch die innerstaatlichen Rechtsregeln aufzubauen. Nur dadurch kann ein effizienter Vollzug gewährleistet werden."[271]

Diese Ausführungen gelten auch für den Abfallbegriff des Abfallgesetzes. Daneben sind die Rechtsfolgen verschiedener nationaler Regelungssysteme oft nicht miteinander zu vergleichen, so daß nur schwer erkennbar ist, ob bestimmte nationale Anforderungen den gemeinschaftsrechtlichen Voraussetzungen genügen. Zu verlangen ist daher entsprechend der oben gefundenen Ergebnisse vielmehr auch eine in systematischer und begrifflicher Hinsicht angeglichene nationale Rechtsvorschrift für die Festlegung des Abfallbegriffs.[272] Dieses Leistungsprofil kann nur ein Abfallbegriff erfüllen, der wortidentisch mit dem der Abfallrahmenrichtlinie ist. Die Übernahme des gemeinschaftsrechtlichen Abfallbegriff in das nationale System des Abfallrechts ist damit erforderlich zur pflichtgemäßen Umsetzung der Abfallrahmenricht-

270 Siehe oben, Zweiter Teil, A.

271 BR-Drs. 245/93 (Beschluß), S. 7.

272 *Jarass*, Manuskript, S. 39; *Everling*, NVwZ 1993, 209 (212).

linie im Hinblick auf die Pflichten der Bundesrepublik Deutschland aus Art. 5 Abs. 1 EGV und Art. 189 Abs. 3 EGV.[273]

Für dieses Ergebnis spricht auch, daß Erwägungsgrund Nr. 3 der Änderungsrichtlinie 91/156/EWG zur Abfallrahmenrichtlinie ausdrücklich erwähnt, daß für eine effizientere Abfallbewirtschaftung in der Gemeinschaft eine gemeinsame Terminologie und eine einheitliche Definition der Abfälle erforderlich ist.[274] Die Schaffung eines funktionierenden Abfallbewirtschaftungssystems als Beitrag zum Umweltschutz ist aber das Ziel der auf die umweltrechtliche Kompetenznorm des Art. 130s EGV gestützten Richtlinie. Ist aber zur Zielerreichung die Schaffung eines einheitlichen Begriffsystems erforderlich, so ergibt sich: Wegen der Pflicht der Mitgliedstaaten zur effektiven Umsetzung der Richtlinie nach Art. 5 Abs. 1 EGV und Art. 189 Abs. 3 EGV kann in dem Hinweis in Erwägungsgrund Nr. 3 eine zusätzliche Aufforderung an die Mitgliedstaaten gesehen werden, bei der Umsetzung der Richtlinie besonders auf ein einheitliches Begriffssystem zu achten. Ohne ein derartiges System sind die Ziele der Richtlinie nicht erreichbar, ein anderweitig organisiertes Abfallbewirtschaftungssystem nicht EG-rechtskonform.

Zu dem Schluß, daß eine ordnungsgemäße Umsetzung durch die Bundesrepublik Deutschland im Wege der Schaffung des Abfallgesetzes nicht erfolgt ist, ist auch die *Kommission der Europäischen Gemeinschaften* gekommen. Sie hat am 18. Dezember 1992 Klage gemäß Art. 167 Abs. 1 EGV erhoben,[275] mit der sie die fehlerhafte Umsetzung der Abfallrahmenrichtlinie im Hinblick auf den Abfallbegriff rügt. Die Klage ist diesbezüglich allerdings beschränkt auf den Einwand, daß § 1 Abs. 3 Nr. 7 AbfG gegen die genannte Richtlinie verstoße, weil die rechtliche Einordnung wiederverwendbarer und wiederverwertbarer Stoffe als Abfall nicht zur Disposition des Mitgliedstaates stehe. Daß die Kommission die Abfalldefinition des Abfallgesetzes aber im übrigen für EG-rechtskonform hält, kann hieraus aber nicht gefolgert werden. Art. 169 EGV hindert den *Gerichtshof* nicht, weitere Mängel der Umsetzung festzustellen.

Im Ergebnis läßt sich damit festhalten, daß das bundesdeutsche Abfallrecht den Anforderungen des Art. 189 Abs. 3 EGV zur Umsetzung der Abfallrah-

---

273 BR-Drs. 245/93 (Beschluß), S. 7.

274 ABl. Nr. L 78 vom 26. März 1991, S. 32.

275 Rs. C-422/92, vgl. Mitteilung 93/C 35/09 (ABl. Nr. C 35 vom 9. Februar 1993, S. 6 f.).

menrichtlinie im Hinblick auf den Abfallbegriff nicht erfüllt, weil es die vorgegebene Definition nicht mit der notwendigen Präzision in das nationale Recht überträgt.

2. Kongruenz des Anwendungsbereichs der verbringungsrechtlichen Regelungen

Im Hinblick auf den Anwendungsbereich der Verbringungsregelungen des nationalen und des EG-Rechts ergibt sich, daß das Abfallgesetz wegen der Geltungseinschränkung durch § 1 Abs. 3 Nr. 6 und 7 AbfG ausschließlich Bestimmungen über die grenzüberschreitende Verbringung von Abfällen enthält, die einem Beseitigungsverfahren zugeführt werden sollen, nicht hingegen für Stoffe und Gegenstände, die verwertet werden sollen.[276] Im Gegensatz dazu differenziert die Verbringungsrichtlinie nicht in dieser Weise.[277] Nach der EG-Verbringungsverordnung sind zwar Regelungen über zur Beseitigung und über zur Vewertung bestimmte Abfälle zu unterscheiden, die EG-Verbringungsverordnung stellt jedoch auch die zur Verwertung bestimmten Abfälle unter ein Notifizierungserfordernis.[278]

Sofern man dem Ansatz eines weiten Entledigungsbegriffes folgt, ergibt sich daher, daß das nationale Verbringungsrecht der Bundesrepublik Deutschland materiell von den EG-rechtlichen Vorgaben abweicht, weil es die Verbringung zur Verwertung bestimmter Stoffe und Gegenstände keinem Notifizierungserfordernis unterwirft. Das Ergebnis stimmt mit dem eines engen Entledigungsbegriffs überein, weil in diesem Fall die betreffenden Sachen von dem Anwendungsbereich des Abfallgesetzes überhaupt nicht erst erfaßt werden. Die Abweichungen des deutschen Abfallgesetzes von den Vorgaben des EG-Rechts sind damit nicht lediglich begrifflicher Natur. Eine Differenzierung der Intensität materieller Regelungen in Bezug auf Abfälle, die zur Verwertung bestimmt sind und solchen, die beseitigt werden sollen, findet im Aballgesetz nicht statt. Damit ist eine ordnungsgemäße Umsetzung der Abfallrahmenrichtlinie nicht erfolgt, beziehungsweise steht das deutsche Abfallrecht im Widerspruch zu den Regelungen der EG-Verbringungsverordnung.

---

276 Siehe oben, Zweiter Teil, C II 2 d).

277 Siehe oben, Zweiter Teil, B I 1.

278 Siehe oben, Zweiter Teil, B I 2.

IV. Richtlinienkonformität des Abfallbegriffs des Entwurfs zu einem Kreislaufwirtschafts- und Abfallgesetz

Der ermittelte Befund läßt sich hinsichtlich der Begrifflichkeiten auch auf die Regelungen des Entwurfs der *Bundesregierung* zu einem Kreislaufwirtschafts- und Abfallgesetz übertragen. Dessen Regelungen weichen in noch stärkerem Maße von den Vorgaben der Abfallrahmenrichtlinie ab, als die des Abfallgesetzes, weil sie an den Begriff der Entledigung nicht mehr anknüpfen.[279] Materiell trifft der Entwurf der *Bundesregierung* zu einem Kreislaufwirtschafts- und Abfallgesetz in seiner jetzigen Form Verbringungsregelungen gemäß § 44 Abs. 1 Krw-/AbfGE nur für Abfälle, also für zur Beseitigung bestimmte Reststoffe. Wiederum bleiben die zur Verwertung bestimmten Sachen ausgespart. Der Entwurf zu einem Verbringungsgesetz modifiziert diese Regelungen allerdings insoweit, als daß hiernach auch zur Vewertung bestimmte Reststoffe erfaßt sind und gemäß den Vorgaben der EG-Verbringungsverordnung modifiziert sind.[280] Es bleibt allerdings bei den Unterschieden in der Systematik des Abfallbegriffes selbst.

---

279 Siehe oben, Zweiter Teil, D III.

280 Siehe oben, Erster Teil, C III 4.

Dritter Teil

Der Anspruch des Abfallverbringers auf Erteilung der Verbringungsgenehmigung und der Notifizierungsbestätigung

A. § 13 Abs. 1 S. 2 AbfG als ermessensgewährende Norm

I. Inhalt des durch § 13 Abs. 1 S. 2 AbfG vermittelten Ermessens

1. Anspruch auf ermessensfehlerfreie Entscheidung

Die Notwendigkeit einer Genehmigung zur Durchführung einer grenzüberschreitenden Verbringung von Abfällen wirft die Frage auf, ob der Verbringer bei Vorliegen der materiellen Voraussetzungen darauf vertrauen darf, daß die zuständige Behörde ihm die entsprechende Genehmigung erteilen wird. Nach Meinung der überwiegenden Kommentarliteratur gibt die Vorschrift des § 13 Abs. 1 S. 2 AbfG nach seinem Wortlaut und seiner Entstehungsgeschichte demjenigen, der eine grenzüberschreitende Verbringung von Abfall durchführen will, keinen Anspruch auf Erteilung der nach Satz 1 der Vorschrift erforderlichen Genehmigung. Dies gilt sowohl für die Einfuhr, wie auch die Aus- und Durchfuhr von Abfallstoffen. Die Erteilung dieser Genehmigungen sei vielmehr in das Ermessen der entscheidenden Behörde gestellt.[1] Ein subjektives Recht habe der Verbringer lediglich darauf, daß

---

1 So *Kunig* in: *Kunig/Schwermer/Versteyl*, Abfallgesetz, § 13 Rn. 15; *Hösel/v. Lersner*, Recht der Abfallbeseitigung, § 13 AbfG (Nr. 1230) Rn. 5; *Jung* in *Birn/Jung*, Abfallbeseitigungsrecht für die betriebliche Praxis, § 13 AbfG Anm. 1.3; *Hoschützky/Kreft*, Recht der Abfallwirtschaft, § 13 Anm. 2.1; *Bartels*, Abfallrecht - Eine systematische Darstellung, S. 113. Zur Entstehungsgeschichte siehe vorerst nur die Amtliche Begründung zum 3. Änderungsgesetz zum AbfG vom 31. Januar 1985, BT-Drs. 10/849, S. 10.

die zuständige Behörde ihn ermessensfehlerfrei bescheide.[2] Soweit es einen Bescheidungsanspruch des Antragstellers, also den Anspruch auf eine fehlerfreie Verwaltungsentscheidung betrifft, ergibt sich dieser bereits unmittelbar aus dem Umstand des Genehmigungserfordernisses selbst. Wenn schon die Freiheitssphäre des Einzelnen durch das Verlangen nach vorheriger Genehmigung beschränkt wird, ist zumindest die Durchführung eines Genehmigungsverfahrens mit einer Ermessensentscheidung im Hinblick auf seine Grundrechte drittschützend, weil durch das Genehmigungsverfahren seine Belange geschützt werden.[3] Damit hat der Antragsteller ein subjektives Recht auf die Durchführung eines Genehmigungsverfahrens, das mit einer ermessensfehlerfreien Entscheidung der zuständigen Behörde abschließt. Bei Vorliegen der tatbestandlichen Voraussetzungen der jeweiligen Verbringungsart Export, Import oder Transit kann die zuständige Behörde die Genehmigung erteilen. Sie muß dies allerdings nicht, wie sich aus der gesetzlichen Formulierung "darf nur erteilt werden, wenn ..." ergibt. Die Verwendung dieses Terminus impliziert im Wege des Umkehrschlusses ("muß aber nicht ..."), daß selbst bei Vorliegen aller im einzelnen aufgeführten, tatbestandlichen Vorausetzungen der Nummern 1 bis 5 des § 13 Abs. 1 S. 2 AbfG die Genehmigung nicht zwingend zu erteilen ist.[4] Stets verbleibt nämlich der Behörde auch die Möglichkeit, die Genehmigungserteilung zu verweigern oder mit einer Nebenbestimmung nach § 36 Abs. 2 VwVfG zu versehen.[5] Soweit es den praktischen, materiellen Inhalt der Regelung betrifft, stellt das Abfallgesetz die grenzüberschreitende Verbringung von Abfall damit unter ein Verbot, das unter bestimmten Voraussetzungen eine Suspendierung erfahren kann.

Etwas anderes ergibt sich auch nicht aus dem Text der Bestimmungen der auf § 13 Abs. 5 und § 13c Abs. 1 Nr. 1, 3 und 4 AbfG beruhenden, deutschen Abfallverbringungsverordnung.[6] Soweit es die Verbringung von Ab-

---

2 *Bartels*, Abfallrecht - Eine systematische Darstellung, S. 113; zum subjektiven-öffentlichen Recht vgl. bspw. *Erichsen* in: *Erichsen/Martens* (Hrsg.), Allgemeines Verwaltungsrecht, S. 210 ff.

3 *BVerfG*, Urteil vom 20. Dezember 1979 - 1 BvR 387/77 (Mülheim-Kärlich), BVerfGE 53, 30 (65); Beschluß vom 25. Februar 1981 - 1 BvR 413, 768 und 820/80, BVerfGE 56, 216 (241).

4 Vgl. beispielsweise *Henke*, DVBl. 1983, 982 (984); *Menger*, VerwArch 54 (1963), 393 (402) hält allerdings auch den Umkehrschluß ("muß aber dann ...") für denkbar.

5 *Kunig* in: *Kunig/Schwermer/Versteyl*, Abfallgesetz, § 13 Rn. 15.

6 Siehe hierzu bereits oben, Erster Teil, C IV 2.

fällen betrifft, die nicht gefährlich im Sinne von § 5 AbfVerbrV sind,[7] regelt der diesbezüglich einschlägige § 6 AbfVerbrV lediglich marginale Einzelheiten des Genehmigungsverfahrens wie bspw. die Vordruckverwendung (vgl. § 6 Abs. 2 bis 4 AbfVerbrV). Für gefährliche Abfälle - die Abgrenzung erfolgt nach der Liste im Anhang der Abfallbestimmungsverordnung - werden die materiellen Regelungen, wie dies in § 13c AbfG vorgesehen ist, modifiziert. Es wird unterschieden zwischen Verbringungen, die einer Genehmigung im unbeschränkten Genehmigungsverfahren - also einem Verfahren nach der Regelung des § 13 Abs. 1 S. 2 AbfG - bedürfen und solchen, für die ein eingeschränktes Verfahren stattzufinden hat (sog. beschränktes Genehmigungsverfahren). Aus den Regelungen für das unbeschränkte Verfahren ergeben sich keine Besonderheiten, die den materiellen Inhalt der Prüfung der Genehmigungsfähigkeit der Abfallverbringung betreffen. Auch die entsprechenden Bestimmungen des § 9 Abs. 3 und 4 AbfVerbrV behandeln ausschließlich verfahrenrechtliche Aspekte, wie die Unterrichtung betroffener Staaten und die Information beteiligter Zollstellen.

Eine differenzierte Betrachtungsweise kann aber wegen der Vorschriften der §§ 10 bis 13 AbfVerbrV über das beschränkte Genehmigungsverfahren erforderlich sein. Nach § 10 AbfVerbrV ist das beschränkte Genehmigungsverfahren durchzuführen bei dem Export gefährlicher Abfälle aus der Bundesrepublik in einen anderen EG-Mitgliedstaat und dem Transit solcher Abfälle durch die Bundesrepublik Deutschland in einen anderen EG-Mitgliedstaat. Von Interesse ist hier die inhaltliche Regelung der Verfahrensbeschränkung. So bestimmt § 11 Abs. 1 AbfVerbrV, daß die zuständige Genehmigungsbehörde die Voraussetzungen aus § 13 Abs. 1 S. 2 Nr. 1, 2, 4c) und 5 AbfG sowie die Vereinbarkeit des Exports mit bestehenden Abfallentsorgungsplänen oder inhaltsgleichen landesrechtlichen Vorschriften prüft. Hieraus ergibt sich im Gegenschluß, daß im Falle eines Transits die Voraussetzungen der Nr. 4b) und bei einem Export die Voraussetzungen der Nummern 4b) und c) des § 13 Abs. 1 S. 2 AbfG nicht zu prüfen sind.

Bei der Voraussetzung der Nr. 4b) handelt es sich um die Möglichkeit[8] ordnungsgemäßer Entsorgung im Empfängerstaat, die durch ein amtliche Erklärung des Empfängerstaates nachgewiesen werden muß. Die Regelung

---

7 Es handelt sich bei gefährlichen Abfällen in diesem Sinne um die in der Anlage zur AbfBestV aufgeführten Stoffe ohne Rücksicht auf ihre Herkunft.

8 *Kunig* in: *Kunig/Schwermer/Versteyl*, Abfallgesetz, § 13 Rn. 27: Für die Vollzugsebene findet eine Beurteilung nicht statt.

dient unter anderem der Erfüllung völkerrechtlicher Verbindlichkeiten der Bundesrepublik gegenüber der Staatengemeinschaft und dem Empfängerstaat, weil sie dazu beiträgt, Gefahren, die von unsachgemäß entsorgten Abfällen ausgehen, zu verringern.[9] Nr. 4c) bestimmt, daß von der Verbringung keine Beeinträchtigung des Wohls der Allgemeinheit im Inland zu befürchten sein darf und konkretisiert insofern die allgemeine Voraussetzung des § 13 Abs. 1 S. 2 Nr. 1 AbfG.[10] Welche Bedeutung die Befreiung von diesem Erfordernis nach § 11 Abs. 1 AbfG hat, ist unklar. Ob in Fällen des beschränkten Genehmigungsverfahrens der rechtliche Zurechnungszusammenhang für das Handeln ausländischer Hoheitsträger fehlen soll, ist zweifelhaft. Dies würde bedeuten, daß Beeinträchtigungen für das Wohl der (bundesdeutschen) Allgemeinheit, die von Rechtshandlungen der Behörden anderer EG-Mitgliedstaaten ausgingen, unbeachtlich seien. Zumindest eine derart kategorische Betrachtungsweise erscheint aber mit Sinn und Zweck der Voraussetzung der Nr. 1 nicht vereinbar. Es dürfte vielmehr davon auszugehen sein, daß der Voraussetzung der Nr. 4 c) von vornherein nur deklaratorische Bedeutung zukommt[11] und eine Erwähnung in § 11 Abs. 1 AbfVerbrV deshalb eigentlich entbehrlich war.

§ 12 AbfVerbrV regelt daneben die Pflichten der Behörde zur Einhaltung bestimmter Fristen im Ablauf des Genehmigungsverfahrens. Die genannten Vorschriften erwähnen den der Behörde nach dem Wortlaut des § 13 Abs. 1 S. 2 AbfG zustehenden Ermessensspielraum selbst nicht. Allerdings erwähnt § 12 Abs. 2 AbfVerbrV die Möglichkeit, die Genehmigung mit Nebenbestimmungen zu versehen, was nach § 36 VwVfG ohne ausdrückliche Bestimmung nur für einen Verwaltungsakt möglich ist, auf den gerade kein Anspruch besteht, sondern in Ausübung pflichtgemäßen Ermessens zu ergehen hat. Dies spricht dafür, daß die Abfallverbringungsverordnung insofern eine von § 13 Abs. 1 S. 2 AbfG abweichende Regelung nicht treffen wollte. Es ist deshalb davon auszugehen, daß auch nach den Bestimmungen der Abfallverbringungsverordnung ein solcher Spielraum besteht.

---

9 Diese Verbindlichkeiten ergeben sich bspw. aus den eingangs dargestellten internationalen, bi- und mulitlateralen Abkommen, siehe oben Erster Teil, C II. Vgl. auch *Szelinski*, UPR 1984, 364 (368).

10 *Kunig* in: *Kunig/Schwermer/Versteyl*, Abfallgesetz, § 13 Rn. 28; *Hösel/von Lersner*, Recht der Abfallbeseitigung, § 13 AbfG (Nr. 1230) Rn. 19.

11 *Hösel/von Lersner*, Recht der Abfallbeseitigung, § 13 AbfG (Nr. 1230) Rn. 19.

2. Systematik gesetzlicher Verbotsregelungen

a) Präventive Verbote mit Erlaubnisvorbehalt

Ob der Antragsteller einen Anspruch auf die Erteilung der Genehmigung hat, hängt vom Rechtscharakter des jeweiligen Genehmigungstatbestandes ab.[12] Es stellt sich deshalb auch die Frage nach der rechtlichen Einordnung des Genehmigungserfordernisses des § 13 Abs. 1 AbfG im Hinblick auf den der zuständigen Behörde eingeräumten Entscheidungsspielraum. Herkömmlicherweise wird zwischen präventiven und repressiven Verboten unterschieden.[13] Diese Abgrenzung stellt auf die Intensität der vorbeugenden Kontrolle ab.[14] Soll die jeweilige Tätigkeit nicht schlechthin untersagt werden, sondern nur einer vorherigen staatlichen Kontrolle in Form eines Genehmigungserfordernisses zugeführt werden, so spricht man von einem präventiven Verbot. Ergibt in diesem Falle die Einzelfallbetrachtung, daß die Tätigkeit keine Gefahren für die öffentliche Sicherheit in sich birgt, was gesetzestechnisch sowohl durch die positive Feststellung eines Genehmigungstatbestandes als auch die negative Feststellung von Ausschlußgründen erreicht wird, so gebieten es Sinn und Zweck des Genehmigungserfordernisses, diese Tätigkeit zu genehmigen. Präventive Verbote mit Erlaubnisvorbehalt sind dementsprechend in der Regel als gebundene Genehmigungen ausgestaltet. Die Behörde hat bei Vorliegen des Genehmigungstatbestandes keine Befugnis, die Erteilung der Genehmigung zu verweigern. Beispiele für präventive Verbote finden sich zum Beispiel im Baurecht (Baugenehmigung) oder im Bundes-Immissionsschutzgesetz (Anlagengenehmigung). Die jeweiligen Genehmigungserfordernisse suspendieren bis zur anderweitigen Entscheidung die (grundrechtlich geschützte) Baufreiheit oder die Gewerbefreiheit: Durch das Erfordernis, vor dem Beginn der jeweiligen Tätigkeit um eine Genehmigung nachzusuchen, soll nicht diese Tätigkeit schlechthin untersagt werden, vielmehr soll nur überprüft werden, ob auch im konkreten Einzelfall von dieser Tätigkeit keine Gefahren ausgehen. Mit der Erteilung der Genehmigung wird dann

---

[12] Siehe bspw. *Erichsen* in: *Erichsen/Martens* (Hrsg.), Allgemeines Verwaltungsrecht, S. 191.

[13] *Wolff/Bachof*, Verwaltungsrecht I, § 48 II a; *Forsthoff*, Lehrbuch des Verwaltungsrechts, 10. Auflage, S. 267 f.

[14] *Jarass*, Wirtschaftsverwaltungsrecht und Wirtschaftsverfassungsrecht, S. 172.

der grundrechtlich geschützte Freiheitsbereich des Bürgers wiederhergestellt.[15]

b) Repressive Verbote mit Dispensvorbehalt

Rechtfertigen es dagegen die von der bestimmten Tätigkeit ausgehenden Gefahren, diese von vornherein zu verbieten, spricht man von einem repressiven Verbot mit Befreiungsvorbehalt.[16] Dem liegt die gesetzgeberische Wertung zugrunde, das Verhalten des Bürgers aufgrund seiner Gefährlichkeit grundsätzlich zu verbieten, es allerdings - in Ansehung des Übermaßverbotes, Art. 20 Abs. 3 GG - unter bestimmten, tatbestandlich im einzelnen gefaßten Ausnahmen doch zuzulassen. Diese Zulassung - man spricht hier häufig von einem Dispens -[17] steht in der Regel im Ermessen der zuständigen Behörde, um ihr so eine Versagungsmöglichkeit für den Fall des Eintritts bestimmter Umstände zu geben.[18] Typischer Fall eines derartigen repressiven Verbots mit Dispensvorbehalts ist das Verbot, in der Öffentlichkeit Waffen zu tragen, §§ 35, 36 WaffG.[19] Die Gesellschaftsordnung der Bundesrepublik Deutschland hält das Tragen von Waffen in der Öffentlichkeit prinzipiell für unerwünscht, was allerdings nicht bedeutet, das es im Einzelfall nicht genehmigungsfähig ist, beispielsweise für die Begleitung eines Geldtransportes, wenn der Waffenträger eine hinreichende Zuverlässigkeit besitzt.[20] In diesem Fall ergibt sich für den betroffenen Bürger eine erhöhte Eingriffsintensität: Er hat, nicht wie bei einem präventiven Verbot mit Erlaubnisvorbehalt, bei Vorliegen der tatbestandlichen Voraussetzungen einen Anspruch darauf, das jeweilige Verhalten erlaubt zu bekommen, seine Rechtsposition beschränkt sich vielmehr darauf, daß er von der Behörde eine ermessensfehlerfreie Entscheidung verlangen kann. Auf diesen Umstand beschränken sich auch die Möglickkeit der Erlangung von Rechtsschutz.[21]

---

15 *Gusy*, JA 1981, 80 (81); *Schwabe*, JuS 1973, 133 (134); *Wolff/Bachof*, Verwaltungsrecht I, § 48 II a; *Forsthoff*, Lehrbuch des Verwaltungsrechts, 10. Auflage, S. 267 f.; *Kloepfer*, Umweltrecht, S. 119; *Hoppe/Beckmann*, Umweltrecht, S. 117 f.

16 *Jarass*, Wirtschaftsverwaltungsrecht und Wirtschaftsverfassungsrecht, S. 172.

17 Z. B. *Faber*, Verwaltungsrecht, S. 113.

18 *BVerfG*, Urteil vom 8. August 1978 - 2 BvL 8/77, BVerfGE 49, 89 (116).

19 *Faber*, Verwaltungsrecht, S. 112.

20 Beispiel bei *Forsthoff*, Lehrbuch des Verwaltungsrechts, 9. Auflage, S. 258.

21 *Kopp*, Verwaltungsgerichtsordnung, § 113 Rn. 72 ff.

In diese Kategorie könnte auch die Genehmigung nach § 13 Abs. 1 S. 2 AbfG einzuordnen sein. Dafür sprechen könnte, daß der Gesetzgeber in § 2 Abs. 1 S. 1 AbfG zum Ausdruck gebracht hat, daß Abfälle grundsätzlich im Inland zu entsorgen sind. In Ansehung dieses Grundsatzes stellt das Genehmigungserfordernis nach § 13 Abs. 1 S. 1 AbfG eine Befreiung von einem möglicherweise in diesem Grundsatz enthaltenen Verbot der grenzüberschreitenden Verbringung von Abfällen dar.[22]

c) *Ausnahmefall: § 7 Abs. 2 AtG*

Einen Sonderfall in dem Genehmigungsgefüge stellt die atomrechtliche Genehmigung nach § 7 Abs. 2 AtG dar:[23] Aus § 1 Nr. 1 AtG ergibt sich, daß das Atomgesetz, trotz der Gefahren, die mit der Nutzung der Kernenergie einhergehen, die friedliche Nutzung dieser Energierart fördern will, in ihr also keine, von vornherein zu mißbilligende Tätigkeit sieht.[24] Daraus folgt, daß die Verbotsnormen des Atomgesetzes keinen repressiven, sondern einen präventiven Charakter aufweisen,[25] wie aus seiner Entstehungsgeschichte hervorgeht.[26] Gleichwohl stellt § 7 Abs. 2 AtG die Genehmigungserteilung in das Ermessen der zuständigen Behörde. Dieses enge Versagungsermessen[27] dient dem Zweck, für besondere und unvorhergesehene Fälle ein Regulativ zu schaffen, mittels dem es der Behörde ermöglicht wird, die Erteilung der Genehmigung auch dann zu versagen, wenn die ausdrücklich genannten Genehmigungsvoraussetzungen vorliegen.[28] Daß der Gesetzgeber ausschließlich diesen gefahrenabwehrenden Zweck mit der eigentlich systemwidrigen Ermesseneinräumung verfolgt hat, ist den Gesetzesmaterialien ebenso zu entnehmen, wie der Umstand, daß es

---

22 *Bartels*, Abfallrecht - Eine systematische Darstellung, S. 113.

23 *Jarass*, Wirtschaftsverwaltungsrecht und Wirtschaftsverfassungsrecht, S. 173.

24 *Haedrich*, Atomgesetz, § 1 Rn. 3 mit weit. Nachw.; zwar ist politisch immer mehr der Schutzzweck des AtG in den Mittelpunkt getreten, dem steht jedoch unter ausschließlich rechtlichen Gesichtspunkten der Förderzweck gegenüber; vgl. z. B. *Schattke*, DVBl. 1979, 652 (655 ff.).

25 *BVerfG*, Urteil vom 8. August 1978 - 2 BvL 8/77, BVerfGE 49, 89 (116).

26 BT-Drs. 3/759.

27 *Haedrich*, Atomgesetz, vor § 3 Rn. 3.

28 Vgl. BT-Drs. 3/759, Anlage 3, S. 59, Anlage 2, S. 50; *Papier*, Untersuchungen im Bereich Genehmigung, Aufsicht, Nachrüstung, in: *Lukes* (Hrsg.), Reformüberlegungen zum Atomrecht, S. 111 (130 f.).

sich bei dem Verbot der Errichtung, des Betreibens, etc. von kerntechnischen Anlagen um eine präventive Maßnahme handelt.

d) Brauchbarkeit der dargestellten Abgrenzung

Die dargestellte Abgrenzung danach, ob die Gestattung eines Verhaltens oder dessen Untersagung die Regel bzw. die Ausnahme darstellen soll, ist nicht ohne Widerspruch geblieben. Der von der herrschenden Meinung in der Literatur entwickelte qualitative Unterschied zwischen repressiven und präventiven Verboten wird beispielsweise von Schwabe bestritten,[29] der eine rein quantitative Differenz behauptet. Sowohl die - auf den ersten Blick - repressiven, wie auch die präventiven Verbotsnormen fänden ihre Grenzen in den Möglichkeiten zur Beschränkung der Freiheitsgrundrechte, vor allem im Grundsatz der Verhältnismäßigkeit.[30] Entscheidend sei die Frage, inwieweit die Grundrechte eine Einzelfallbetrachtung zur Abwägung öffentlicher Schutz- und privater Freiheitsinteressen geböten.[31] Ein Versagungsermessen hinsichtlich der beantragten Erlaubnis oder des begehrten Dispenses besteht nach diesem Ansatz grundrechtsgemäß nur dann, wenn bereits bei einer generalisierenden Betrachtungsweise die öffentlichen Schutzinteressen gegenüber den privaten Freiheitsinteressen überwiegen.[32] Bei Verwendung einer "darf"-Bestimmung ergeben sich Probleme, wenn im Einzelfall wegen freiheitsrechtlicher Aspekte kein Raum für eine Ermessensentscheidung bleibt. Eine Lösung findet sich dann, wenn die normativen Voraussetzungen die Grundrechtserwägungen in den - gerichtlich überprüfbaren - Entscheidungsprozeß einfliessen lassen und ihn derart gestalten können, daß die grundrechtlichen Apekte sich durchsetzen können und das Ermessen der Verwaltung "absorbieren".[33]

Hiergegen mag eingewandt werden, daß die erwähnten Aspekte im Rahmen der Ermessensausübung stets zu erörtern seien,[34] und möglicherweise zu

---

29 *Schwabe*, JuS 1973, 133 ff.

30 Vgl. zu diesem: *Jarass* in: *Jarass/Pieroth*, Grundgesetz, Art. 20 Rn. 56 ff.

31 *Schwabe*, Jus 1973, 133 (138); *Gusy*, JA 1981, 80 (81), der allerdings teilweise zu anderen Ergebnissen kommt.

32 So z. B. im Fall der Hebammenaltersgrenze, *BVerfG*, Beschluß vom 16. Juni 1959 - 2 BvL 10/59, BVerfGE 9, 334 (353 f.).

33 *Schwabe*, JuS 1973, 133 (140).

34 *Erichsen* in: *Erichsen/Martens* (Hrsg.), Allgemeines Verwaltungsrecht, S. 191.

einer Ermessensreduzierung führen könnten. Jedoch ist in diesem Falle das gewonnene Ergebnis gerichtlich nur auf die schlichte Berücksichtigung der Grundrechte (im Rahmen einer fehlerhaften Nichtberücksichtigung ermessensrelevanter Gesichtspunkte) hin zu überprüfen, während eine Einbeziehung in den normativen Bereich eine vollständige gerichtliche Nachprüfung ermöglicht. Eine derartige normative Einbeziehung ist, soweit es den Tatbestand des § 13 Abs. 1 S. 2 AbfG betrifft, über die Voraussetzung der Nr. 1 möglich: Die fehlende Beeinträchtigung des Wohls der Allgemeinheit stellt eine offene Normativbedingung dar, innerhalb der grundrechtliche Interessen der Betroffenen im Rahmen der Ermittlung des Umfangs des "Wohls der Allgemeinheit" zu berücksichtigen sein können. Im Ergebnis dürfte deshalb die Kritik von *Schwabe* und *Gusy* an dem Abgrenzungssystem der herkömmlichen Auffassung berechtigt sein. Eine Einteilung der gesetzlichen Regelungen in die Kategorien "repressiv" und "präventiv" erscheint allzu grob angesichts der Vielzahl der im Einzelfall zu berücksichtigenden Umstände.[35] Wie die herkömmliche Abgrenzung können die neueren Ansätze aber keine Ergebnisse für den materiellen Inhalt eines einzelnen Genehmigungstatbestandes hervorbringen, weil sie eine Einzelfallbetrachtung verlangt.

II. Analyse der Ermessensgewährung in § 13 Abs. 1 S. 2 AbfG

1. Grenzen des gewährten Ermessens

Der Charakter der gesetzlichen Regelung als eines Verbotes mit Erlaubnisvorbehalt oder mit Dispensvorbehalt oder einer Mischform, wie bei der Regelung in § 7 Abs. 2 AtG sowie seine damit zusammenhängende Ausgestaltung als Ermessens- oder gebundene Entscheidung der zuständigen Behörde hängt von dem Sinn ab, den der Gesetzgeber der Regelung beizumessen beabsichtigte. Für die Genehmigung nach § 13 Abs. 1 S. 2 AbfG wollte der Gesetzgeber keine gebundene Entscheidung der Behörde, sondern eine Ermessensentscheidung, wie sich insbesondere aus der Entstehungsgeschichte der Vorschrift ergibt.[36] Aufgrund dieses scheinbar eindeutigen Befundes

[35] *Schwabe*, JuS 1973, 133 (140); *Gusy*, JA 1981, 80 (81).

[36] Amtliche Begründung, BT-Drs. 10/849, S. 10.

könnten bereits die Weichen für eine Einordnung des Genehmigungserfordernisses nach § 13 Abs. 1 AbfG und die Frage eines Anspruchs auf Erteilung dieser Genehmigung gestellt sein.

Die Einräumung eines Ermessensspielraums durch den Wortlaut des § 13 Abs. 1 S. 2 AbfG sagt allerdings noch nichts darüber aus, wie weit der der Behörde zustehende Spielraum unter rechtlichen Gesichtspunkten wirklich reicht. Er ist insbesondere nicht als unbeschränkter Entscheidungsspielraum dergestalt zu verstehen, daß die Behörde in die Lage versetzt wäre, allein nach ihrem Gutdünken zu entscheiden. Dem steht die Bindung der Verwaltung an die Verfassung und die einfachen Gesetze gemäß Art. 1 Abs. 3 GG entgegen.[37] Aus Umständen, wie dem Zweck der Regelung und dem Zusammenhang mit anderen Vorschriften, insbesondere auch solchen des Verfassungsrechts und des Europarechts können sich Bindungen ergeben, die die Entscheidungsfreiheit der Behörde erheblich einengen, wenn nicht sogar gänzlich beseitigen können.[38] Eine besondere Bedeutung kommt in diesem Zusammenhang der ermessensleitenden Funktion der Grundrechte zu, die im konkreten Fall die für eine Versagung zu berücksichtigenden Ermessensgesichtspunkte so weit reduzieren können, daß von einer Schrumpfung des Ermessensspielraums auf Null (oder Eins) gesprochen werden kann.[39]

Dieser Befund ist möglicherweise auf die Regelung des § 13 Abs. 1 S. 2 AbfG übertragbar. Zwar wird eine Betroffenheit von Grundrechten bei der Versagung einer Verbringungsgenehmigung gelegentlich verneint.[40] Jedenfalls zeigt sich aber, daß vor einer Beurteilung des materiellen Inhalts des Verbots der grenzüberschreitenden Verbringung nach § 13 Abs. 1 S. 2 AbfG eine Analyse der berücksichtigungsfähigen Versagungsgründe vorzunehmen ist. Der materielle Inhalt der Ermessensnorm offenbart sich dementsprechend erst dann, wenn diese Grenzen der Ermessensausübung aufgedeckt sind. *Stelkens/Sachs*[41] führen dazu aus, daß "Kennzeichen der Ermessensverwaltung

---

37 Z. B. *Erichsen* in: *Erichsen/Martens* (Hrsg.), Allgemeines Verwaltungsrecht, S. 180 ff.

38 Vgl. z. B. *BVerwG*, Urteil vom 10. Mai 1985 - 4 C 69/82, NuR 1986, 74 (75); Urteil vom 4. Juli 1986 - 4 C 31/84, BVerwGE 74, 315 (323); weitere Nachweise bei *Kopp*, Verwaltungsverfahrensgesetz, § 40 Rn. 10 sowie *Stelkens/Sachs* in: *Stelkens/Bonk/Leonhardt* (Hrsg.), Verwaltungsverfahrensgesetz, § 40 Rn. 12.

39 *Keppeler*, Grenzen des behördlichen Versagungsermessens, S. 174; so auch für § 13 AbfG *Hösel/ v. Lersner*, Recht der Abfallbeseitigung, § 13 (Nr. 1230) Rn. 5.

40 *Kunig* in: *Kunig/Schwermer/Versteyl*, Abfallgesetz, § 13 Rn. 16.

41 *Stelkens/Sachs*, in: *Stelkens/Bonk/Leonhardt* (Hrsg.), Verwaltungsverfahrensgesetz, § 40, Rn. 7.

die Entscheidungsfreiheit ist, zwischen mehreren, rechtlich zulässigen Entscheidungen aus Zweckmäßigkeitserwägungen die sachgerechtere zu wählen". Machen bestimmte Umstände eine Entscheidung rechtswidrig, ist naturgemäß ein Ermessen nicht eröffnet. Die sich hieraus für die Ermessensausübung ergebenden Grenzen sind in diesem Zusammenhang auf ihren Gehalt und ihre Auswirkungen auf die Genehmigungsentscheidung nach § 13 Abs. 1 S. 2 AbfG zu überprüfen. § 40 VwVfG und § 114 VwGO bestimmen, daß die Behörde ihr Ermessen entsprechend dem Zweck der Ermächtigung auszuüben und die gesetzlichen Grenzen des Ermessens einzuhalten hat. Diese Regelung ist Ausdruck des oben erwähnten Grundsatzes der Gesetzmäßigkeit der Verwaltung und verdeutlicht die Pflichtmäßigkeit jeder Ermessensbetätigung.[42] Zur Ermittlung des Zwecks der Einräumung des behördlichen Ermessensspielraums ist nach vorherrschender Auffassung zumindest nicht ausschließlich oder in erster Linie darauf abzustellen, welchen Zweck der historische Gesetzgeber mit der Schaffung der Norm beziehungsweise des Normenbereichs verfolgt hat (sogenannte subjektive Theorie).[43] Zu berücksichtigen ist vielmehr der Wille des Gesetzes selbst, also der hinter dem Willen des Gesetzgebers stehende, innere Zweck, die immanente Bedeutung des Gesetzes (objektive Theorie).[44] Damit relativieren sich die aus der Amtlichen Begründung zum Abfallgesetz[45] gewonnenen Erkenntnisse. Bedeutsamer für die Zweckfindung sind dementsprechend hinsichtlich des eingeräumten Ermessens zunächst der Wortlaut der ermessensvermittelnden Vorschrift, sodann ihr Umfeld.

Aus dem Wortlaut des § 13 Abs. 1 S. 2 AbfG ergibt sich, daß der Behörde dann ein Versagungsermessen zusteht, wenn die tatbestandlichen Voraussetzungen der Genehmigungsnorm erfüllt sind. Das Ermessen ist ihr demzufolge nicht eröffnet, wenn die Genehmigungsvoraussetzungen nicht vorliegen. Diejenigen Argumente, die bereits durch Festschreibung der tatbestandlichen Voraussetzungen Eingang in die Genehmigungsentscheidung gefunden haben, dürften deshalb im Rahmen der Feststellung des Zwecks der

42 *Wolff/Bachof*, Verwaltungsrecht I, § 31 II c 3; *Keppeler*, Grenzen des behördlichen Versagungsermessens, S. 18; *Kopp*, Verwaltungsverfahrensgesetz, § 40 Rn. 1 sowie *Stelkens/ Sachs* in: *Stelkens/ Bonk/Leonhardt* (Hrsg.), Verwaltungsverfahrensgesetz, § 40 Rn. 6; *Redeker/von Oertzen*, Verwaltungsgerichtsordnung, § 114 Rn. 7 ff.

43 Lies zu diesem umstrittenen Problem der juristischen Methodik statt aller *Larenz*, Methodenlehre der Rechtswissenschaft, S. 33 ff. mit weiteren Nachweisen; im Zusammenhang mit der hier zu erörternden Fragestellung: *Keppeler*, Grenzen des behördlichen Versagungsermessens, S. 98 ff.

44 *Larenz*, Methodenlehre der Rechtswissenschaft, S. 33.

45 BT-Drs. 10/849, S. 10.

Ermessenseinräumung nicht zu berücksichtigen sein. Ist beispielsweise die persönliche Unzuverlässigkeit des Antragstellers Versagungsgrund bereits nach § 13 Abs. 1 S. 2 Nr. 2 AbfG, so kann die Behörde nicht ermächtigt sein, im Rahmen der Ermessensausübung diesbezüglich eine andere Wertung vorzunehmen.[46] Dies würde der vom Gesetzgeber in sämtlichen ermessensgewährenden Vorschriften vorgenommenen Wertung widersprechen, nach der die Beurteilung der im Rahmen der tatbestandlichen Voraussetzungen in die Ausgestaltung von (unbestimmten) Rechtsbegriffen einfließenden Umstände einer unbeschränkten gerichtlichen Überprüfung unterliegen, während die Entscheidungen der Behörde bezüglich der Feststellung von Gegebenheiten, die erst auf der Ebene der Ermessensausübung Einfluß auf die Entscheidung haben, nur in beschränktem Maße der Nachprüfung durch die Gerichte zugänglich ist.[47] Ein bestimmter tatsächlicher Umstand ist also entweder nur auf der tatbestandlichen oder auf der Rechtsfolgenebene einer Norm von Belang. Demzufolge ist, um den Rahmen eines gesetzlich eingeräumten Ermessens abzustecken, zunächst eine Analyse derjenigen Gründe vorzunehmen, die bereits im Rahmen normativer Elemente des Genehmigungstatbestandes in die behördliche Entscheidung einfließen. Der Umfang der in das Versagungsermessen einfließenden Aspekte bestimmt sich dann als Rest der nicht bereits tatbestandlich berücksichtigten Gründe.[48]

Ein Entscheidungsermessen ist der Behörde zunächst dann nicht eingeräumt, wenn ihr Tatsachen bekannt werden, aus denen sich ergibt, daß der Antragsteller persönlich unzuverlässig ist.[49] Dies ergibt sich aus § 13 Abs. 1 S. 2 Nr. 2 AbfG. Bei Vorliegen dieser Voraussetzung ist ihr die Erteilung der Verbringungsgenehmigung verwehrt. Folglich können Gründe, die für die Feststellung der Unzuverlässigkeit nicht ausgereicht haben, nicht im Rahmen der Ermessensausübung gegen eine Genehmigungserteilung ins Feld geführt werden. Gleiches ergibt sich, soweit die übrigen, an einen einzelnen Genehmigungsvorgang geknüpften Voraussetzungen der Nummern 3 bis 5 vorliegen. Ungleich schwieriger ist eine Betrachtung, soweit sie das Merkmal

---

46 *Hoppe*, DVBl. 1969, 340 (344); *Mußgnug*, Der Dispens von gesetzlichen Vorschriften, S. 125; *Keppeler*, Grenzen des behördlichen Versagungsermessens, S. 175.

47 *Erichsen* in: *Erichsen/Martens* (Hrsg.), Allgemeines Verwaltungsrecht, S. 186 f. mit weit. Nachw.; *Keppeler*, Grenzen des behördlichen Versagungsermessens, S. 18.

48 Vgl. hierzu *BVerwG*, Urteil vom 14. Dezember 1962 - VII C 140/61, BVerwGE 15, 207 (211); *Ossenbühl*, DÖV 1968, 618 (622).

49 Zum Begriff der Zuverlässigkeit im Bereich des Gewerberechts vgl. *Marcks* in: *Landmann/Rohmer*, Gewerbeordnung, § 35 GewO; im Abfallrecht *Kunig* in: *Kunig/Schwermer/Versteyl*, Abfallgesetz, § 13 Rn. 20.

des Wohls der Allgemeinheit betrifft, weil es sich hierbei um einen nicht einfach zugänglichen Begriff handelt. Der Umfang dessen, was im Rahmen des Wohles der Allgemeinheit in die behördliche Entscheidung einfließen kann, bestimmt aber maßgeblich die Reichweite des gewährten Ermessens.[50]

2. Begrenzung durch das Wohl der Allgemeinheit

a) Der Begriff des Wohles der Allgemeinheit in § 13 Abs. 1 AbfG

§ 13 Abs. 1 S. 2 Nr. 1 AbfG bestimmt, daß eine grenzüberschreitende Abfallverbringung nur dann zulässig ist, wenn "von der Beförderung, Behandlung, Lagerung oder Ablagerung der Abfälle keine Beeinträchtigung des Wohls der Allgemeinheit zu besorgen ist". Zur Ermittlung des Inhaltes des Wohles der Allgemeinheit ist auf die entsprechende Definition in § 2 Abs. 1 AbfG zurückzugreifen.[51] Zwei Umstände sprechen zunächst dafür, diese Definition auch für § 13 Abs. 1 AbfG heranzuziehen. Zum einen legt die Bezeichnung des § 2 Abs. 1 AbfG als "Grundsatz" den Schluß nahe, daß die hier getroffene Definition für das gesamte Abfallgesetz Geltung haben soll. Zum anderen findet gerade die Vorschrift des § 13 Abs. 1 AbfG Erwähnung in § 2 Abs. 1 AbfG. Dessen Satz 1 bestimmt nämlich, daß im Inland erzeugte Abfälle auch im Inland zu entsorgen sind, soweit § 13 nichts anderes bestimmt.

Diese Auslegung könnte allerdings möglicherweise aus zwei Gründen einer näheren Betrachtung nicht standhalten. Der als Grundsatz der Abfallentsorgung im Inland bezeichnete Satz 1 der Vorschrift bestimmt zunächst für im Geltungsbereich des Abfallgesetzes angefallene Abfälle, daß diese nur unter den Bedingungen des § 13 AbfG außerhalb des Geltungsbereiches entsorgt werden dürfen. Aussagen über im Ausland angefallene Abfälle macht die Norm nicht. Aus diesem Grunde erfaßt die Vorschrift auch die Teil-

---

50 In diesem Rahmen wird auch die Frage zu klären sein, inwieweit der Behörde ein *planerisches*, insbesondere ein *abfall*planerisches Ermessen zukommt; siehe hierzu unten, Dritter Teil, A II 2 b).

51 Siehe hierzu bereits oben, Zweiter Teil, C III 4.

aspekte Abfallimport und Abfalltransit nicht.[52] Lediglich für den Abfallexport stellt § 2 Abs. 1 S. 1 AbfG damit einen Grundsatz, ein Verbot, auf, dessen Ausnahme § 13 AbfG darstellen kann. Auch die Allgemeinwohldefinition des Satzes 2 könnte sich damit nur auf diesen Teilaspekt beziehen. Indiz dafür ist die Verwendung des Pronoms "Sie", die in diesem Zusammenhang hervorheben könnte, daß nur die im Inland angefallenen Abfälle gemeint sein sollen. Es sind demzufolge ausschließlich diese Abfälle ohne eine Beeinträchtigung des Wohls der Allgemeinheit zu beseitigen. Damit würde die Allgemeinwohldefinition des § 2 Abs. 1 S. 1 AbfG nur innerhalb des Teilbereichs Abfallexport gelten. Der Definition bedarf der Begriff jedoch hinsichtlich der Abfallverbringung in all ihren Teilaspekten.

Daneben macht die Vorschrift auch gerade über diejenigen Abfälle, die nach § 13 AbfG exportiert werden können, keine Aussagen. Es ist aber nicht zu vermuten, daß der Gesetzgeber eine unvollständige Regelung schaffen wollte. Denn nur soweit die im Inland angefallenen Abfälle nicht nach § 13 AbfG exportiert werden können, sind sie nach § 2 Abs. 1 S. 2 AbfG so zu entsorgen, daß das Wohl der Allgemeinheit nicht gefährdet wird. Für die nach § 13 exportierbaren Abfälle gilt dies im Gegenschluß offenbar nicht. Eine solche Regelung trifft zumindest § 2 Abs. 1 AbfG nicht. Damit spricht die Erwähnung der Vorschrift des § 13 AbfG innerhalb des § 2 Abs. 1 AbfG sogar eher dafür, daß § 2 Abs. 1 AbfG keine Grundsatznorm darstellt, deren Definition des Allgemeinwohlbegriffs als Legaldefinition desjenigen in § 13 Abs. 1 AbfG herangezogen werden kann. Sie könnte demnach ausschließlich dasjenige Gemeinwohl bestimmen, das bei einzelnen Entsorgungsmaßnahmen bezüglich im Inland angefallener Abfälle, die nicht nach § 13 Abs. 1 AbfG verbracht werden sollen, zu berücksichtigen ist.

Aus den übrigen Normen des Abfallgesetzes, insbesondere aus § 2 Abs. 1 S. 2 AbfG läßt sich damit unmittelbar eine Definition des Allgemeinwohls in dem in § 13 Abs. 1 S. 2 Nr. 1 AbfG gemeinten Sinne nicht entnehmen. Kann damit weder auf einen klärenden Wortsinn, noch auf eine definierende Sekundärnorm zurückgegriffen werden, ist eine normsystematische Interpretation des Begriffs des Wohles der Allgemeinheit geboten.[53] Ausgangspunkt einer derartige Betrachtung ist der Umstand, daß die Regelung des § 13 AbfG Gefahren abwenden oder bestimmte nachteilige Situationen aus-

---

52 *Kunig* in: *Kunig/Schwermer/Versteyl*, Abfallgesetz, § 2 Rn. 8; *Eisberg*, Der Grundsatz der Abfallentsorgung im Inland, S. 16.

53 Vgl. *Larenz*, Methodenlehre der Rechtswissenschaft, S. 325.

schließen will, die im Zusammenhang mit einer grenzüberschreitenden Verbringung auftreten. Diese Gefährdungslage bzw. der eintretende Nachteil ist der Grund für das Genehmigungserfordernis für jede grenzüberschreitende Abfallverbringung. Zur Abwehr derartiger Gefährdungslagen ist die Genehmigungserteilung an Voraussetzungen geknüpft, deren Vorliegen (abstrakt) die Existenz einer solchen Gefährdungslage oder Nachteilssituation ausschließen. Demzufolge ist zu untersuchen, welche Situationen die tatbestandliche Voraussetzung des Fehlens einer Beeinträchtigung des Wohls der Allgemeinheit im Rahmen einer grenzüberschreitenden Verbringung von Abfällen ausschließen soll.

Die Erwähnung des Wohls der Allgemeinheit knüpft nicht ausschließlich an den Umstand an, daß der Verbringungsvorgang selbst eine erhöhte Gefährdung dadurch mit sich bringt, daß die Abfälle von einem bestimmten Ort wegbewegt werden und damit Gefahren für die öffentliche Sicherheit und Ordnung entstehen können. Dafür hätte es ausgereicht, festzulegen, daß von der Beförderung keine Gefahren ausgehen dürfen. Eine derartige Regelung enthält bereits § 12 Abs. 1 AbfG, der bestimmt, daß eine Einsammlung und Beförderung von Abfällen nur unter Ausschluß bestimmter Gefahren möglich ist.[54] Insoweit stellt das Genehmigungserfordernis nach § 13 Abs. 1 AbfG eine bloße Wiederholung dar. Folgerichtig wird die Genehmigung nach § 12 Abs. 1 AbfG von der nach § 13 Abs. 1 AbfG als erfaßt angesehen.[55]

Die Vorschrift will auch die Nachteilhaftigkeit solcher Situationen erfassen, die bei einer dem Verbringungsvorgang nachgeordneten Tätigkeit entstehen können. Sie erwähnt diesbezüglich das Behandeln, Lagern oder Ablagern. Sofern diese Tätigkeiten im Inland stattfinden, fallen sie und die Beurteilung ihrer Gefährlichkeit im Rahmen der nationalen Gebietshoheit unter die jeweils einschlägigen Regelungen des Abfallgesetzes. Bezüglich derartiger Situationen kann damit das Genehmigungserfordernis nach § 13 Abs. 1 AbfG als eine vorweggenommene Kontrolle verstanden werden, mit der verhindert werden soll, daß Abfälle, deren Behandlung, Lagerung oder Ablagerung nur unter Beeinträchtigung des Wohls der Allgemeinheit möglich ist, in den Geltungsbereich des Gesetzes gebracht werden. In den Geltungsbereich des Abfallgesetzes verbrachte Abfälle sind nämlich stets außer-

---

54 *Versteyl* in: *Kunig/Schwermer/Versteyl*, Abfallgesetz, § 12 Rn. 1.

55 *Kunig* in: *Kunig/Schwermer/Versteyl*, Abfallgesetz, § 13 Rn. 14; *Hösel/v. Lersner*, Recht der Abfallbeseitigung, § 13 (Nr. 1230) Rn. 8; *Bartels*, Abfallrecht - Eine systematische Darstellung, S. 111; dies geht auch aus der Erwähnung der Genehmigung nach § 12 Abs. 1 AbfG in § 13c Abs. 1 Nr. 2 AbfG hervor, die anderenfalls überflüsig wäre.

halb dieses Geltungsbereichs angefallen. Die möglichen Nachteile, die von einer der genannten Tätigkeiten ausgehen, sind allerdings miteinander vergleichbar. Ob im Inland oder im Ausland angefallende Abfälle einer der erwähnten Tätigkeiten unterzogen werden, bleibt für die Entstehung von Gefahren bei diesen Tätigkeiten gleich. Insoweit kann deshalb die Definition des Allgemeinwohlbegriffs in § 2 Abs. 1 S. 2 AbfG zurückgegriffen werden.

Für Abfälle, die nach einer grenzüberschreitenden Verbringung nicht innerhalb des Geltungsbereichs des Abfallgesetzes behandelt, gelagert oder abgelagert werden sollen, gilt dies allerdings nur, soweit durch diese Tätigkeit die Allgemeinwohlinteressen innerhalb des Geltungsbereichs betroffen wären.[56] Es wird also ausschließlich der Aspekt des Schutzes der deutschen Umwelt vor grenzüberschreitender Verschmutzung berücksichtigt, die von Abfällen ausgeht, die aus dem Geltungsbereich des Abfallgesetzes stammen oder durch dieses verbracht worden sind. Das Wohl der Allgemeinheit ist hingegen nicht betroffen, wenn ein Export von Abfällen aus dem Geltungsbereich des Abfallgesetzes Gefährdungslagen im jeweiligen Bestimmungsstaat verursacht. Soweit die konkrete, inländische Gefährungslage dabei mit der bei einer Tätigkeit im Geltungsbereich des Abfallgesetzes übereinstimmt, kann zur Bestimmung des Wohls der Allgemeinheit wiederum § 2 Abs. 1 S. 2 AbfG herangezogen werden.

Damit eröffnet sich insgesamt für die zu berücksichtigenden Risikosituationen über die entsprechende Anwendbarkeit des § 2 Abs. 1 S. 2 AbfG der umfassende Katalog der zu berücksichtigenden öffentlichen Interessen, die in eine Gesamtabwägung einzustellen sind.[57]

b) Abfallplanerische Aspekte

Neben der Abwehr von Gefahren, die von den Abfällen bei den erwähnten Tätigkeiten ausgehen können, hat die Vorschrift des § 13 Abs. 1 AbfG eine weitere funktionale Zielrichtung. Möglicherweise entstehen aus grenzüberschreitenden Verbringungen Nachteile für die inländische Abfallwirtschaft, weil entweder eine zu einer rentablen Abfallentsorgung erforderliche Menge

---

56 *Kunig* in: *Kunig/Schwermer/Versteyl*, Abfallgesetz, § 13 Rn. 18; *ders.*, NuR 1989, 19 (20); *Friedrich*, UPR 1988, 4 (6).

57 Siehe oben, Zweiter Teil, C III 4 b).

Abfälle in das Ausland abwandert oder Abfälle in nicht beherrschbarer Menge in das Inland strömen, so daß nationale Entsorgungsengpässe entstehen. Beide Situationen sind gleichermaßen unerwünscht. Mit dem Genehmigungserfordernis des § 13 Abs. 1 AbfG sollen die Abfallströme derart gesteuert werden, daß die skizzierten Lagen nicht entstehen.[58]

Sofern durch einen Import von Abfällen in die Bundesrepublik Deutschland Entsorgungsengpässe entstehen können, ist eine Beeinträchtigung des Wohles der Allgemeinheit im Inland insoweit möglich, als die erforderliche Lagerung dieser (oder anderer aus der Entsorgung herausfallender) Abfälle die Umwelt schädigen kann. Die Abwehr der daraus entstehenden Gefahren ist jedoch bereits Gegenstand der Bestimmungen über die Behandlung der Abfälle im Inland. Verdrängen die aus dem Ausland stammenden Abfälle solche, die im Inland angefallen sind, aus den vorhandenen Entsorgungskapazitäten, so kann darüber hinaus nicht davon gesprochen werden, daß das Wohl der Allgemeinheit gerade durch die importierten Abfälle beeinträchtigt wird.[59] Es sind in diesem Falle gerade die liegengebliebenen Abfälle, die das Wohl der Allgemeinheit beeinträchtigen können. § 13 Abs. 1 S. 2 Nr. 1 AbfG spricht aber ausdrücklich davon, daß die Beeinträchtigung nicht von den zu verbringenden Abfällen ausgehen darf. Die dargestellte Gefährdungslage ist daher von der Voraussetzung des § 13 Abs. 1 S. 2 Nr. 1 AbfG nicht erfaßt. Steht nach § 13 Abs. 1 S. 2 Nr. 3a) AbfG nicht ein Abfallentsorgungsplan im Sinne des § 6 Abs. 1 oder 3 AbfG dem Import entgegen, weil dieser beispielsweise festlegt, daß an dem geplanten Zielort der Verbringung die vorhandenen Abfallentsorgungsanlagen nicht mit importierten Abfällen beschickt werden dürfen,[60] so stellt der Umstand der Verdrängung inländischer Abfälle aus den zur Verfügung stehenden Entsorgungskapazitäten keinen Umstand, der die Behörde zur Versagung der Verbringungsgenehmigung *zwingt*.

Für das Wohl der Allgemeinheit gilt Gleiches, wenn Abfälle aus dem Geltungsbereich des Abfallgesetzes in das Ausland verbracht werden. Auch in diesem Falle wird das Wohl der Allgemeinheit nicht durch eine der in § 13 Abs. 1 S. 2 Nr. 1 AbfG umschriebenen Tätigkeiten bezüglich der zu verbrin-

---

58 *Kunig* in: *Kunig/Schwermer/Versteyl*, Abfallgesetz, § 13 Rn. 3, 21; *Hösel/v. Lersner*, Recht der Abfallbeseitigung, § 13 (Nr. 1230) Rn. 3; mit weit. Nachw.

59 Sofern - wie § 2 Abs. 1 AbfG dies verlangt - die Behandlung der Abfälle gemeinwohlverträglich durchgeführt wird.

60 Zum zulässigen Inhalt von Abfallentsorgungsplänen *Schwermer* in: *Kunig/Schwermer/Versteyl*, § 6 Rn. 34; vgl. auch *Jarass*, DVBl. 1991, 7 (11).

genden Abfälle beeinträchtigt. Wieder findet eine mögliche Umweltgefährdung nur mittelbar dadurch statt, daß durch einen Abfallmangel Entsorgungskapazitäten nicht rentabel aufrechterhalten werden können. In diesem FAll geht die mögliche Beeinträchtigung des Wohles der Allgemeinheit von der Verbringungshandlung aus, nicht aner von der Beförderung, Behandlung, Lagerung oder Ablagerung. Auch § 13 Abs. 1 S. 2 Nr. 4c) AbfG erfaßt diesen Aspekt nicht. Mit dieser Voraussetzung ging es dem Gesetzgeber um die Abwehr von Gefahren, die von der Entsorgung in einer grenznahen, ausländischen Deponie für Schutzgüter im Geltungsbereich des Abfallgesetzes entstehen können.[61]

Die genannten abfallplanerischen Aspekte gehen damit in die tatbestandlichen Überlegungen zu einer Genehmigungsentscheidung der zuständigen Behörde ein.

c) *Einbeziehung außenpolitischer Interessen*

Soweit diejenigen "klassischen" Gefährdungen gemeint sind,[62] die für die menschliche Gesundheit und die natürliche Umwelt im weitesten Sinne entstehen können, unterfallen die betroffenen Rechtsgüter stets dem Schutz durch das Wohl der Allgemeinheit im Sinne des § 2 Abs. 1 S. 2 AbfG als Unterfall einer der Nummern 1 bis 5 oder zumindest im Wege der Berücksichtigung als Bestandteil der "öffentlichen Sicherheit" nach Nr. 6.[63] Es fragt sich allerdings, ob auch außenpolitische Interessen der Bundesrepublik Eingang in das Wohl der Allgemeinheit finden können. Diese können dadurch berührt sein, daß durch eine grenzüberschreitende Abfallverbringung möglicherweise das Ansehen der Bundesrepublik in der Weltöffentlichkeit herabgesetzt wird oder daß durch eine international unerwünschte Verbringung Konflikte entstehen, die der Bundesrepublik in der Völkergemeinschaft Nachteile bringen können.[64] Solche Situationen mögen dadurch entstehen, daß die

---

61 *Kunig* in: *Kunig/Schwermer/Versteyl*, Abfallgesetz, § 13 Rn. 28 mit weit. Nachw.

62 Siehe oben, Zweiter Teil, C II 2 b).

63 Zum Begriff der öffentlichen Sicherheit *BVerfG*, Beschluß vom 14. Mai 1985 - 1 BvR 233 und 341/81 (Brokdorf), BVerfGE 69, 315 (352); *Götz*, Allgemeines Polizei- und Ordnungsrecht, S. 66 ff.; *Friauf*, Polizei- und Ordnungsrecht, in: *v. Münch* (Hrsg.), Besonderes Verwaltungsrecht, S. 216.

64 *Hösel/von Lersner*, Recht der Abfallbeseitigung, § 13 (Nr. 1230) Rn. 3, 10 sowie § 2 Abs.1 (Nr. 1120) Rn. 24 f.

Bundesrepublik Deutschland in ihrer Eigenschaft als Abfallexporteur in die Rolle eines internationalen Umweltverschmutzers gedrängt wird oder als Abfallimporteur wegen innerstaatlicher Umweltbeeinträchtigungen an Attraktivität und Ansehen verliert. Im Rahmen der Definition durch § 2 Abs. 1 S. 2 AbfG ist eine Berücksichtigung derartiger Belange allenfalls über die Generalklausel und den Auffangtatbestand der öffentlichen Sicherheit und Ordnung nach § 2 Abs. 1 S. 2 Nr. 6 AbfG möglich. Gemäß § 13 Abs. 1 S. 2 Nr. 4b) AbfG ist bei der Genehmigungserteilung des Exports von Abfällen aus dem Geltungsbereich des Abfallgesetzes bereits zu berücksichtigen, daß eine Einverständniserklärung der anderen beteiligten Staaten vorliegen muß.[65] Eine Erfassung von Problemsituationen dieser Art ist daher im Rahmen des Wohls der Allgemeinheit nicht mehr erforderlich. Ein weiter Teil der möglichen Konflikte mit anderen Staaten ist damit bereits abgedeckt. Möglicherweise werden aber auch die Beziehungen zu nicht unmittelbar angrenzenden Staaten beeinträchtigt.

Unter "Öffentlicher Sicherheit" ist die Unverletzlichkeit der objektiven Rechtsordnung, der subjektiven Rechte und Rechtsgüter des einzelnen sowie der Einrichtungen und Veranstaltungen des Staates und der sonstigen Hoheitsträger zu verstehen.[66] Das Schutzgut "Öffentliche Ordnung" hat demgegenüber keine eigenständige Bedeutung mehr.[67] Als Anknüpfungspunkt für die außenpolitischen Interessen kommt demgemäß die Unverletzlichkeit des Staates und seiner Einrichtungen in Betracht. Hierzu zählen die Sicherung des Bestandes des Staates im wesentlichen durch das politische Strafrecht der §§ 80 ff. StGB sowie der räumlich-gegenständliche und der funktionale Bereich der Staatsorgane, unabhängig davon, ob ein Straftatbestand erfüllt wird.[68] Auch bezüglich dieser Funktionen ist jedoch - im Hinblick auf die rechtsstaatliche Verfassung - ein normativer Ansatz erforderlich, der - soweit es die Tätigkeiten der Staatsorgane betrifft - bereits in der Tatsache der Errichtung und der gesetzlichen Zuweisung bestimmter Aufgabe gesehen werden kann. Sind dem Staat bestimmte Aufgaben zugewiesen, so muß für ihn auch die Möglichkeit bestehen, die Erfüllung dieser Aufgaben sicherzustellen und Störungen abzuwehren. Normative Ansätze dafür, daß

[65] Zu diesem Merkmal vgl. *Kunig* in: *Kunig/Schwermer/Versteyl*, Abfallgesetz, § 13 Rn. 27; *Szelinski*, UPR 1984, 364 (368).

[66] *Drews/Wacke/Vogel/Martens*, Gefahrenabwehr, S. 232 ; *Götz*, Allgemeines Polizei- und Ordnungsrecht, S. 41 f.

[67] *Götz*, Allgemeines Polizei- und Ordnungsrecht, S. 53 mit weit. Nachw.; siehe die umfangreiche Darstellung bei *Drews/Wacke/Vogel/Martens*, Gefahrenabwehr, S. 251 ff.

[68] *Drews/Wacke/Vogel/Martens*, Gefahrenabwehr, S. 234.

außenpolitische Interessen möglicherweise einem polizeilichen Schutz unterliegen, finden sich beispielsweise in § 7 Abs. 1 Nr. 1 PaßG, in dem geregelt ist, daß die Ausstellung eines Passes zu versagen ist, wenn sonstige erhebliche Belange der Bundesrepublik Deutschland gefährdet sind.[69] Dazu zählen auch die Gefahren erheblicher Beeinträchtigungen der auswärtigen Beziehungen.[70] Die Berücksichtigung dieser Belange ist aber nach den genannten Vorschriften jeweils nur im Rahmen ihres Sachgebietes möglich. Für den Bereich der grenzüberschreitenden Abfallverbringung besteht eine derartige Eröffnung nicht. Eine Übertragung auf die Situation einer grenzüberschreitenden Abfallverbringung verbietet sich damit.[71]

Im Ergebnis läßt sich festhalten, daß die außenpolitischen Interessen der Bundesrepublik Bestandteil insofern nicht Bestandteil des Schutzgutes "öffentliche Sicherheit" sind, als sie nicht durch die Rechtsordnung einem besonderen Schutz unterliegen. Im Rahmen des Wohles der Allgemeinheit finden sie somit keinen Eingang in die tatbestandliche Entscheidung nach § 13 Abs. 1 S. 2 AbfG über die Begründung eines Versagungsermessens.

d) Besorgnis der Beeinträchtigung

Für die Genehmigungserteilung nach § 13 Abs. 1 S. 2 AbfG ist es nicht ausreichend, daß keine (aktuelle) Beeinträchtigung des Wohls der Allgemeinheit vorliegt. Darüber hinaus muß auch sichergestellt sein, daß eine solche zukünftig nicht zu erwarten ist. Die Vorschrift verwendet den Terminus "zu besorgen". Eine Beeinträchtigung ist zu besorgen, wenn aufgrund naturwissenschaftlicher Erkenntnisse und Erfahrungen, sei es auch unter ungewöhnlichen Umständen, eine gwisse Wahrscheinlichkeit für den Eintritt einer Gefahr spricht, also konkrete Anhaltspunkte vorliegen.[72] Es stellt sich hier demzufolge die Frage nach der Eintrittswahrscheinlichkeit einer Beeinträchtigung des Wohls der Allgemeinheit. Im polizei- und ordnungsrechtlichern

---

69 Weitere Beispiele finden sich im Vereinsgesetz und im Ausländergesetz; *Drews/Wacke/Vogel/Martens*, Gefahrenabwehr, S. 234; zum Außenwirtschaftsgesetz vgl. *Frank v. Fürstenwerth*, Ermessensentscheidungen im Außenwirtschaftsrecht, S. 160 ff.

70 *Trumpp*, Paß- und Ausländerrecht der Bundesrepulik Deutschland, S. 152.

71 So wohl auch *Drews/Wacke/Vogel/Martens*, Gefahrenabwehr, S. 234.

72 *VGH BW*, Urteil vom 10. November 1986 - 1 S 1944/85, DÖV 1987, 499 (500); vgl. auch *Götz*, Allgemeines Polizei- und Ordnungsrecht, S. 41 f.; *Friauf*, Polizei- und Ordnungsrecht, in: *v. Münch* (Hrsg.), Besonderes Verwaltungsrecht, S. 221 ff.

Sinne liegt eine Gefahr vor, wenn ein Schaden an einem geschützten Rechtsgut bei ungehindertem Geschehensablauf hinreichend wahrscheinlich eintritt, wobei der zu fordernde Wahrscheinlichkeitsgrad mit dem Wert der möglicherweise beeinträchtigten Rechtsgüter korreliert.

e) Zusammenfassende Bewertung

Damit sind über die Wahrung des Wohls der Allgemeinheit umfassend die nicht bereits durch andere Tatbestandsmerkmale erfaßten inländischen öffentlichen Interessen in die Bewertung einzubeziehen. Die Berücksichtigung der außenpolitischen Interessen der Bundesrepublik Deutschland sowie der dargestellten abfallwirtschaftlichen Interessen scheidet dabei allerdings aus.[73] Dieses Ergebnis wirft die Frage auf, ob eine solcherart umfassende Beurteilung der in Betracht kommenden Aspekte im Bereich des Wohls der Allgemeinheit nicht jede weitere Sachprüfung von Genehmigungsvoraussetzungen, jedenfalls soweit diese gerade öffentliche und nicht private Interessen betreffen, überflüssig macht. Es darf jedoch nicht übersehen werden, daß bei der Prüfung des Wohls der Allgemeinheit alle genannten Aspekte in einen Abwägungsvorgang eingestellt werden und sie damit nicht unbedingt in der Art Berücksichtigung finden müssen, daß sie die behördliche Entscheidung zwingend gestalten, sondern sie können von anderen (öffentlichen) Interessen überlagert sein. Als einzeln genannte tatbestandliche Vorausetzung der Genehmigungserteilung hingegen kann jedes zu berücksichtigende Element eine absolute Sperrwirkung entfalten.[74]

Durch die Berücksichtigung im Rahmen der tatbestandlichen Voraussetzungen werden damit im Ergebnis nicht alle Belange, die möglicherweise entscheidungserheblich sein können, erfaßt. Wie gezeigt,[75] sind bestimmte, schwerwiegende außenpolitischen Belange, wie auch die abfallwirtschaftlichen, von keinem Merkmal des Genehmigungstatbestandes erfaßt. Dieser Umstand steht damit einer Einbeziehung in die behördliche Entscheidung auf der Rechtsfolgenseite nicht entgegen, so daß diese grundsätzlich in ein Entscheidungsermessen dergestalt einfließen können, daß auf sie eine Versagung der Verbringungsgenehmigung gestützt werden kann. § 13 Abs. 1 AbfG er-

---

73 Siehe oben, Dritter Teil, A II 2 b).

74 Siehe oben, Zweiter Teil, C III 4 b).

75 Siehe oben, Dritter Teil, A II 2 b).

öffnet damit im Ergebnis ein politisches und wirtschaftliches Entscheidungsermessen der zuständigen Behörde, das diese nach Weisungen durch übergeordnete Stellen ausüben dürfte. Dies gilt ebenso für die im Rahmen des Wohls der Allgemeinheit im Sinne des § 13 Abs. 1 AbfG nicht zu berücksichtigenden ausländischen Belange, wie beispielsweise die Umwelt- und Gesundheitsinteressen von Nachbarn ausländischer Deponien, die mit deutschen Abfällen beschickt werden sollen. Auch diese können - als nicht im Rahmen des Tatbestandes berücksichtigungsfähig - als Bestandteil der Ermessensentscheidung Einfluß auf die Genehmigungsentscheidung nehmen.

Die vorstehenden Ausführungen haben gezeigt, daß der zuständigen Behörde bei der Genehmigungserteilung zur grenzüberschreitenden Abfallverbringung auch im Falle des Nicht-Vorliegens aller tatbestandlichen Ausschlußgründen noch ein außenpolitisches und abfallwirtschaftliches Versagungsermessen zusteht. Der Antragsteller kann deshalb nicht darauf vertrauen, daß ihm die gewünschte Genehmigung erteilt wird. Es läßt sich deshalb nicht von einem Anspruch auf die Genehmigungserteilung sprechen. Die Regelung des § 13 Abs. 1 AbfG rückt damit in die Nähe eines repressiven Verbots mit Erlaubnisvorbehalt.[76]

III. Einordnung des Genehmigungstatbestandes des § 13 Abs. 1 AbfG

Hinsichtlich dieses Ergebnisses ist der Genehmigungstatbestand des § 13 Abs. 1 AbfG aber damit vergleichbar mit dem des § 7 Abs. 2 AtG, der ebenfalls bei Vorliegen aller Tatbestandsmerkmale der Behörde ein zusätzliches Versagungsermessen einräumt.[77] Dieses atomrechtliche Versagungsermessen ist allerdings nicht völlig ungebunden, sondern darf von der Genehmigungsbehörde ausschließlich zur Wahrung der in § 1 AtG genannten Schutzzwecke des Atomgesetzes eingesetzt werden.[78] Eine derartige Konstruktion eines präventiven Verbots mit Erlaubnisvorbehalt, das dem Antragsteller im Regelfall einen Anspruch auf Erteilung der beantragten Genehmigung einräumt,

---

76 Siehe oben, Dritter Teil, A I 2 b).

77 Siehe bereits oben, Dritter Teil, A I 2 c).

78 *BVerfG*, Beschluß vom 8. August 1978 - 2 BvL 8/77 (Kalkar), BVerfGE 49, 89 (145 ff.); *Breuer* in: *v. Münch* (Hrsg.), Besonderes Verwaltungsrecht, S. 686; *Haedrich*, Atomgesetz, vor § 3 Rn. 3 mit weit. Nachw.

wenn ein gesetzlicher Versagungsgrund nicht vorliegt,[79] ist aus verfassungsrechtlichen Gründen nicht zu beanstanden. Das Bundesverfassungsgericht hat hierzu ausgeführt, daß das Bestimmtheitsgebot dann gewährt bleibt, wenn der Gesetzgeber die generellen Genehmigungsvoraussetzungen selbst festgelegt hat. Dann bestünden keine Bedenken, wegen der Sonderstellung des Atomrechts der Behörde ein zusätzliches Vesagungsermessen einzuräumen.[80] Die Sonderstellung des Atomrechts ergibt sich aus der Neuartigkeit der behandelten Rechtsmaterie. "Der Grund für diese Behandlung der spaltbaren Stoffe liegt in den ... weithin noch ungeklärten Risiken und Gefahren, die sich aus der Verwendung und dem Umgang mit diesen spaltbaren Stoffen ergeben können; sie sind nach Art und Ausmaß gegenüber allen bisherigen Gefahren aus der Nutzung von Privateigentum neuartig."[81] Ob eine derartige Sonderstellung auch im Bereich des Abfallverbringungsrecht vorliegt, darf bezweifelt werden.

Der Unterschied zwischen der atomrechtlichen Genehmigung und der Verbringungsgenehmigung nach § 13 Abs. 1 AbfG liegt nicht in dem Wortlaut der Genehmigungstatbestände. Beide Regelungen verwenden die Formulierung "darf nur erteilt werden, wenn ...". Was das Atomrecht vom Recht der Abfallverbringung unterscheidet, ist der gesetzlich fixierte Förderzweck, der die Einordnung des atomrechtlichen Genehmigungserfordernisses als präventives Verbot mit Erlaubnisvorbehalt zuläßt.[82] Die Festlegung eines derartigen Förderzwecks ist dem systematischen Umfeld des Abfallverbringungsrechts hingegen nicht zu entnehmen. Es handelt sich deshalb bei der Abfallverbringung wohl nicht um eine gesellschaftlich gewollte Betätigung des Einzelnen. Nimmt man mit *Schwabe* und *Gusy* an, daß eine Abgrenzung zwischen repressiven und präventiven Maßnahmen durch eine generalisierende Abwägung von privaten und öffentlichen Interessen vorzunehmen ist,[83] so können die Umweltauswirkungen, die durch grenzüberschreitende Verbringungen möglicherweise zu besorgen sind, einen Überhang des öffent-

---

79 *BVerfG*, Beschluß vom 12. Oktober 1977 - 1 BvR 216 und 217/75, BVerfGE 46, 120 (157); Beschluß vom 10. Juli 1958 - 1 BvF 1/58, BVerfGE 8, 71 (76); Beschluß vom 25. Februar 1976 - 1 BvR 275/74, BVerfGE 41, 378 (399).

80 *BVerfG*, Beschluß vom 8. August 1978 - 2 BvL 8/77 (Kalkar), BVerfGE 49, 89 (146).

81 *BVerfG*, Beschluß vom 8. August 1978 - 2 BvL 8/77 (Kalkar), BVerfGE 49, 89 (146).

82 *Haedrich*, Atomgesetz, vor § 3 Rn. 3 mit weit. Nachw.

83 Siehe bereits oben, Dritter Teil, A I 2; *Schwabe*, JuS 1973, 133 (138); *Gusy*, JA 1981, 80 (81).

lichen Versagungsinteresses begründen.[84] Daraus ergibt sich in diesem Fall die Zulässigkeit der Einräumung eines Versagungsermessens.

B. Übereinstimmung der nationalen Regelung mit den Anforderungen der Verbringungsrichtlinie 84/631/EWG

I. Der Begriff des Ermessens im Recht der Europäischen Gemeinschaft

Bei der Prüfung, ob die Regelung des § 13 Abs. 1 AbfG hinsichtlich der Ermessensgewährung für die handelnden bundesdeutschen Behörden mit den Anforderungen der Verbringungsrichtlinie übereinstimmt, ergeben sich zwei aufeinander aufbauende Fragen: Zum einen stellt sich das Problem, ob die Richtlinie eine Umsetzung in Form einer gebundenen oder einer Ermessensentscheidung zwingend voraussetzt oder ob sie den Mitgliedstaaten diesbezüglich freie Hand läßt (II.). Darüber hinaus ist zu klären, ob § 13 AbfG die Vorgabe der Richtlinie im Hinblick auf das auszuübende Ermessen in ordnungsgemäßer Form umsetzt (III.).

Der Begriff des Ermessens, so wie ihn das deutsche Recht im Sinne eines Rechtsfolgeermessens versteht, ist auf die Ebene des Gemeinschaftsrechts nicht problemlos übertragbar. Ein einheitliches Europäisches Verwaltungsrecht existiert erst rudimentär, so daß zur inhaltlichen Ausfüllung in vergleichender Weise auf die Rechtssysteme der Mitgliedstaaten zurückzugreifen ist.[85] Auch hier ergibt sich aber kein einheitliches Bild. Zahlreiche Mitgliedstaaten unterscheiden hinsichtlich der vollen richterlichen Überprüfbarkeit einer staatlichen Maßnahme nicht zwischen der Tatbestands- und der Rechtsfolgenseite einer Norm und gelangen zu dem Ergebnis, daß ein Ermessen sowohl auf der Tatbestands-, wie auch auf der Rechtsfolgenseite vorliegen kann.[86] Als Ermessensfehler kommt nach französischen Recht

---

84 So auch *Kunig* in: *Kunig/Schwermer/Versteyl*, Abfallgesetz, § 13 Rn. 16; *Schwabe*, JuS 1973, 133 (140).

85 Vgl. hierzu *Schwarze*, Europäisches Verwaltungsrecht, Bd. I, S. 246 ff., 279.

86 *Bleckmann*, Europarecht, S. 236 f. mit weit. Nachw.

beispielsweise nur in Betracht, daß das staatliche Organ mit der ihm verliehenen Befugnis ein anderes Ziel verfolgen sollte als es dies tatsächlich getan hat (détournement de pouvoir). Diese Grundsätze sind vom *Europäischen Gerichtshof* teilweise übernommen worden, so daß man - bei aller gebotenen Zurückhaltung - von einer Anlehnung des Gemeinschaftsrechts an das französische Verwaltungsrecht sprechen kann.[87] Ob das handelnde staatliche Organ - außerhalb dieses Bereiches - sein Ergebnis durch eine Wertung auf der Rechtsfolgenseite oder durch eine bestimmte Bewertung eines unbestimmten Rechtsbegriffs auf der Tatbestandsseite erreicht hat, spielt demnach keine Rolle. Beide Bewertungen sind grundsätzlich der richterlichen Überprüfbarkeit entzogen.[88]

Das Gemeinschaftsrecht kennt demnach einen Ermessensbegriff, der möglicherweise weiter reicht als der des deutschen, nationalen Rechts. Beide Begriffe sind aber insofern vergleichbar, als sie einen Teil der behördlichen Entscheidung der Kontrolle des Richters entziehen.[89] Für den hier vorzunehmenden Vergleich zwischen dem Verbringungsrecht der Gemeinschaft und dem des Abfallgesetz bedeutet dies, daß Beachtung auch den im Rahmen des Gemeinschaftsrechts verwendeten unbestimmten Rechtsbegriffen geschenkt werden muß, um letztlich die den Exekutivorganen belassenen Entscheidungsspielräume vergleichend bewerten zu können.[90]

---

87 *EuGH*, Urteil vom 13. Juli 1962 - Rs. 17 und 20/61 (Klöckner-Werke und Hoesch/Hohe Behörde), Slg. 1962, 653 (694); Urteil vom 12. Juni 1958 - Rs. 2/57 (Compagnie des Hautes Fourneaux de Chasse/Hohe Behörde), Slg. 1958, 131 (152).

88 Vgl. *EuGH*, Urteil vom 22. Januar 1976 - Rs. 55/75 (Balkan-Import-Export/Hauptzollamt Berlin-Packhof), Slg. 1976, 19 (30).

89 *Schwarze*, Europäisches Verwaltungsrecht, Bd. I, S. 279.

90 *Schwarze*, Europäisches Verwaltungsrecht, Bd. I, S. 279.

II. Ermessenseinräumung durch die Verbringungsrichtlinie

1. Gleichsetzung von Notifizierungsverfahren und Genehmigungsverfahren

Nach Art. 3 Abs. 1 der Verbringungsrichtlinie notifiziert derjenige, der gefährliche Abfälle[91] grenzüberschreitend verbringen will, dies den zuständigen Behörden der betroffenen Mitgliedstaaten, worunter nach Art. 2 Abs. 1 Buchstabe b) die von den einzelnen Mitgliedstaaten benannten zuständigen Behörden sowohl des Versand-, als auch des Transit- und Bestimmungsmitgliedstaates zu verstehen sind. Die Bedeutung einer derartigen Notifizierung erschließt sich nicht unmittelbar. Dem Wortsinn nach ist an einen einseitigen Akt des Verbringers zu denken. Die Wendung "Notifizierung" stammt ihrer Wortbedeutung nach von dem lateinischen Verbum "notificare" ab, was soviel wie "bekanntmachen" oder "anzeigen" bedeutet.[92] Bis auf den Umstand, daß dem Notifizierungsempfänger die Notifizierung zugehen muß, ist dieser demzufolge an der Notifizierung aktiv nicht beteiligt. Dieser Befund entspricht aber nicht dem Sinn der in der Verbringungsrichtlinie getroffenen Regelungen. So ergibt sich aus Erwägungsgrund Nr. 13 zur Verbringungsrichtlinie 84/631/EWG, daß durch die Regelungen eine wirksame Kontrolle der grenzüberschreitenden Verbringungen erreicht werden soll. Mit einer schlichten Anzeigepflicht, die keine repressiven Eingriffsmöglichkeiten zugunsten der zuständigen Behörde eröffnet, ist dies aber nicht möglich. Dementsprechend bestimmt die Verbringungsrichtlinie, um den Kontrollerfordernissen zu genügen, daß die Folge einer Notifizierung für die Behörde sein soll, daß diese entweder eine Empfangsbestätigung erteilen oder einen Einwand erheben kann. Es wird also ein Verwaltungsverfahren eingeleitet, dessen genauer Ablauf sich aus den Vorgaben der Vorschriften der Richtlinie ergibt. Wegen dieser Folgen kann in der Notifizierung nicht eine schlichte Anzeige im Sinne der bundesdeutschen Regelungen, etwa § 11 Abs. 3 S. 2 AbfG gesehen werden, die lediglich der Zurkenntnisbringung eines bestimmten Sachverhaltes dient, um der Behörde gegebenenfalls ein Eingreifen zu ermöglichen. Sie gleicht vielmehr ihrer Funktion nach einem Antrag auf Erlaß eines Verwaltungsaktes.

---

91 Die Anwendung der Richtlinie ist auf gefährliche Abfälle beschränkt; vgl. bereits oben, Erster Teil, C III 3 c) und Zweiter Teil, B I 1.

92 *Wahrig*, Deutsches Wörterbuch, Stichwort "Notifizierung".

Dem trägt die deutsche Abfallverbringungsverordnung Rechnung, indem sie in § 7 Abs. 1 Nr. 1 bestimmt, daß die Notifizierung einem Antrag auf Erteilung einer Genehmigung nach § 13 Abs. 1 AbfG entspricht. Einem Antrag auf den Erlaß eines Verwaltungsaktes kommen grundsätzlich zwei Funktionen zu: Zum einen veranlaßt er die Behörde, ein Verwaltungsverfahren zu eröffnen, zum anderen ist er materiellrechtliche Voraussetzung für die angestrebte Regelung, weil er der Behörde den Willen des Antragstellers, die erstrebte Begünstigung zu erlangen, kundtut.[93] Auch an der Stellung eines Antrags ist die Behörde grundsätzlich nur insofern beteiligt, als sie denselben entgegennehmen muß.[94] Mit der Notifizierung einer Abfallverbringung ist also noch keine wie immer geartete Entscheidung einer zuständigen Behörde verbunden. Damit ist auch für eine Ermessensausübung der bundesdeutschen Behörde, sei es als zuständige Behörde des Bestimmungs-, des Transit- oder des Herkunftsmitgliedstaates, im Rahmen der - so verstandenen - Notifizierung kein Raum.

Art. 4 Abs. 1 der Verbringungsrichtlinie bestimmt, daß eine grenzüberschreitende Verbringung nur dann zulässig ist, wenn die zuständigen Behörden des Bestimmungsmitgliedstaates oder - im Falle der Verbringung zur Beseitigung in ein Land außerhalb der Europäischen Gemeinschaften oder bei einem Abfalltransit durch die Europäischen Gemeinschaften - den Eingang der Notifizierung in Form einer Empfangsbestätigung bestätigt haben. Die Erteilung einer Empfangsbestätigung durch die zuständige Behörde ist also Voraussetzung für die Zulässigkeit einer grenzüberschreitenden Abfallverbringung. Was sich in seiner deutschen Wortbedeutung eher banal anhört und den Einwand erweckt, bei der Empfangsbestätigung könne es sich um nicht mehr als eine schlichte Quittung handeln, statuiert - wie sich aus den weiteren Absätzen des Art. 4 ergibt - eine echte materielle Voraussetzung. Die Empfangsbestätigung kann von der zuständigen Behörde verweigert werden, wenn Einwände bestehen. In der Konsequenz bedeutet dies, daß von der zuständigen Behörde eine Entscheidung darüber zu treffen ist, ob eine Empfangsbestätigung erteilt werden soll oder ob Einwände erhoben werden. Entscheidungsgrundlage können nur die Gründe sein, die einen Einwand rechtfertigen. Dies anerkennt auch die Abfallverbringungsverordnung, die die Eingangsbestätigung mit der Genehmigung im Sinne des § 13 Abs. 1 AbfG gleichsetzt, § 7 Abs. 1 Nr. 2 AbfVerbrV. Auch bei dieser ist letztlich

---

[93] *Badura* in: *Erichsen/Martens* (Hrsg.), Allgemeines Verwaltungsrecht, S. 444; *Schnell*, Der Antrag im Verwaltungsverfahren, S. 17 ff.

[94] *Badura* in: *Erichsen/Martens* (Hrsg.), Allgemeines Verwaltungsrecht, S. 444.

eine Entscheidung über Genehmigungserteilung oder -versagung anhand der materiellen Voraussetzungen vorzunehmen. Gemäß Art. 4 Abs. 2 der Richtlinie hat die zuständige Behörde der notifizierenden Person binnen eines Monats entweder die Empfangsbestätigung zu erteilen oder ihr einen oder mehrere Einwände gegen die geplante Verbringung zu übermitteln. Entspricht die Empfangsbestätigung insoweit der Erteilung einer Genehmigung im Sinne des deutschen Rechts, so stellt damit die Erhebung eines Einwandes aber noch keinesfalls die Ablehnung des Verbringungsantrages dar. So bestimmt § 7 Abs. 1 Nr. 4 AbfVerbrV, daß ein Einwand sowohl einem ablehnenden Bescheid, als auch einer vorläufigen Zurückstellung des Antrages entsprechen kann. Auch die Richtlinie sieht eine zeitweilige Aussetzung des Notifizierungsverfahrens vor: Nach Art. 4 Abs. 4 der Verbringungsrichtlinie hat die zuständige Behörde dem Abfallbesitzer die Empfangsbestätigung zu erteilen, sobald dieser die Probleme, die zu den Einwänden geführt haben, gelöst hat. Eine endgültige Zurückweisung der Notifizierung und die damit verbundene Verweigerung der Empfangsbestätigung erwähnt die Richtlinie hingegen nicht. Fälle, in denen es dem Abfallbesitzer nicht gelingt, die Probleme zu beseitigen, die zu den Einwänden geführt haben, mögen vorkommen. Der Regelfall soll nach der vorgenommenen Regelung aber wohl sein, daß nach Veränderung einiger Randbedingungen die Empfangsbestätigung für die konkrete Abfallverbringung erteilt werden kann, nicht hingegen, daß endgültig keine Empfangsbestätigung ausgegeben werden kann. Die Richtlinie ermächtigt die zuständige Behörde in diesem Falle nämlich nicht, die Notifizierung zurückzuweisen. Die Notifizierung liegt dann gewissermaßen "auf Eis", sie ist aber nicht endgültig zurückgewiesen. Die Erhebung der Einwände entspricht damit eher der vorläufigen Zurückweisung eines Genehmigungsantrages im Sinne des deutschen Verständnisses vom Ablauf eines Genehmigungsverfahrens.

Gleichwohl sind beide Entscheidungsformen in ihren Wirkungen miteinander vergleichbar. An eine ablehnende Entscheidung im Genehmigungsverfahren nach § 13 Abs. 1 AbfG ist die Behörde nämlich auch zumindest gegenüber dem Antragsteller nicht gebunden. Eine derartige Bindungswirkung entfalten nur begünstigende Verwaltungsakte,[95] wie sich nicht zuletzt aus der Regelung des § 51 Abs. 1 Nr. 1 VwVfG ergibt, wonach neu zu entscheiden

---

95 *Erichsen* in: *Erichsen/Martens* (Hrsg.), Allgemeines Verwaltungsrecht, S. 257; *Wolff/Bachof*, Verwaltungsrecht I, S. 187; anders *Sachs* in: *Stelkens/Bonk/Leonhardt* (Hrsg.), Verwaltungsverfahrensgesetz, § 43 Rn. 33 und *Seibert*, Die Bindungswirkung von Verwaltungsakten, S. 193 ff. mit weit. Nachw.

ist, wenn sich die Sachlage zugunsten des Betroffenen geändert hat.[96] Die Ablehnung der Erteilung einer Verbringungsgenehmigung nach § 13 Abs. 1 AbfG belastet hingegen den Antragsteller. Damit ist die Behörde nach dem Erlaß eines ablehnenden Bescheides auf einen erneuten Antrag des Abfallverbringers nicht gehindert, die Verbringungsgenehmigung zu erteilen. Der Ablauf des Verfahrens nach dem AbfG bis zur Verbringung, der mit einem ablehnenden Bescheid einsetzt, mit einer entsprechenden Situationsveränderung durch den Abfallverbringer, die dieser im Regelfall der zuständigen Behörde auch mitteilt, fortfährt und schließlich in der Genehmigungserteilung endet, ist deshalb nicht verschieden von den Vorgaben der Verbringungsrichtlinie. Die Versagung der Genehmigung hat nämlich bei Veränderung der sachlichen Umstände ebenfalls nicht zwingend endgültigen Charakter.

Nach den Vorschriften der deutschen Abfallverbringungsverordnung ist also insgesamt das System Antrag/Genehmigung mit dem System Notifizierung/Empfangsbestätigung gleichzusetzen. Es stellt sich die Frage, ob die Festsetzungen der Richtlinie Regelungen ermöglicht, die den zuständigen Behörden in diesem Zusammenhang einen Ermessensspielraum bei der Erteilung der Empfangsbestätigung eröffnet. Zu berücksichtigen ist dabei, daß die Richtlinie, indem sie im einzelnen genaue Festsetzungen über den Ablauf des Notifizierungsverfahrens trifft, die Regelungsfreiheit der Mitgliedstaaten weitgehend beschneidet.[97]

2. Das Einwandsystem der Verbringungsrichtlinie

a) Ermessensspielraum durch die Einwendungsmöglichkeit der zuständigen Behörde

Die Eröffnung eines Ermessensspielraums könnte sich aus dem Einwandsystem des Art. 4 der Verbringungrichtlinie ergeben. Gemäß Art 4 Abs. 2 der Richtlinie haben die Behörden dem Verbringer entweder eine

---

96 *Sachs* in: *Stelkens/Bonk/Leonhardt* (Hrsg.), Verwaltungsverfahrensgesetz, § 51 Rn. 16 ff.

97 Siehe hierzu bereits oben, Zweiter Teil, E III 1.

Empfangsbestätigung[98] oder einen Einwand zu übermitteln. Demnach kann ein Spielraum hinsichtlich ihrer Entscheidung bestehen, den die Mitgliedstaaten durch die Errichtung eines Genehmigungserfordernisses ausfüllen könnten.[99] Art. 4 Abs. 3 regelt, welcher Art die erwähnten Einwände sein können, die die zuständige Behörde geltend machen kann statt die Notifizierung gemäß Art. 3 zu bestätigen. Dort heißt es:

"Einwände sind anhand der Rechts- und Verwaltungsvorschriften zum Schutze der Umwelt, zur Wahrung der öffentlichen Sicherheit und der öffentlichen Ordnung oder zum Schutze der Gesundheit zu begründen, die mit dieser Richtlinie, mit anderen gemeinschaftlichen Rechtsakten oder mit internationalen Übereinkommen, die der betroffene Mitgliedstaat auf diesem Gebiet vor der Bekanntgabe dieser Richtlinie geschlossen hat, in Einklang stehen."

Will die zuständige Behörde (des Empfangsstaates)[100] dem Verbringer die Empfangsbestätigung bezüglich der Notifizierung verweigern oder will - gemäß Art. 4 Abs. 6 Unterabsatz 2 - die zuständige Behörde des Versandstaates die Verbringung verhindern, so muß sie eine der in Art. 4 Abs. 3 erwähnten Rechts- und Verwaltungsvorschriften geltend machen können, mit der sie ihren Einwand begründen kann. Gelingt ihr dies nicht, so muß sie die Empfangsbestätigung erteilen bzw. die Verbringung dulden. Sie steht damit unter einem Begründungszwang hinsichtlich der Verweigerung der Empfangsbestätigung. Liegen die tatbestandlichen Voraussetzungen einer Einwandsvorschrift nicht vor, so ist ihr der Entscheidungsspielraum genommen. Dies spricht gegen die Zulässigkeit der Eröffnung eines Ermessensspielraums in der Form einer weiteren Negativschranke zur Zulässigkeit der Abfallverbringung. Vielmehr stellt der dargestellte Spielraum des Einwandsystems eine Beschränkung der Untersagungsmöglichkeiten der Verbringung dar. Den Mitgliedstaaten ist der Erlaß von Rechtsvorschriften möglich, die einen Spielraum dergestalt vorsehen, daß die zuständige Behörde die Empfangsbestätigung selbst dann erteilen kann, wenn ein begründeter Einwand vorliegt.

Möglicherweise ergibt sich dem Wortlaut des Art. 4 Abs. 6 Unterabsatz 2 der Richtlinie etwas anderes. Nach dieser Vorschrift kann auch der Emp-

---

98 Zu deren Bedeutung oben, Dritter Teil, B II 1.

99 Siehe hierzu *v. Wilmowsky*, Abfallwirtschaft im Binnenmarkt, S. 28 f.; *Eisberg*, Der Grundsatz der Abfallentsorgung im Inland, S. 36.

100 Vgl. Art. 2 Abs. 1 Buchstabe b) der Verbringungsrichtlinie 84/631/EWG.

fangsmitgliedstaat bestimmte Planeinwände geltend machen, indem er sie der zuständigen Behörde des Empfangsmitgliedstaates sowie dem Abfallbesitzer innerhalb einer bestimmten Frist zuleitet.[101] Zweifelhaft ist in diesem Falle, ob der Behörde des Empfangsstaates der Freiraum verbleibt, trotz des Vorliegens des Einwandes des Versandstaates die Empfangsbestätigung zu erteilen. Aus Erwägungsgrund Nr. 11 der Richtlinie ergibt sich, daß es nach Ansicht des *Rates* eine Notwendigkeit darstellt, daß auch die Versandmitgliedstaaten in bestimmten Situationen eine Verbringung blockieren können. Unter diesem Aspekt sind die Einwände nach Art. 4 Abs. 6 Unterabsatz 2 der Richtlinie als von der zuständigen Behörde des Empfangsstaates zwingend zu beachtendes Verbringungshindernis anzusehen.[102] Ein Spielraum der zuständigen Behörde entfällt dann. Sofern Einwände nach Art. 4 Abs. 6 Unterabsatz 2 jedoch nicht erhoben werden, verbleibt es bei dem bisherigen Ergebnis.

Die Möglichkeit der Eröffnung von darüber hinausgehenden Versagungsspielräumen für die nationalen Behörden durch eine entsprechende Umsetzung der Richtlinie könnte sich aber aus Art. 4 Abs. 5 der Richtlinie ergeben. Nach Absatz 5 befreit eine Empfangsbestätigung den Abfallerzeuger oder andere Personen nicht von den Verpflichtungen, die sich aus anderen mitgliedstaatlichen oder gemeinschaftsrechtlichen Bestimmungen ergeben. Hierzu wird vertreten, daß über diese Vorschrift eine grundsätzliche Anwendung auch der nationalen Verbringungsvorschriften gewährleistet sei. Anderenfalls würde die Vorschrift leerlaufen, weshalb sie auch die Möglichkeit umfaßte, neben dem Notifizierungsverfahren ein nationales Genehmigungsverfahren zu etablieren.[103] Es wird jedoch übersehen, daß die Unbeachtlichkeit der Empfangsbestätigung für andere Personen gilt, als den Abfallbesitzer, der die Verbringung der Abfälle plant. Die Vorschrift spricht ausdrücklich davon, daß die Empfangsbestätigung, die der Abfallbesitzer erhält, für den Abfallerzeuger oder sonst wen, aber eben nicht für den Abfallbesitzer unbeachtlich hinsichtlich der Einhaltung anderweitiger Bestimmungen ist. Hieraus ergibt sich, daß die Vorschrift mit den mitgliedstaatli-

---

[101] Die Formulierung "auch" deutet entgegen dem Wortlaut nicht darauf hin, daß andere Einwände daneben geltend gemacht werden können. Der Begriff ist auf den Untersabsatz 1 bezogen, nach dem Auflagen festgelegt werden können. Daneben können auch Einwände gemacht werden. Damit sind die Einwände des Herkunftsstaates in Unterabsatz 2 abschließend behandelt. Vgl. *v. Wilmowsky*, Abfallwirtschaft im Binnenmarkt, S. 33 f.; a. A. *Holtmeier*, Rechtsprobleme des grenzüberschreitenden Transports gefährlicher Abfälle, in: *GfU* (Hrsg.), Dokumentation zur 8. wissenschaftlichen Fachtagung 1984, S. 122 (134).

[102] So auch *Eisberg*, Der Grundsatz der Abfallentsorgung im Inland, S. 34.

[103] *Eisberg*, Der Grundsatz der Abfallentsorgung im Inland, S. 39.

chen Bestimmungen nicht diejenigen meint, die der Abfallbesitzer bei der Verbringung einzuhalten hat. Ein derartiges Ergebnis würde im übrigen auch die Notifizierung überflüssig machen. Gemeint sind vielmehr Vorschriften, die andere mit dem Abfall befaßte Personen einzuhalten haben, beispielsweise über Vermeidungspflichten des Abfallerzeugers. Auch Absatz 5 vermag das oben erzielte Ergebnis damit nicht zu modifizieren.

Festzuhalten bleibt, daß das Einwandsystem des Art. 3 der Verbringungsrichtlinie als solches den zuständigen nationalen Behörden ein Versagungsermessen nicht eröffnen soll. Es besteht ein Entweder-Oder zwischen Einwandserhebung und Erteilung der Empfangsbestätigung.

b) Ermessensspielraum durch die einzelnen Einwendungstatbestände

aa) Aus dem Fehlen eines Spielraumes hinsichtlich der Entscheidung der zuständigen Behörde, bei Vorliegen eines Einwandsgrundes einen Einwand zu erheben, ist aber noch nicht zu schließen, daß der Behörde bei der Feststellung, ob nach den nationalen Rechtsvorschriften ein Einwandsgrund gegeben ist, ebenfalls kein Spielraum zusteht. Dies ist dann der Fall, wenn die nationalen Vorschriften, auf die Einwände gestützt werden können, der Behörde in gemeinschaftsrechtlich einwandfreier Weise einen Versagungsspielraum geben können. Läßt eine mitgliedstaatliche Bestimmung der nationalen Behörde im Falle des Nichterfüllens von Versagungstatbeständen einen Versagungsspielraum,[104] so schlägt dieser Spielraum, falls die Versagungsnorm als Einwand im Sinne des Art. 3 Abs. 3 der Richtlinie 84/631/EWG geltend gemacht werden kann, auf die Entscheidung der zuständigen Behörde über die Ausstellung einer Empfangsbestätigung durch.

Aus dem Wortlaut des Absatz 3 ergibt sich, zu welchen Zweck die betroffenen Mitgliedstaaten Einwände erheben können sollen. Einwände sind nur zulässig, wenn sie sich auf (nationale) Vorschriften stützen, die dem Schutz der Umwelt, der Gesundheit oder zur Wahrung der öffentlichen Sicherheit und Ordnung dienen. Ein auf ein Versagungsermessen einer nationalen Vorschrift gestützer Einwand kann deshalb nur dann nach Art. 4 Abs. 3 der Richtlinie zulässig sein, wenn die Ermessenseinräumung dem Schutz der in

104 Wie dies bei § 13 Abs. 1 S. 2 AbfG der Fall ist; siehe oben, Dritter Teil, A II 2 e).

Art. 4 Abs. 3 genannten Rechtsgüter dient. Anderenfalls ließe sich die Möglichkeit der mitgliedstaatlichen Behörde, die Verbringung zu verhindern, nicht mit dem Wortlaut der Vorschrift in Einklang bringen, die ausschließlich die mögliche Beeinträchtigung der erwähnten Schutzgüter als Gründe für einen Einwand heraushebt.[105] Eine weitergehende Beschränkung hin auf ein völliges Ermessensverbot im Rahmen der Richtlinienumsetzung ist sowohl Art. 4 Abs. 3 der Richtlinie, wie auch ihrer Systematik und den Erwägungsgründen nicht zu entnehmen.

bb) Dem Schutz der Umwelt dienen Regelungen, die den Schutz sowohl der natürlichen, als auch der von Menschen geschaffenen Umwelt vor Beeinträchtigungen, aber auch die Bekämpfung und die Beseitigung bereits eingetretener Schäden sowie andere Maßnahmen planerischer oder allgemeiner Art bezwecken.[106] Zur näheren Bestimmung dieses Schutzzwecks ist auf die gemeinschaftsrechtliche Auslegung des Begriffs im Rahmen des Art. 130r EGV zurückzugreifen. Er beinhaltet einen umfassenden Schutz der Umwelt, partiell auch Maßnahmen zu deren Verbesserung, sowie die umweltbezogenen Bereiche der Forschung, Information etc. Es handelt sich damit um einen ausgesprochen weiten Bereich, zumal auch Regelungen umfaßt sind, die nur partiell dem Umweltschutz dienen.

cc) Auch die Bestimmung des Inhalts des Schutzes der Gesundheit kann parallel zu Art. 130r EGV vorgenommen werden. Daneben findet der Begriff in Art. 36 EGV, Verwendung, wo er (ebenfalls) als Rechtfertigungsgrund für nationale BEstimmungen dient.[107] Über die dem Schutz der Umwelt dienenden Maßnahmen, die in der Regel auch die menschliche Gesundheit schützen, hinaus werden beispielsweise Trinkwasserbestimmungen oder Regelungen über andere hygienische Maßnahmen erfaßt.[108]

dd) Es ist zweifelhaft, ob die öffentliche Sicherheit und Ordnung im Sinne des Gemeinschaftsrechts identisch ist mit dem gleichnamigen Begriffspaar der nationalen polizeirechtlichen Vorschriften. Der Begriff der öffentlichen Si-

---

105 So auch *Eisberg*, Der Grundsatz der Abfallentsorgung im Inland, S. 50.

106 *Krämer* in: *Groeben/Thiesing/Ehlermann* (Hrsg.), Kommentar zum EWG-Vertrag, Art. 130r, Rn. 11 ff. mit weit Nachw.

107 Vgl. *EuGH*, Urteil vom 5. Februar 1981 - Rs. 53/80 (Kaasfabriek Eyssen), Slg. 1981, 409 (422); *Müller-Graff* in: *Groeben/Thiesing/Ehlermann* (Hrsg.), Kommentar zum EWG-Vertrag, Art. 36 Rn. 51.

108 *Krämer* in: *Groeben/Thiesing/Ehlermann* (Hrsg.), Kommentar zum EWG-Vertrag, Art. 130r Rn. 15.

cherheit und Ordnung findet im primären Gemeinschaftsrecht unter anderem Verwendung in Art. 36 EGV. Daß der Inhalt des Art. 36 EGV diesbezüglich mit Art. 4 Abs. 3 der Verbringungsrichtlinie identisch ist, ergibt sich daraus, daß beide Regelungen als Rechtfertigung für vom Gemeinschaftsrecht abweichendes nationales Verhalten dienen. Der Begriff der öffentlichen Ordnung als Oberbegriff kennzeichnet die Gesamtheit der hoheitlich festgelegten, unverzichtbaren Grundregeln, die im Interesse der politischen und sozialen Struktur eines Mitgliedstaates von diesem erlassen wurden oder zu erlassen sind,[109] Die öffentliche Sicherheit beinhaltet die Existenz des Staates, der gegen innere und äußere Gewaltanwendung geschützt werden muß.[110] Das Schutzgut der öffentlichen Sicherheit und Ordnung stellt ein Auffangschutzgut im Rahmen des Art. 36 EGV dar, dessen es bei Einschlägigkeit eines anderen Schutzgutes nicht bedarf.

Damit räumen die Vorschriften der Verbringungsrichtlinie 84/631/EWG den Mitgliedstaaten die Möglichkeit ein, nationale Bestimmungen, die den zuständigen Behörden einen Ermessensspielraum bei der Versagung der Genehmigung belassen, aufrechtzuerhalten, sofern dieser Spielraum dem Schutz der in Art. 4 Abs. 3 der Richtlinie genannten Rechtsgüter dient. Ein darüber hinausgehender Spielraum ist hingegen unzulässig.

III. Umsetzung durch die Regelungen des § 13 Abs. 1 AbfG

1. Schutzgüter des Art. 4 Abs. 3 der Verbringungsrichtlinie

a) Voraussetzungen

Ob die Regelung des § 13 Abs. 1 S. 2 AbfG im Hinblick auf ihre Ermesseneinräumumg eine die Pflichten der Bundesrepublik aus Art. 5 Abs. 1 und

---

109 *Müller-Graff* in: *Groeben/Thiesing/Ehlermann* (Hrsg.), Kommentar zum EWG-Vertrag, Art. 36 Rn. 44; *EuGH*, Urteil vom 27. Oktober 1977 - Rs. 30/77 (Bouchereau), Slg. 1977, 1999 (2012 f.); Urteil vom 10. Juli 1984 - Rs. 72/82 (Campus Oil Limited/Minister für Industrie und Energie), Slg. 1984, 2727 (2748).

110 *EuGH*, Urteil vom 10. Juli 1984 - Rs. 72/82 (Campus Oil Limited/Minister für Industrie und Energie), Slg. 1984, 2727 (2748).

Art. 189 Abs. 3 EGV erfüllende Umsetzung der Verbringungsrichtlinie darstellt, entscheidet sich demzufolge danach, ob das Ermessen des § 13 Abs. 1 S. 2 AbfG dem Schutz der Rechtsgüter des Art. 4 Abs. 3 der Richtlinie dient.[111] Das Versagungsermessen der Vorschrift des Abfallgesetzes dient nicht zum Schutz derjenigen Rechtsgüter, die bereits ihren Einschlag im Rahmen des Wohles der Allgemeinheit gefunden haben, weil diese Aspekte anderenfalls zweifach in die Genehmigungsentscheidung einfließen würden.[112] Für den Schutz der (menschlichen) Gesundheit in Art. 4 Abs. 3 ergibt sich die tatbestandliche Berücksichtigung - jedenfalls soweit es die Gesundheit der Bürger der Bundesrepublik Deutschland betrifft - im Rahmen des Wohls der Allgemeinheit aus § 2 Abs. 1 S. 2 Nr. 1 AbfG, der Schutz der deutschen Umwelt ist über Nr. 2 bis Nr. 5 vollständig erfaßt.[113] Auch die öffentliche Sicherheit und öffentliche Ordnung im Sinne des Art. 4 Abs. 3 der Richtlinie erfaßt grundsätzlich keinen anderen, jedenfalls nicht einen weiteren, Schutzbereich als die entsprechenden Begrifflichkeiten des deutschen Abfallrechts.[114] Auch hier verbleibt der Bereich der öffentlichen Sicherheit und Ordnung des Auslandes. Im Ergebnis ist damit der Schutz derjenigen Rechtsgüter, zugunsten derer die Richtlinie ein Ermessen der nationalen Behörde nicht ausschließt, im Rahmen der Vorschriften des deutschen Abfallgesetzes bereits weitestgehend tatbestandlich erfaßt und nicht mehr im Rahmen des Ermessens zu berücksichtigen. Deren Ermessen beschränkt sich auf außenpolitische oder abfallwirtschaftliche Gründe.[115]

b) Zu berücksichtigende Aspekte

Diejenigen Aspekte, die nach einer wertenden Analyse des Ermessensrahmens[116] noch verbleiben, müssen, um berücksichtigungsfähig zu sein, dem

[111] Im Ergebnis ablehnend die *Kommission der Europäischen Gemeinschaften* im Rahmen des Vertragsverletzungsverfahrens Rs. C-422/92, vgl. Dok. 93/C 35/09 (ABl. Nr. C 35 vom 9. Februar 1993, S. 6); siehe auch oben, Dritter Teil, B II 2 b).

[112] Siehe oben, Dritter Teil, A II 2.

[113] *Kunig* in: *Kunig/Schwermer/Versteyl*, Abfallgesetz, § 2 Rn. 41; *Hösel/v. Lersner*, Recht der Abfallbeseitigung, § 2 (Nr. 1120) Rn. 8.

[114] *EuGH*, Urteil vom 27. Oktober 1977 - Rs. 30/77 (Bouchereau), Slg. 1977, 1999 (2012 f.); Urteil vom 10. Juli 1984 - Rs. 72/82 (Campus Oil Limited/Minister für Industrie und Energie), Slg. 1984, 2727 (2748); vgl. auch *Bleckmann*, Europarecht, S. 836 ff.

[115] Siehe oben, Dritter Teil, A II 2 e), vgl. auch *Eisberg*, Der Grundsatz der Abfallentsorgung im Inland, S. 50.

[116] Siehe oben, Dritter Teil, A II.

Schutz der genannten Rechtsgüter des Art. 4 Abs. 3 der Verbringungsrichtlinie dienen. Soweit die erwähnten außenpolitischen Interessen der Mitgliedstaaten betroffen sind, ergibt sich deren Nichtberücksichtigung ohne weiteres. Diese Umstände vermögen keine Einwände im Sinne des Art. 4 Abs. 3 der Verbringungsrichtlinie zu begründen. Außenpolitische Interessen mögen in bestimmten Fällen zwar einen Bezug zur nationalen Umwelt haben, dieser Bezug kann jedoch als eigenständiges Interesse in die behördliche Entscheidung eingehen. Der spezifisch außenpolitische Belang ist indessen nicht von den Schuzgütern des Art. 4 Abs. 3 der Verbringungsrichtlinie umfaßt.

Etwas anderes gilt hinsichtlich der abfallwirtschaftlichen Aspekte. Das Funktionieren der nationalen Abfallwirtschaft weist starke Bezüge zu den Belangen des Schutzes der Umwelt und der menschlichen Gesundheit auf. Dem Schutz der Umwelt dienen Regelungen, die es den Mitgliedstaten ermöglichen, ihre Abfälle einer geordneten Beseitigung oder Verwertung zuzuführen. Sofern die grenzüberschreitende Verbringung von Abfällen in dieser Weise eine Gefahr für die Umwelt darstellt, ist dies im Rahmen der Ermessensentscheidung zu berücksichtigen.[117]

Ob die im Rahmen des § 13 Abs. 1 S. 2 AbfG als ermessensgestaltende Umstände zu berücksichtigenden Interessen eines Wohles der Allgemeinheit im Ausland[118] den Schutzgütern des Art. 4 Abs. 3 der Richtlinie unterfallen, bleibt zu klären. Dafür, daß auch in Art. 4 Abs. 3 der Richtlinie nur die jeweiligen nationalen Schutzgüter gemeint sind, spricht der Umstand, daß es grundsätzlich Sache jedes Mitgliedstaates ist - soweit Kompetenzen nicht an die Gemeinschaft übertragen sind - für den Schutz der nationalen Rechtsgüter selbst zu sorgen und diesen Schutz nicht anderen Mitgliedstaaten zu überlassen. Darüber hinaus stellt der Wortlaut von Art. 4 Abs. 3 ein Indiz in diese Richtung dar. Mit dem Terminus der "Rechts- und Verwaltungsvorschriften" sind regelmäßig national bezogene Regelungen gemeint. Dies entspricht auch dem Sinn der Einwandsmöglichkeit, wie nicht zuletzt aus Erwägungsgrund Nr. 9 der Richtlinie deutlich wird. Dieser Ansicht ist auch die Kommission der *Europäischen Gemeinschaft*. Sie begründet ihre Klage gegen die Bundesrepublik Deutschland damit, daß es den Versandmitgliedstaaten nicht zustehe, zu prüfen, ob "von der Entsorgung im Empfängerstaat eine Beein-

117 Vgl. *v. Wilmowsky*, Abfallwirtschaft im Binnenmarkt, S. 284.

118 Siehe oben, Dritter Teil, A II 2 b) und e); *Kunig* in: *Kunig/Schwermer/Versteyl*, Abfallgesetz, § 13 Rn. 18; *ders.*, NuR 1989, 19 (20); *Friedrich*, UPR 1988, 4 (6).

trächtigung des Wohls der Allgemeinheit zu besorgen sei."[119] Vielmehr bestimme die Richtlinie, daß in diesem Falle die Einwände durch den Empfängermitgliedstaat selbst zu erheben sind. Dies deckt sich mit den bislang ermittelten Ergebnissen. Auch die im Rahmen der Ermessensprüfung nach den Vorschriften des § 13 Abs. 1 AbfG verbleibenden Aspekte des Wohls der Allgemeinheit im Ausland unterfallen nicht den nach der Verbringungsrichtlinie zulässigen Schutzzwecken.

Die Auslegung des Ermessensspielraums des § 13 Abs. 1 S. 2 AbfG, wie sie von der deutschen Literatur vorgenommen wird,[120] ist daher nicht mit dem Einwandsystem der Verbringungsrichtlinie zu vereinbaren, als sie die außenpolitischen Interessen der Bundesrepublik Deutschland und das Wohl der Allgemeinheit im Ausland in die Ermessenserwägungen mit einbezieht.

c) EG-rechtskonforme Auslegung

Das Instrument der EG-rechtskonformen Auslegung vermag aber der Vorschrift einen Sinn beizugeben, der mit der Verbringungsrichtlinie übereinstimmt.[121] Der Ermessensrahmen des § 13 Abs. 1 S. 2 AbfG kann im Sinne des Art. 4 Abs. 3 der Richtlinie um die nach der Richtlinie nicht zu berücksichtigenden Aspekte reduziert werden, ohne das damit ein Ergebnis erzielt wird, das gegen den Wortlaut der Vorschrift verstößt.[122] Das Ergebnis ist allerdings ein vollständiger Fortfall des Ermessensrahmens. Ob die Vorschrift des § 13 Abs. 1 S. 2 AbfG in ihrer richtlinienkonformen Auslegung die Umsetzungspflicht der Bundesrepublik aus Art. 5 Abs. 1 und Art. 189 Abs. 3 EGV erfüllt, richtet sich (auch) danach, ob durch die wie dargelegt auszulegende mitgliedstaatliche Vorschrift für den Bürger hinreichend klar erkennbar ist, welche subjektiven Rechte er nach den Regelungen der Ver-

---

119 Dok. 93/C 35/09, ABl. Nr. C vom 9. Februar 1993, S. 6 (7).

120 So *Kunig* in: *Kunig/Schwermer/Versteyl*, Abfallgesetz, § 13 Rn. 15; *Hösel/v. Lersner*, Recht der Abfallbeseitigung, § 13 AbfG (Nr. 1230) Rn. 5; *Jung* in *Birn/Jung*, Abfallbeseitigungsrecht für die betriebliche Praxis, § 13 AbfG Anm. 1.3; *Hoschützky/Kreft* (Hrsg.), Recht der Abfallwirtschaft, § 13 Anm. 2.1; *Bartels*, Abfallrecht - Eine systematische Darstellung, S. 113.

121 So auch *Eisberg*, Der Grundsatz der Abfallentsorgung im Inland, S. 50.

122 Zu diesem Erfordernis siehe oben Zweiter Teil, C III 2 sowie E III 1; *Jarass*, EuR 1991, 211 (220) mit weit. Nachw.

bringungsrichtlinie hat.[123] Ob dies der Fall ist, wenn die Norm nicht ausdrücklich klarstellt, daß der Abfallbesitzer bei Vorliegen der normativen Voraussetzungen einen Anspruch auf Erteilung der Verbringungsgenehmigung nach § 13 Abs. 1 AbfG hat, darf bezweifelt werden. Nicht übersehen werden darf jedoch der Umstand, daß auch die Verbringungsrichtlinie selbst nicht ausdrücklich von einem subjektiven Recht des Abfallbesitzers auf die Erteilung der Empfangsbestätigung spricht. Auch hier ist das Ergebnis erst durch Auslegung zu ermitteln.[124] Entscheidend für die Ordnungsgemäßheit der Umsetzung dürfte aber sprechen, daß die Grundlage des Ermessensspielraums, den die Verbringungsrichtlinie gewährt, im nationalen Recht begründet liegt. Die Richtlinie schreibt den Mitgliedstaaten eine Umsetzung durch Ermessensgewährung nicht vor. Der Umstand, daß die mitgliedstaatlichen Einwandsvorschriften die Möglichkeit gewähren, auch bei Fehlen der normativen Umstände zugunsten bestimmter Schutzgüter einen Einwand zu erheben, ist damit lediglich nicht unzulässig. Die Verbringungsrichtlinie ist nicht in dieser Hinsicht nicht so bestimmt, daß eine hohe formelle Genauigkeit der Umsetzung[125] erforderlich wäre.

2. Übereinstimmung mit anderen Vorschriften - Beeinträchtigung der gemeinschaftsvertraglichen Grundfreiheiten

a) Verstoß gegen Art. 30 EGV

Zu vereinbaren sein müssen die einwandsbegründenden, mitgliedstaatlichen Vorschriften mit anderen gemeinschaftsrechtlichen Bestimmungen. In Art. 4 Abs. 3 der Verbringungsrichtlinie heißt es, daß die einwandsbegründenden Rechts- und Verwaltungsvorschriften mit der Richtlinie, anderen gemeinschaftsrechtlichen Rechtsakten und mit bestimmten internationalen Übereinkommen in Einklang stehen müssen. In dieser Voraussetzung liegt, soweit die Richtlinie sowie andere Rechtsakte der *Europäischen Gemeinschaft* angesprochen sind, nicht mehr als ein allgemeiner Hinweis auf die

123 *EuGH*, Urteil vom 28. Februar 1991 - Rs. C-131/88 (Kommission/Deutschland), Slg. 1990, I-825 (I-867); *Jarass*, Manuskript, S. 35 ff.; *Everling*, NVwZ 1993, 209 (213 f.); *Zuleeg*, NJW 1993, 31 (37.).

124 Siehe oben, Dritter Teil, B II 2 b).

125 Zum Begriff vgl. *Lübbe-Wolff*, Bedeutung des EG-Rechts für den Umweltschutz, in: *Behrens/Koch* (Hrsg.), Umweltschutz in der Europäischen Gemeinschaft, S. 127 (137).

Pflicht der Mitgliedstaaten aus Art. 5 EGV.[126] Zu den anderen Rechtsakten im Sinne der Richtlinienbestimmung gehören auch die Normen des EG-Vertrages. Die Gewährung eines Versagungsermessensspielraumes für die zuständigen nationalen Behörden könnte die Abfallbesitzer aber in ihren gemeinschaftsvertraglichen Grundfreiheiten beeinträchtigen. In Betracht kommt eine Verletzung der Freiheit des Warenverkehrs nach Art. 30 EGV, weil Abfall eine Ware im Sinne der Vorschriften der Art. 30 ff. EGV darstellt.[127] Art. 30 EGV erklärt mengenmäßige Einfuhrbeschränken und Maßnahmen gleicher Wirkung zwischen den Mitgliedstaaten für unzulässig. Hierdurch soll die Schaffung eines Gemeinsamen Marktes gefördert werden.[128] Die Grundfreiheit kann betroffen sein, weil das Genehmigungserfordernis für die grenzüberschreitende Abfallverbringung eine Beschränkung bewirkt, die entweder eine mengenmäßige Einfuhrbeschränkung oder eine Maßnahme gleicher Wirkung darstellen kann. Eine mengenmäßige Beschränkung des freien Warenverkehrs liegt vor, wenn eine mitgliedstaatliche Maßnahme die Einfuhr einer Ware verbietet oder begrenzt, eine Maßnahme gleicher Wirkung beschränkt die Einfuhr, Ausfuhr oder Durchfuhr von Waren auf sonstige Weise.[129] Es handelt sich um "Handelsregelungen der Mitgliedstaaten, die geeignet sind, den innergemeinschaftlichen Handel unmittelbar oder mittelbar, tatsächlich oder potentiell zu behindern".[130] Die Abgrenzung zwischen beiden Alternativen ist wegen der identischen Rechtsfolgen allerdings bedeutungslos.[131] Art. 30 EGV schützt die Gemeinschaftsbürger damit um-

---

126 Siehe hierzu *Geiger*, EG-Vertrag, Art. 5 Rn. 8 ff.

127 Seit der Entscheidung des *EuGH* vom 9. Juli 1992 - Rs. C-2/90 (Kommission/Königreich Belgien), NVwZ 1992, 871 ff. ist die Streitfrage, ob die Anfallentsorgung unter die Freiheit der Dienstleistung nach Art. 59 ff. EGV oder unter die Warenverkehrsfreiheit nach Art. 30 ff. EGV fällt, entschieden. Zum Streitstand vgl. die Darstellung bei *v. Wilmowsky*, Abfallwirtschaft im Binnenmarkt, S. 76 f. Für Warenverkehrsfreiheit z. B.: *Friedrich*, UPR 1988, 4 (8); *Pernice*, NVwZ 1990, 414 (416); *Jans*, Grensoverschrijdend vervoer van chemische afvalstoffen, in: Tijdschrift voor milieu en recht 1985, 334 (337). Für Dienstleistungsfreiheit z. B.: *Skordas*, Umweltschutz und freier Warenverkehr im EWG-Vertrag und GATT, S. 42 ff; *Hösel/von Lersner*, Recht der Abfallbeseitigung, § 13c AbfG (Nr. 1233) Rn. 2; *v. Kempis*, UPR 1985, 354 (356). Den Konflikt für unbedeutend hält *Schröder*, Konfliktlinien in der Abfallwirtschaft, in: *Behrens/Koch* (Hrsg.), Umweltschutz in der Europäischen Gemeinschaft, S. 165 (170); vgl. weiterhin *Tostmann*, EuZW 1992, 579 (580).

128 Siehe Bulletin der EG 2/86; vgl. *Müller/Graf* in *Groeben/Thiesing/Ehlermann* (Hrsg.), Kommentar zum EWG-Vertrag, Art. 30 Rn. 1; *Geiger*, EG-Vertrag, Präambel, Rn. 5.

129 *EuGH*, Urteil vom 12. Juli 1973 - Rs. 2/73 (Geddo/Ente Nazionale Risi), Slg. 1973, 865 (879); *Streinz*, Europarecht, S. 193.

130 So *EuGH*, Urteil vom 11. Juli 1974 - Rs. 8/74 (Dassonville), Slg. 1974, 837 (847); *Müller-Graff* in: *Groeben/Thiesing/Ehlermann*, EWG-Vertrag, Art. 30 Rn. 22 mit weit. Nachw. in Fn. 46.

131 *Matthies* in: *Grabitz* (Hrsg.), Kommentar zum EWG-Vertrag, Art. 30 Rn. 3; so wohl auch von *Schröder*, Konfliktlinien in der Abfallwirtschaft, in: *Behrens/Koch* (Hrsg.), Umweltschutz in der Europäischen Gemeinschaft, S. 165 (170) gemeint.

fassend vor staatlichen Maßnahmen, die den freien Warenverkehr innnerhalb des Gemeinschaftsgebiets verhindern.

Die Einführung eines Genehmigungserfordernisses kann eine solche Beschränkung darstellen. Nach der Rechtsprechung des *Europäischen Gerichtshofs* ist unzulässig jede Form eines Ein- oder Ausfuhrverfahrens auch wenn die erstrebte Genehmigung oder die Zulassung ohne weiteres sofort erteilt wird.[132] Zumindest ein solches Genehmigungsverfahren beinhalten auch die Regelungen des § 13 Abs. 1 AbfG. Unerheblich ist danach, ob der zuständigen Behörde ein Versagungsermessen zusteht. Selbst wenn dies nicht der Fall ist, liegt nach dieser Rechtsprechung eine die Freiheit des Warenverkehrs beschränkende Maßnahme im Sinne des Art. 30 EGV vor.

b) Rechtfertigung des Eingriffs

Art. 36 EGV gestattet den Mitgliedstaaten in Ausnahmefällen Einschränkungen des freien Warenverkehrs in Form der nach Art. 30 EGV verbotenen mengenmäßigen Einfuhrbeschränkungen und Maßnahmen gleicher Wirkung unter bestimmten Voraussetzungen zum Schutze der in Art. 36 S. 1 EGV aufgeführten Rechtsgüter. Die Vorschrift hat allerdings nicht den Zweck, die dem Schutz eines der genannten Rechtsgüter dienenden Sachgebiete einer ausschließlichen Zuständigkeit der Mitgliedstaaten vorzubehalten.[133] Die Aufzählung der Rechtsgüter ist nach Ansicht des *Europäischen Gerichshofes* abschließend, die Bereiche der einzelnen Rechtsgüter wegen der Eigenschaft

---

[132] *EuGH*, Urteil vom 15. Dezember 1971 - Rs 51 bis 54/71 (International Fruit Company/Produktschap Groenten), Slg. 1971, 1107 (1117); Urteil vom 16. März 1977 - Rs. 68/76 (Kommission/Frankreich), Slg. 1977, 515 (530 f.); Urteil vom 15. Juli 1982 - Rs. 40/82 (Kommission/Vereinigtes Königreich und Irland), Slg. 1982, 2793 (2826); Urteil vom 8. Februar 1983 - Rs. 124/81 (Kommission/Vereinigtes Königreich und Irland), Slg. 1983, 203 (204); Urteil vom 31. Januar 1984 - Rs. 74/82 (Kommission/Irland), Slg. 1984, 317 (341); Urteil vom 14. Juni 1988 - Rs. 29/87 (Dansk Denkavit ApS/Landsbrugsministeriet), Slg. 1988, 2965 (2982 ff.); Urteil vom 15. Dezember 1976 - Rs. 41/76 (Donckerwolcke/Procureur de la République), Slg. 1976, 1921 (1922).

[133] *Müller-Graff* in: *Groeben/Thiesing/Ehlermann* (Hrsg.), Kommentar zum EWG-Vertrag, Art. 36 Rn. 1; *EuGH*, Urteil vom 15. Dezember 1976 - Rs. 35/76 (Simmenthal/Italienisches Finanzministerium), Slg. 1976, 1871 (1886); Urteil vom 5. Oktober 1977 - Rs. 5/77 (Tedeschi/Denkavit), Slg. 1977, 1555 (1576); Urteil vom 12. Juli 1979 - Rs. 135/78 (Kommission/Bundesrepublik Deutschland), Slg. 1979, 2555 (2564); Urteil vom 8. November 1979 - Rs. 251/78 (Denkavit Futtermittel/Minister für Ernährung, Landwirtschaft und Forsten), Slg. 1979, 3369 (3388); Urteil vom 10. Juli 1984 - Rs. 72/82 (Campus Oil Limited/Minister für Industrie und Energie), Slg. 1984, 2727 (2751).

der Vorschrift als Ausnahmetatbestand restriktiv auszulegen,[134] was zu dem nicht befriedigenden Ergebnis führt, daß sowohl zugunsten des Umweltschutzes als auch des Verbraucherschutzes nicht in die Warenverkehrsfreiheit eingegriffen werden darf. Zur Korrektur der damit - nicht zuletzt aufgrund der unbeschränkten Auslegung des Begriffs der Maßmahmen gleicher Wirkung -[135] weitreichenden Freiheit des Warenverkehrs hat der *Gerichtshof* den Anwendungsbereich des Art. 30 EGV durch die sogenannte "Cassis-de-Dijon-Rechtsprechung" um eine den Grundfreiheiten immanante Schranke eingeengt:

"In Ermanglung einer gemeinschaftlichen Regelung der Herstellung und Vermarktung einer Ware ist es Sache der Mitgliedstaaten, alle die Herstellung und Vermarktung dieser Sache betreffenden Vorschriften für ihr Hoheitsgebiet zu erlassen. Hemmnisse für den Binnenhandel der Gemeinschaft, die sich aus den Unterschieden der nationalen Regelungen ergeben, müssen hingenommen werden, soweit diese Bestimmungen notwendig sind, um zwingenden Erfordernissen gerecht zu werden, insbesondere den Erfordernissen einer wirksamen steuerlichen Kontrolle, des Schutzes der öffentlichen Gesundheit, der Lauterkeit des Handelsverkehrs und des Verbraucherschutzes."[136]

Sofern staatliche Maßnahmen auf inländische wie auf ausländische Erzeugnisse unterschiedslos angewandt werden, sind demnach Beschränkungen der Warenverkehrsfreiheit gerechtfertigt, wenn sie zwingenden Erordernissen des Gemeinwohls dienen und dem Grundsatz der Verhältnismäßigkeit entsprechen. Für diskriminierende Maßnahmen gilt dies allerdings nicht; sie sind an Art. 36 S. 2 EGV zu messen und der Beurteilung durch die immanente Schranke der sogenannten "rule of reason" nicht zugänglich.[137]

---

134 Ständige Rechtsprechung des *Europäischen Gerichtshofs* seit dem Urteil vom 17. Juni 1981 - Rs. 113/80 (Kommission/Republik Irland), Slg. 1981, 1625 (1638); siehe auch *v. Wilmowsky*, Abfallwirtschaft im Binnenmarkt, S. 148 f.

135 Siehe oben, Dritter Teil, B III 2 a).

136 So abstrahiert von *Streinz*, Europarecht, S. 196 nach *EuGH*, Urteil vom 20. Februar 1979 - Rs. 120/78 (REWE/Bundesmonopolverwaltung für Branntwein - Cassis de Dijon), Slg. 1979, 649 (662 ff.); siehe auch *Matthies* in: *Grabitz* (Hrsg.), Kommentar zum EWG-Vertrag, Art. 30 Rn. 18 ff.; *Beutler/Bieber/Pipkorn/Streil*, Die Europäische Gemeinschaft - Rechtsordnung und Politik, S. 248 f. mit weit. Nachw.

137 Zum Begriff der "rule of reason" vgl. *v. Wilmowsky*, Abfallwirtschaft im Binnenmarkt, S. 150.

Soweit es die deutschen Regelungen über die grenzüberschreitende Abfallverbringung, § 13 ff. AbfG betrifft, so können diese diskriminierende Maßnahmen darstellen. Ein Indiz dafür stellt es dar, daß ihre Zielsetzung auch ist, Maßnahmen zum Schutz der inländischen Entsorgungskapazitäten zu ermöglichen. Insofern gestatten sie nationale Zugangsrestriktionen zum deutschen Entsorgungsmarkt auf der Nachfrageseite. Diese Beschränkungen knüpfen zwar nicht unmittelbar an die Staatsangehörigkeit der Abfallverbringer an. Indem sich aber ihre Anwendung über die Herkunft der Abfälle regelt, betreffen sie verstärkt ausländische Abfallbesitzer, denen der Zugang zum nationalen Entsorgungsmarkt damit erschwert wird. Um zu bestimmen, was unter diskriminierenden Maßnahmen in diesem Zusammenhang zu verstehen ist, ist zu berücksichtigen, daß das Prinzip der Warenfreiheitsbestimmungen des EWG-Vertrages nicht das Verbot der Diskriminierung schlechthin ist. Im Mittelpunkt steht stets der Gedanke des Verbots der Hindernisse für freie Warenströme.[138] Es betrifft auch nationale Regelungen, die unterschiedslos für einheimische wie für eingeführte Erzeugnisse anwenbar sind. Diskriminierend ist eine Maßnahme dann, wenn der Umstand der Grenzüberschreitung eine für den Betroffenen nachteilige Rolle spielt.[139] Nach diesen Erwägungen läge hier in den deutschen Regelungen der grenzüberschreitenden Abfallverbringung eine diskriminierende Maßnahme.[140]

Für Abfälle ist nach der Rechtsprechung des *Europäischen Gerichtshofes* allerdings eine Besonderheit zu berücksichtigen. Der *Gerichtshof* führt aus: Aus Art. 130r Abs. 2 EGV ergebe sich, daß Umweltbeeinträchtigungen grundsätzlich an ihrem Entstehungsort bekämpft werden sollen. Damit zieht der *Gerichtshof* erstmals Umweltschutzprinzipien des EG-Vertrages zur Beurteilung gemeinschaftsrechtlichen Sekundärrechts heran. Die Prinzipien der Entsorgungsnähe und der Entsorgungsautarkie gebieten den Mitgliedstaaten, Regionen und weiteren Gebietskörperschaften zunächst die Behandlung und Beseitigung der eigenen Abfälle sicherzustellen. Deshalb lasse die Warenverkehrsfreiheit auch eine Unterscheidung zwischen nationalem und

---

138 *Bleckmann*, Europarecht, S. 430.

139 *EuGH*, Urteil vom 17. Juni 1981 - Rs. 113/80 (Kommission/Republik Irland), Slg. 1981, 1625 (1639); für den Bereich der Dienstleistungen so ähnlich *EuGH*, Urteil vom 18. Januar 1979 - Rs. 110 u. 111/78 (Ministère Public und ASBL/van Wesemael), Slg. 1979, 35 (52); Urteil vom 17. Dezember 1981 - Rs. 279/80 (Webb), Slg. 1981, 3305 (3325); Urteil vom 4. Dezember 1986 - Rs. 205/84 (Kommission/Bundesrepublik Deutschland), NJW 1987, 572 (574); Urteil vom 27. Juli 1991 - Rs. C-1 und C-176/90 (Aragonesa de Publicidad Exterior S. A./Generalität de Cataluña, EuZW 1991, 690 (691).

140 So auch v. Wilmowsky, Abfallwirtschaft im Binnenmarkt, S. 150, kritisch zu dem gefundenen Ergebnis S. 160.

ausländischem Müll zu.[141] Bei der Auslegung des sekundären Gemeinschaftsrechts kommt der teleologischen Methode eine gegenüber den andern Methoden verstärkte Bedeutung zu. Zur Ermittlung der zu berücksichtigenden Ziele ist dabei in erster Linie auf die im EG-Vertrag festgelegten, objektiven Vertragsziele, im Bereich der Auslegung des Sekundärrechts daneben aber auch auf subjektive Auslegungsprinzipien, wie etwa die in den Erwägungsgründen dargelegten Absichten des jeweiligen Richtliniengebers zurückzugreifen.[142] Die Organisation der Europäischen Gemeinschaft ist final auf die Erreichung der vertraglichen Ziele gerichtet. Dieser Umstand gebietet es, bei der Anwendung des (primären und sekundären) Gemeinschaftsrechts die Zweckerreichung stets zu berücksichtigen.

Ein derartiges Vertragsziel kann der in Art. 130r Abs. 2 S. 2 EGV festgelegte Grundsatz, Umweltbeeinträchtigungen mit Vorrang an ihrem Ursprung zu bekämpfen, darstellen.[143] Diese Grundsätze verpflichten die Gemeinschaft, ihre Tätigkeit an ihnen zu orientieren und ihre Maßnahmen so zu gestalten, daß die Verwirklichung der hinter den Grundsätzen liegenden Ziele gefördert wird.[144] Dazu gehört auch die Berücksichtigung bei jeder Form von Rechtssetzungstätigkeit. Im Bereich der Auslegung ist zu beachten, daß die Sekundärnormen die Grundsätze aufnehme und "sie erst zu konkret anwendbaren Normen verdichten".[145] Es handelt sich also bei ihnen um bei der Auslegung sekundären Gemeinschaftsrechts zu berücksichtigende Vertragsziele des EG-Vertrages.

Bei der Bekämpfung von Umweltschäden ist nach dem Wortlaut des Art. 130r Abs. 2 S. 2 EGV an einem möglichst ursprungsnahen Glied der Ursachenkette einzugreifen.[146] Der Begrif der Nähe ist dabei zumindest auch lokal zu verstehen. Es sind nicht nur Maßnahmen der Gefahrenabwehr, son-

---

141 *EuGH*, Urteil vom 9. Juli 1992 - Rs. C-2/90 (Kommission/Königreich Belgien), NVwZ 1992, 871 (873); siehe auch *Tostmann*, EuZW 1992, 579 (580).

142 *Bleckmann*, Europarecht, S. 128 u. 130; *ders.*, EuR 1979, 239 (256 f.); siehe auch *Zuleeg*, EuR 1969, 97 ff.

143 Der genannte Grundatz war bereits Bestandteil des ersten Umweltprogramms der *Europäischen Gemeinschaften* (ABl. Nr. C 112 vom 20. Dezember 1973, S. 2 (2 und 6 f.), galt bis zum vierten Aktionsprogramm fort (ABl. C 328 vom 7. Dezember 1987, S. 1 ff.) und wurde durch die Einheitliche Europäische Akte in den EG-Vertrag implementiert (ABl. L 169 vom 29. Juni 1987, S. 1 ff.).

144 *Krämer* in: *Groeben/Thiesing/Ehlermann* (Hrsg.), Kommentar zum EWG-Vertrag, Art. 130r Rn. 26.

145 So *Grabitz/Nettesheim* in: *Grabitz* (Hrsg.), Kommentar zum EWG-Vertrag, Art. 130r Rn. 34.

146 *Geiger*, EG-Vertrag, Art. 130r Rn. 15.

dern auch der Vorsorge gegen mögliche Beeinträchtigungen der Umwelt unterhalb der Gefahrenschwelle gemeint, wie sich aus dem französischen und englischen Richtlinientext des Normbestandteils "Vorbeugeprinzip" ergibt.[147] Der maßgebliche Inhalt des "Näheprinzips" ergibt sich auch aus der französischen Textfassung, die von dem Ursprung der Beeinträchtigung spricht. Daraus läßt sich schließen, daß umweltschützende Maßnahmen möglichst an der Quelle und damit an ihren Entstehungsort zu bekämpfen sind,[148] um die Folgen und die Ursachen von Umweltbeeinträchtigungen in einen Rahmen wechselseitiger Beeinflussung einzustellen. Für den Bereich des Abfallrechts bedeutet dies, daß die Entsorgung der Abfälle nach Möglichkeit am Ort ihrer Entstehung stattfinden soll, auch um die Verursacher durch die Näherrückung des Entsorgungsproblems zu einer veränderten Verhaltensweise zu veranlassen. Der für das Abfallrecht maßgebliche Inhalt des Art. 130r Abs. 2 S. 2 EGV gebietet demzufolge den Organen der Gemeinschaften sowie den Mitgliedstaaten, darauf hinzuwirken, daß grenzüberschreitende Abfallverbringungnen nach Möglichkeit vermieden werden, soweit sie gegen das Näheprinzip verstoßen. Vor diesem Hintergrund sind die Ausführungen des *Europäischen Gerichtshofs* in seinem Urteil vom 9. Juli 1992[149] zu verstehen. Eine Diskriminierung liegt nur vor, wenn die eben dargestellten Besonderheiten nicht einschlägig sind, die - de facto vorliegende Ungleichbehandlung von Inländern und EG-Ausländern -[150] damit nicht durch den Grundsatz des Art. 130r Abs. 2 S. 2 EGV eine Rechtfertigung erfährt.[151]

Hierfür spricht auch der Umstand, daß der Grundsatz des Art. 130r Abs. 2 S. 2 EGV gerade für den Bereich der Abfallverbringung sekundärrechtlich konkretisiert wird. So heißt es in Art. 5 Abs. 1 S. 2 der Abfallrahmenrichtlinie, daß ein von den Mitgliedstaaten zu errichtendes Netz von Abfallbeseitigungsanlagen es den Mitgliedstaaten ermöglichen soll, die Entsorgungautarkie anzustreben, und es der Gemeinschaft erlauben soll, diese Autarkie zu erreichen. Dementsprechend spricht der Erwägungsgrund Nr. 10 der EG-Abfallverbringungsverordnung davon, daß es zur Anwendung des Prinzips der

---

147 Der französische Text verwendet den Begriff "action préventive", der englische die "preventive action".

148 *Krämer* in: *Groeben/Thiesing/Ehlermann* (Hrsg.), Kommentar zum EWG-Vertrag, Art. 130r Rn. 34.

149 *EuGH*, Urteil vom 9. Juli 1992 - Rs. C-2/90 (Kommission/Königreich Belgien), NVwZ 1992, 871 ff.

150 Siehe oben, Dritter Teil, B II 2 a).

151 Vgl. *EuGH*, Urteil vom 9. Juli 1992 - Rs. C-2/90 (Kommission/Königreich Belgien), NVwZ 1992, 871 (873); kritisch *Tostmann*, EuZW 1992, 579 (580).

Nähe, des Vorrangs für die Verwertung und des Grundsatzes der Entsorgungsautarkie auf gemeinschaftlicher und mitgliedstaatlicher Ebene erforderlich ist, daß die Mitgliedstaaten die Möglichkeit erhalten, die grenzüberschreitende Verbringung von Abfällen zu verhindern. Es wird deutlich, daß aus dem Recht der Gemeinschaft selbst eine Unterscheidung zwischen inländischen und ausländischen Abfällen vorgenomen werden soll.

Damit liegt im Ergebnis eine nicht-diskriminierende Beeinträchtigung der Warenverkehrsfreiheit vor, die durch die Grundsätze der "Cassis-de-Dijon-Rechtsprechung" des Gerichtshofs eine Rechtfertigung erfahren kann. Die zwingenden Erfordernisse des Umweltschutzes stellen dabei einen Zweck dar, dessen Schutz von diesen Grundsätzen umfaßt ist.[152]

Die Einschränkung der Warenverkehrsfreiheit muß schließlich zur Erreichung des beabsichtigten Schutzzweckes erforderlich sein, das heißt, es darf kein effektiveres Mittel zur Erreichung des auf nationaler Ebene verfolgten Zieles geben, das den Warenverkehr zwischen den Mitgliedstaaten der Gemeinschaft weniger stark beschränkt.[153] Ein solches Mittel liegt beispielsweise dann vor, wenn das Inverkehrbringen der Ware im Einfuhr- und im Ausfuhrstaat gleich effektiven Kontrollen unterliegt. Dieses Abgrenzungskriterium hilft aber hier nicht weiter, weil schutzgutbeeinträchtigend gerade die Verbringung über die nationale Grenze ist. die Errichtung einer gesetzlich im einzelnen festgelegten Genehmigungspflicht stellt aber im Hinblick auf dieses Ziel das verhältnismäßig mildeste Mittel dar. Der Schutz beispielsweise der inländischen Entsorgungskapazitäten ist durch ein milderes Mittel nicht denkbar. Deshalb ist der gemeinschaftsrechtliche Verhältnismäßigkeitsgrundatz[154] durch die Regelungen der §§ 13 ff. AbfG zum Schutze der deutschen Abfall-

---

152 *EuGH*, Urteil vom 20. September 1988 - Rs. 302/86 (Kommission/Königreich Dänemark), Slg. 1988, 4607 (4630); Urteil vom 20. Februar 1979 - Rs. 120/78 (REWE/Bundesmonopolverwaltung für Branntwein - Cassis de Dijon), Slg. 1979, 649 (662 ff.).

153 *EuGH*, Urteil vom 10. Januar 1985 - Rs. 229/83 (Leclerc/Au blé vert), Slg. 1985, 1 (34 f.); Urteil vom 10. Juli 1984 - Rs. 72/83 (Campus Oil Limited/Minister für Industrie und Energie), Slg. 1984 2727 (2748); Urteil vom 27. März 1884 - Rs. 50/83 (Kommission/Italien), Slg. 1984, 1633 (1643); Urteil vom 2. März 1983 - Rs. 155/82 (Kommission/Königreich Belgien), Slg. 1983, 531 (540); Urteil vom 7. April 1981 - Rs. 132/80 (United Fonds und van den Abeele/Königreich Belgien), Slg. 1981, 995 (998); Urteil vom 12. Juli 1979 - Rs. 153/78 (Kommission/Bundesrepublik Deutschland), Slg. 1979, 2555 (2564).

154 Vgl. hierzu *EuGH*, Urteil vom 14. Juli 1983 - Rs. 174/82 (Sandoz), Slg. 1983, 2445 (2463): Urteil vom 10. Dezember 1985 - Rs. 247/84 (Motte), Slg. 1985, 3887 (2905); *Streinz*, Europarecht, S. 195; *Moench*, NJW 1982, 2689 (2692); *Bleckmann*, Europarecht, S. 434; *Grupp/Schäder*, EWS 1993, 27 ff. mit weit Nachw.

wirtschaft gewahrt.[155] Damit stellt das Genehmigungserfordernis der deutschen Abfallverbringungsregelungen eine zulässige Beeinträchtigung der gemeinschaftsrechlichen Warenverkehrsfreiheit dar. Dieses Ergebnis hatte sich bereits in den sekundären Regelungen zur ursprungsnahen Entsorgung angedeutet.

c) *Zusammenfassung*

Eine rechtswidrige Verletzung der EG-vertraglichen Grundfreiheiten liegt folglich nicht vor. Ein Verstoß gegen andere Vorschriften des EG-Vertrages oder gegen sekundäres Recht ist nicht ersichtlich. Die Regelungen des § 13 Abs. 1 AbfG sind deshalb insgesamt mit dem Gemeinschaftsrecht vereinbar. Damit stellt eine ermessensgewährende Vorschrift eine ordnungsgemäße Umsetzung der Richtlinie dar, sofern die Ausübung des Ermessens dem Schutze der in Art. 4 Abs. 3 der Verbringungsrichtlinie erwähnten Güter (Schutz der Umwelt, der öffentlichen Gesundheit sowie der öffentlichen Sicherheit und Ordnung) dient.[156] Dieses Ergebnis dürfte auch auf der Linie liegen, die der *Europäische Gerichtshof* in seiner Entscheidung über ein Verbot der Verbringung von Abfällen in die Region Wallonien entwickelt hat.[157] Danach können die Mitgliedstaaten Einwände erheben, die anhand von Rechtsvorschriften zum Schutz der Umwelt, zur Wahrung der öffentlichen Sicherheit und Ordnung oder zum Schutz der öffentlichen Gesundheit zu begründen sind. Über die im Rahmen des § 13 Abs. 1 AbfG normativ erfassten Aspekte hinaus sind vor allem Gründe hinsichtlich einer funktionierenden nationalen Abfallwirtschaft zu nennen, falls diese umweltrelevant werden. Eine Möglichkeit zum Verbot der Verbringung insgesamt läßt sich den Regelungen der Verbringungsrichtlinie 84/631/EWG hingegen nicht entnehmen.

---

155 So auch *EuGH*, Urteil vom 9. Juli 1992 - Rs. C-2/90 (Kommission/Königreich Belgien), NVwZ 1992, 871 (873).

156 So auch *Eisberg*, Der Grundsatz der Abfallentsorgung im Inland, S. 50.

157 *EuGH*, Urteil vom 9. Juli 1992 - Rs. C-2/90 (Kommission/Königreich Belgien), NVwZ 1992, 871 ff.

C. Ermessenseinräumung durch die Regelungen der Abfallverbringungsverordnung der Europäischen Gemeinschaft vom 1. Februar 1993

I. Ermessensgewährung durch Art. 4 Abs. 3 EG-AbfVerbrV

Gemäß den Regelungen des Art. 4 Abs. 3 Nr. iii) Buchstabe b) EG-AbfVerbrV können die zuständigen nationalen Behörden am Versandort und am Bestimmungsort der geplanten Abfallverbringung unter bestimmten Umständen Einwendungen gegen die Notifizierung der Verbringung zur Beseitigung bestimmter Abfälle zwischen den Mitgliedstaaten erheben. Dies gilt - unter partiell anderen Bedingungen - gemäß Art. 7 Abs. 4 EG-AbfVerbrV auch für die Verbringung von zur Verwertung bestimmten Abfällen, sowie bei Verbringungen von Abfällen über die Außengrenzen der *Europäischen Gemeinschaft*, vgl. Art. 15 Abs. 3, Art. 17 Abs. 8 und Art. 20 Abs. 2 EG-AbfVerbrV.[158] Insofern ähneln die Begrifflichkeiten der Verordnung denen der Verbringungsrichtlinie 84/631/EWG.[159] Aus der Verwendung des Wortes "können" läßt sich dabei schlußfolgern, daß, entsprechend den bereits für die Verbringungsrichtlinie gefundenen Ergebnissen, auch die EG-Abfallverbringungsverordnung die Frage eines Ermessenspielraums durch die Entscheidung für eine Einwandserhebung dem nationalen Recht überläßt. Wenn die zuständigen Behörden entsprechend dem Recht der EG-Abfallverbringungsverordnung entsprechend den jeweiligen nationalen Bestimmungen Einwände gegen die Notifizierung erheben können, aber nicht müssen, die nationalen Regelungen, auf denen die Erhebung der Einwände sachlich beruhen, die zuständigen Behörden aber zu einer Verhinderung der Abfallverbringung - bei Erfüllung der entsprechenden tatbestandlichen Voraussetzungen - zwingen, verbleibt in der Anwendung der Verordnung durch die nationalen Behörden kein Raum mehr für ein behördliches Ermessen. Die Situation ist dann vergleichbar mit derjenigen im deutschen Verwaltungsrecht, in der ein gesetzlich eröffnetes Ermessen durch eine entsprechende Verwaltungspraxis so weit eingeschränkt ist, daß eine Ermessensreduzierung

---

158 Ausgeklammert bleiben sollen innerstaatliche Verbringungen; vgl. Art. 13 EG-AbfVerbrV.

159 Siehe oben, Dritter Teil, B II 1.

stattfindet.[160] Offen bleibt im Rahmen des Gemeinschaftsrechts dann nur noch die Frage, ob die Regelungen des Gemeinschaftsrechts, insbesondere der Verordnung, den Mitgliedstaaten den Erlaß von Regelungen gestatten, die ein Ermessen der Behörden ausschließen.

Nach Art. 189 Abs. 2 EGV haben Verordnungen allgemeine Geltung, sind in allen ihren Teilen verbindlich und gelten in jedem Mitgliedstaat unmittelbar, ohne daß es eines innerstaatlichen Umsetzungsaktes bedarf.[161] Sie stellen damit echte Rechtsnormen dar, die Rechte und Pflichten auch gegenüber den Bürgern und unter diesen begründen können. Aufgrund des Geltungsvorrangs des Gemeinschaftsrechts gegenüber den einzelstaatlichen Vorschriften jeden Ranges[162] bewirken sie eine Unanwendbarkeit differierender nationaler Regelungen, so daß prinzipiell Anwendungskonflikte nicht entstehen dürften. Gleichwohl stellen sich Probleme im Verhältnis zu Vorschriften des nationalen Rechts ein, wenn diese das Gemeinschaftsrecht wiederholen und gegebenenfalls konkretisieren. Für das Verhältnis zwischen den Regelungen der EG-Abfallverbringungsverordnung und dem Verbringungsrecht der §§ 13 bis 13c AbfG stellt sich diese Frage insoweit, als die deutschen Vorschriften einwandsbegründend im Sinne des Art. 4 Abs. 3 EG-AbfVerbrV sind. Die Einwendungsmöglichkeit der Bundesrepublik Deutschland geht dabei allerdings nicht so weit, daß Einwendungsgrund das Nichtvorliegen einer Verbringungsgenehmigung im Sinne des § 13 Abs. 1 AbfG sein kann. Eine solche formelle Bindung wollte bereits die Bundesrepublik der Genehmigung nicht beimessen, wie sich insbesondere aus den Bestimmungen der deutschen Abfallverbringungsverordnung ergibt, die den die Genehmigung ablehnenden Bescheid mit dem Einwand im Sinne der Verbringungsrichtlinie gleichsetzt,[163] nicht hingegen bestimmt, daß ein ablehnender Bescheid einen Ein-

---

160 *Keppeler*, Grenzen des behördlichen Versagungsermessens, S. 174 mit weit. Nachw.

161 Allgemein zu den Verordnungen *Moelter*, Die Verordnung der Europäischen Gemeinschaften, JöR 18 (1969), 1; *Wyatt*, The nature of regulations and directives - direct application and direct effect, EurLawRev 1977, 215; *Grabitz* in: *Grabitz* (Hrsg.), Kommentar zum EWG-Vertrag, Art. 189 Rn. 43 ff.

162 *Daig/Schmidt* in: *Groeben/Thiesing/Ehlermann* (Hrsg.), Kommentar zum EWG-Vertrag, Art. 189 Rn. 2 ff; *Grabitz* in: *Grabitz* (Hrsg.), Kommentar zum EWG-Vertrag, Art. 189 Rn. 26 ff.; *Lauwaars* in *Smit/Herzog* (Hrsg.), The Law of the European Economic Community - A Commentary on the EEC-Treaty, Preliminary Observations on Art. 189 - 192, Rem. 5 jeweils mit weit. Nachw. insbesondere auf die Rechtsprechung des *Europäischen Gerichtshofs*, z. B. Urteil vom 28. März 1985 - Rs. 272/83 (Kommission/Italien), Slg. 1985, 1057 (1068 ff.); siehe bereits oben, Zweiter Teil, E III 1.

163 Vgl. § 7 Nr. 4 AbfVerbrV.

wand begründet. Die EG-Abfallverbringungsverordnung übernimmt im Hinblick auf das Einwandsystem die Regelungsstruktur der Richtlinie. Aus diesem Grund ist auch im Lichte der EG-Abfallverbringungsverordnung das Einwendungsrecht der Mitgliedstaaten als Recht zu verstehen, materielle Gründe gegen eine geplante Abfallverbringung geltend machen zu können. Diese materiellen Gründe können sich aus nationalen Vorschriften ergeben, zu deren Erlaß Art. 4 Abs. 3 Nr. i) Buchstabe a) der Verordnung die Mitgliedstaaten ermächtigt. Vorgaben für eine prinzipielle Untersagung einer Zulassung eines Ermessensrahmens innerhalb der nationalen Regelungen lassen sich der Vorschrift hingegen nicht entnehmen.

II. Ablauf des Verfahrens nach der EG-Verbringungsverordnung

Ein anderes Ergebnis läßt sich möglicherweise nach einer Gesamtbetrachtung des Verwaltungsverfahrens der EG-Verbringungsverordnung erzielen. Das Verfahren nach der EG-Verbringungsverordnung gleicht dem der Verbringungsrichtlinie nämlich nur auf den ersten Blick. Zunächst ist es differenzierter im Hinblick auf verschiedene Verbringungsarten und verschiedene Abfallarten. Im Gegensatz zum Verfahren nach der Richtlinie, für das die deutsche, auf § 13 Abs. 5 und § 13c Abs. 1 Nr. 1, 3 und 4 AbfG beruhende Abfallverbringungsverordnung in ihrem § 7 Nr. 2 feststellte, daß die in der Richtlinie vorgesehene Empfangsbestätigung der deutschen Genehmigung entspreche, verwendet die EG-Verbringungsverordnung die Begriffe der Empfangsbestätigung und der Genehmigung im Rahmen der Regelungen über grenzüberschreitende Verbringung von zur Beseitigung bestimmten Abfällen innerhalb der Gemeinschaft nebeneinander.

Derjenige, der eine grenzüberschreitende Abfallverbringung zur Beseitigung bestimmter Abfälle durchführen will, notifiziert dies gemäß Art. 3 Abs. 1 EG-AbfVerbrV der zuständigen Behörde am Bestimmungsort und übermittelt den Behörden der anderen beteiligten Mitgliedstaaten eine Kopie des Notifizierungsschreibens. Hier ergibt sich bereits der erste begriffliche Unterschied zu den Regelungen der Richtlinie. Zu notifizieren ist nicht die Abfallverbringung selbst, sondern die Absicht der Verbringung. In dem Notifikationsakt liegt damit eine bloße Bekanntgabe des Willens gegenüber den erwähnten Behörden, zukünftig eine bestimmte Verbringung durchzuführen.[164] Durch die Formulierung der Verordnung wird damit - mehr als durch die entsprechende Passage der Richtlinie - deutlich, daß die Notifizierung keine materielle Voraussetzung der späteren Abfallverbringung ist, sondern nur das entsprechende Verwaltungsverfahren einleitet und damit einem Antrag im Sinne des nationalen deutschen Rechts entspricht.[165] Der Inhalt und der Ablauf der Notifikation ergibt sich aus Art. 3 Abs. 2 bis 5 EG-AbfVerbrV. Art. 4 EG-AbfVerbrV regelt die Möglichkeit der beteiligten Behörden, Einwände zu erheben und bestimmt in Absatz 1, daß die zuständige Behörde des Bestimmungsortes dem Verbringer eine Empfangsbestätigung über die Notifizierung zu übermitteln hat. Die Absendung der Empfangsbestätigung setzt eine 30-Tage-Frist in Lauf, in der seitens der Behörden der beteiligten Orte die Einwände erhoben werden müssen. Bei der Empfangsbestätigung in diesem Sinne scheint es sich damit - ganz im Gegensatz zu der Empfangsbestätigung im Sinne der Verbringungsrichtlinie und § 7 Nr. 2 Abfallverbringungsverordnung -[166] nicht um eine verfahrensabschließendes und -entscheidendes Verwaltungsentscheidung zu handeln, sondern um einen den Ablauf des Verfahrens gestaltenden Zwischenschritt. Innerhalb der 30-Tage-Frist ist den Behörden auch nachzuweisen, daß Probleme, die zu einer Einwendung gegen die geplante Verbringung geführt haben, aus dem Weg geräumt sind. Nach Art. 4 Abs. 5 EG-AbfVerbrV erteilt die zuständige Behörde am Bestimmungsort in diesem Falle die Verbringungsgenehmigung. Die Aufnahme des Terminus "Genehmigung" in das Verfahren der Verbringungskontrolle dürfte auf deutschen Einfluß auf die Verordnungsgebung zurückzuführen sein, mit dem wohl versucht werden sollte, das deutsche Genehmigungsverfahren gemeinschaftsrechtlich abzusichern. Ob der Begriff der "Genehmigung" im Rahmen der EG-Verbringungsverordnung identisch mit dem des bundesdeutschen Verwaltungsrechts ist, bleibt offen. Entscheidend ist jedenfalls, daß Art. 5 Abs.1 EG-AbfVerbrV bestimmt, daß ohne diese Genehmigung eine Verbringung der Abfälle nicht erfolgen kann. Damit stellt sie materiell die Gestattung des Verhaltens "Abfallverbringung" dar und beendet das entsprechende Verwaltungsverfahren.[167] Eine Maßnahme der

[164] Siehe Art. 3 Abs. 1 EG-AbfVerbrV: "Beabsichtigt die ... Person ..., zu verbringen ..., so notifiziert sie *dies* ...".

[165] Vgl. Art. 3 Abs. 1 der Verbringungsrichtlinie sowie *Badura* in: *Erichsen/Martens* (Hrsg.), Allgemeines Verwaltungsrecht, S. 444 und *Schnell*, Der Antrag im Verwaltungsverfahren, S. 17 ff.

[166] Siehe hierzu oben, Dritter Teil, B II 1.

[167] *Badura* in: *Erichsen/Martens* (Hrsg.), Allgemeines Verwaltungsrecht, S. 444 und *Schnell*, Der Antrag im Verwaltungsverfahren, S. 17 ff.

Behörde, die aus diesem final konditionierten Programm ausbricht, ist nicht vorgesehen.

Für eine Einschränkung der Entscheidungsbefugnis der Behörde, im Falle des Vorliegens von einwandsbegründenden Tatsachen gleichwohl von einer Erhebung derartige Einwendungen abzusehen, ist diesen Vorschriften ebensowenig zu entnehmen wie denjenigen über die Verbringung von zur Verwertung bestimmten Abfällen,[168] bei denen die Erforderlichkeit einer Genehmigung nach Art.4 Abs. 5 EG-AbfVerbrV durch den schlichten Fristablauf ersetzt ist. Die Erteilung einer schriftlichen Zustimmung ist hier fakultativ.[169] Aus den Besonderheiten des Verfahrens der EG-Verbringungsverordnung gegenüber dem der Richtlinie ergeben sich daher keine Unterschiede im Hinblick auf die Ermessensgewährung durch die Vorschrift des Art. 4 Abs./3 EG-AbfVerbrV und die entsprechenden Regelungen der EG-Verbringungsverordnung für andere Verbringungsarten. Die getroffenen Regelungen entsprechen diesbezüglich denen der Verbringungsrichtlinie.

III. Möglichkeit der Mitgliedstaaten zur Ausgestaltung ihrer nationalen Vorschriften

Die Möglichkeiten der Mitgliedstaaten, einwandsbegründende Vorschriften zu erlassen, sind durch die EG-Verbringungsverordnung allerdings erweitert worden. Art. 4 Abs. 3 Nr. i) Buchstabe a) EG-AbfVerbrV eröffnet den Mitgliedstaaten die Möglichkeit, Maßnahmen zu ergreifen, um die Verbringung von Abfällen allgemein oder teilweise zu verbieten, um die Prinzipien der Nähe, des Vorrangs der Verwertung und der Entsorgungsautarkie zur Anwendung zu bringen. Mit dieser Regelung können die Mitgliedstaaten nicht mehr nur allgemeine Rechtsnormen zum Schutz der Umwelt, der Gesundheit sowie der Wahrung der öffentlichen Sicherheit und Ordnung - also solche, bei denen die Untersagung der Verbringung nicht Zweck der Regelung war - erlassen, auf die sich die zuständigen, nationalen Behörden bei der Begründung ihrer Einwände stützen können. Als zulässige Schutzzwecke sind nunmehr mit den genannten Grundsätzen und Prinzipien auch ausdrücklich abfallwirtschaftliche Aspekte aufgenommen worden. Die Beschränkung auf

---

168 Art. 6 bis 11 EG-AbfVerbrV.

169 Vgl. Art. 8 Abs. 1 EG-AbfVerbrV.

die ordnungsrechtlichen Ansätze entfällt.[170] Grund für eine Einwandserhebung kann nunmehr beispielsweise auch sein, daß die Abfallbewirtschaftungsplanung des Mitgliedstaates vorsieht, daß die Abfallbeseitigungsanlagen durch im Ausland angefallene Abfälle nicht beschickt werden dürfen. Nach Art. 5 Abs. 1 der Abfallrahmenrichtlinie ist eine Abfallbewirtschaftungsplanung diesen Inhalts zulässig; Art. 4 Abs. 3 Nr. i) Buchstabe a) EG-AbfVerbrV bestimmt nun ausdrücklich, daß die Mitgliedstaaten auch zur Durchsetzung derartiger Planungen Maßnahmen gegen eine grenzüberschreitende Abfallverbringung ergreifen können.

Im einzelnen müssen die Mitgliedstaaten diese Regelungen erlassen, um das Prinzip der Nähe, den Vorrang für die Verwertung sowie den Grundsatz der Entsorgungsautarkie auf gemeinschaftlicher und auf einzelstaatlicher Ebene zur Anwendung zu bringen. Die Beschränkung auf diese abfallwirtschaftlichen Ziele führt wiederum dazu, daß beispielsweise außenpolitische Erwägungen nicht ausreichen, ebensowenig wie mögliche Beeinträchtigungen des Wohl des Wohls der Allgemeinheit im Ausland, weil diese Aspekte nicht unter die abfallwirtschaftlichen Ziele fallen.

Als Ergebnis läßt sich damit festhalten, daß durch die Neuregelungen der EG-Abfallverbringungsverordnung diejenigen Aspekte, bezüglich derer das deutsche Abfallgesetz im Rahmen der Verbringungsgenehmigung nach § 13 Abs. 1 AbfG ein Ermessen eröffnet, nicht als einwandsbegründende Umstände zulässig werden. Auch nach der neuen Regelung verbleibt es damit im Ergebnis dabei, daß im Rahmen des behördlichen Entscheidungsermessens mit Ausnahme der umweltrelevanten abfallwirtschaftlichen Aspekte keine weiteren Gründe berücksichtigungsfähig sind.

---

170 Wie oben, Dritter Teil, B II 2 b).

Vierter Teil

Zusammenfassung

I.

1. Die als Bestandteil der gemeinschaftsrechtlichen Definition des Abfallbegriffs dienenden Stoffgruppen des Anhangs I der Abfallrahmenrichtlinie 75/442/EWG sind zusätzliche Anforderungen sowohl für den objektiven, als auch für den subjektiven Abfallbegriff.

2. Eine Ausgestaltung der Stoffgruppen ist dergestalt möglich, daß die Konkretisierungen bestimmte Stoffe und Gegenstände aus dem gemeinschaftsrechtlichen (subjektiven und objektiven) Abfallbegriff ausscheiden.

3. Wortlaut und Systematik des gemeinschaftsrechtlichen Entledigungsbegriffs lassen zwingend eine weite oder enge Auslegung nicht zu. In Abhängigkeit von der Ausgestaltung der Stoffgruppen des Anhangs I bleibt ein weiter Entledigungsbegriff dann sinnvoll, wenn über die Stoffgruppen eine Abgrenzung vorgenommen wird.

4. Der gemeinschaftsrechtliche objektive Abfallbegriff kann sowohl durch national-rechtliche, wie auch durch gemeinschaftsrechtlich begründete Entledigungspflichten erfüllt werden.

5. Die Systematik des Abfallgesetzes spricht dafür, von einem weiten Entledigungsbegriff auch im deutschen Abfallrecht auszugehen. Aus dem Wortlaut des § 1 Abs. 2 AbfG hervorgehende Zweifel gegen diese Auffassung sind jedoch nicht ganz auszuräumen.

6. Der deutsche Entledigungsbegriff ist EG-rechtskonform so auszulegen, daß er auch Gegenstände erfaßt, deren sich der Besitzer entledigt, um

sie einer Verwertung zuzuführen. Es ist damit eine Interpretation möglich, die den gemeinschaftsrechtlichen Vorgaben inhaltlich entspricht.

7. Eine Befreiung der zur Verwertung bestimmten Abfälle von den materiellen Pflichten des Abfallgesetzes kann in diesem Fall über § 1 Abs. 3 Nr. 6 und 7 AbfG vorgenommen werden.

8. Die Regelungen des Abfallgesetzes über die grenzüberschreitende Verbringung gelten deshalb nur für zur Beseitigung bestimmte Abfälle, nicht hingegen für solche, die zur Verwertung bestimmt sind.

9. Der Abfallbegriff des Entwurfs der Bundesregierung zu einem Kreislaufwirtschafts- und Abfallgesetz legt eine vollständig andere Systematik zugrunde, die den gemeinschaftlichen Abfallbegriff nicht ausfüllt.

10. Die Bundesrepublik Deutschland trifft eine gemeinschaftsrechtliche Pflicht, die Abfallrahmenrichtlinie so umzusetzen, daß die Abfallbegriffe des Gemeinschaftsrecht und des nationalen Rechts wörtlich übereinstimmen. Eine Erfüllung dieser Pflicht stellt weder das geltende Abfallgesetz, noch der neue Entwurf der Bundesregierung dar.

II.

1. Nach § 13 Abs. 1 AbfG ist die Genehmigungsentscheidung der zuständigen Behörde über die grenzüberschreitende Abfallverbringung eine Ermessensentscheidung. Der Umfang des gewährten Ermessens hängt von dem Sinn ab, den der Gesetzgeber der Ermessensgewährung beigemessen hat.

2. Tatsächliche Gegebenheiten, die bereits im Rahmen des Tatbestandes in die Entscheidungsfindung der Behörde eingeflossen sind, können im Rahmen der Ermessensausübung nicht noch einmal Berücksichtigung finden. Aus diesem Grunde ist zur Bestimmung des Ermessensrahmens eine Analyse der Tatbestandsmerkmale erforderlich.

3. Das Wohl der Allgemeinheit ist ein unbestimmter Rechtsbegriff, dessen Inhalt sich nicht unmittelbar erschließt. Im Rahmen des Abfallverbringungs-

recht umfaßt er alle öffentlichen inländischen Interessen. Er deckt damit einen großen Teil der möglichen Gefährdungslagen, die durch eine Abfallverbringung entstehen können ab. Ein im Rahmen der Ermessensausübung berücksichtigungsfähiger Rest verbleibt.

4. Der Ermessensbegriff des Gemeinschaftsrechts ist insofern mit dem des deutschen, nationalen Rechts vergleichbar, als beide einen Teil der behördlichen Entscheidung der gerichtlichen Kontrolle entziehen.

5. Die Verbringungsrichtlinie 84/631/EWG läßt Raum für einen Ermessensspielraum der national zuständigen Behörde, weil sie keine Anordnung darüber trifft, daß die Vorschriften, auf denen ein behördlicher Einwand beruhen kann, ermessensfrei sein müssen.

6. Die Richtlinie gestattet jedoch Einwände nur zum Schutz bestimmter Interessen. Daraus ist zu schließen, daß die nationalen einwandsbegründenden Vorschriften auch unter Berücksichtigung einer Ermessensgewährung dem Schutz dieser Rechtsgüter dienen müssen.

7. Nahezu alle Schutzgüter, die die Richtlinie zuläßt, sind bereits von den tatbestandlichen Elementen des § 13 Abs. 1 AbfG erfaßt. Es verbleibt nur das staatliche Interesse an einer funktionierenden Abfallwirtschaft. Alle anderen Aspekte, die nach deutschen Recht in das Ermessen der Behörde einfließen können, dienen nicht dem Schutz der gemeinschaftsrechtlich zu berücksichtigenden Interessen.

8. Der Ermessensspielraum des § 13 Abs. 1 AbfG ist deshalb richtlinienkonform dahin auszulegen, daß er eine Beschränkung auf die abfallwirtschaftlichen Belange erfährt. Im übrigen sind die Vorschriften des deutschen Abfallverbringungsrechts mit den EG-rechtlichen Vorgaben zu vereinbaren.

9. In Bezug auf die neuen Regelungen durch die EG-Abfallverbringungsverordnung ergibt sich kein wesentlicher Unterschied. Zwar sind die Einwandsmöglichkeiten der Mitgliedstaaten erweitert, die im Rahmen des Ermessens nach § 13 Abs. 1 AbfG über das abfallwirtschaftliche Interesse hinaus berücksichtigungsfähigen Aspekte sind jedoch auch nach der EG-Abfallverbringungsverordnung keine durch Einwände schutzfähige Interessen.

Literatur

Altenmüller, Reinhard: Zum Begriff "Abfall" im Recht der Abfallbeseitigung, DÖV 1978, S. 27.

Arndt, Hans-Wolfgang/*Köhler*, Markus: Rechtspflicht des Verbrauchers zur Nutzung des "Dualen Systems"?, NJW 1993, S. 1945.

Arnold, Rainer: Der Abschluß gemischter Verträge durch die Europäische Gemeinschaft, ArchVölkR 19 (1980/81), S. 419.

von Arnim, Hans Herbert: Gemeinwohl und Gruppeninteressen - Die Durchsetzungsschwäche allgemeiner Interessen in der pluralistischen Demokratie, Frankfurt, 1977.

Backes, Christoph: Das neue Abfallrecht des Bundes und seine Entstehung, DVBl. 1987, S. 333.

Bartels, Elke: Abfallrecht - Eine systematische Darstellung unter besonderer Berücksichtigung der Rechtslage in Nordrhein-Westfalen, Köln - Stuttgart - Berlin - Hannover - Kiel - Mainz - München, 1987.

Becker, Ulrich: Der Gestaltungsspielraum der EG-Mitgliedstaaten im Spannungsfeld zwischen Umweltschutz und freiem Warenverkehr, Baden-Baden, 1991.

Beckert, Erwin/*Breuer*, Gerhard: Öffentliches Seerecht, Berlin - New York, 1991.

Beckmann, Martin/*Appold*, Wolfgang/*Kuhlmann*, Eva-Maria: Zur gerichtlichen Kontrolle abfallrechtlicher Planfeststellungen, DVBl. 1988, S. 1002.

Behrens, Peter/*Koch*, Hans-Jürgen (Hrsg.): Umweltschutz in der Europäischen Gemeinschaft, Baden-Baden, 1991.

Bentlage, Harald: Völkerrechtliche Abfallexportregulierung - Implikationen für das bundesdeutsche Recht, IUR 1990, S. 19.

Bentler, Bengt/*Bieber*, Roland/*Pipkorn*, Jörn/*Streil*, Jochen: Die Europäische Gemeinschaft - Rechtsordnung und Politik, 3. Auflage, Baden-Baden, 1987.

Bickel, Christian: 20 Jahre Abfallbegriff - Ortsbestimmung und Neuansatz, NuR 1992, S. 361.

Birn, Helmut: Rechtliche Instrumente zur Steuerung der Abfall- und Reststoffströme, NVwZ 1992, S. 419.

- /*Jung*, Gottfried: Abfallbeseitigungsrecht für die betriebliche Praxis, Loseblatt, Stand August 1992, Kissing - Zürich - Paris - Mailand - Amsterdam - Wien - London - New York, 1985.

Bleckmann, Albert: Europarecht - Das Recht der Europäischen Gemeinschaft, 5. Auflage, Köln - Berlin - Bonn - München, 1990.

- Teleologie und dynamische Auslegung des Europäischen Gemeinschaftsrechts, EuR 1979, S. 239.

Böhmer, Werner: Grundfragen der verfassungsrechtlichen Gewährleistung des Eigentums in der Rechtsprechung des Bundesverfassungsgerichts, NJW 1988, S. 2561.

Bothe, Michael: Rechtliche Spielräume für die Abfallpolitik der Länder nach Inkrafttreten des Bundesgesetzes über die Vermeidung und Entsorgung vom 27.8.1986, NVwZ 1987, S. 938.

Bundesumweltministerium (Hrsg.): Umweltschutz in Deutschland - Nationalbericht der Bundesrepublik Deutschland für die Konferenz der Vereinten Nationen über Umwelt und Entwicklung in Brasilien im Juni 1992, Bonn, 1992.

David, Carl-Heinz: Zur Umsetzung eines gemeinschaftsrechtlichen Grundsatzes entstehungsnaher Abfallentsorgung ins deutsche Planungsrecht, DÖV 1992, S. 697.

Dieckmann, Martin: Umweltschutz im Spannungsfeld zwischen nationalem Recht und europäischem Gemeinschaftsrecht - Bericht vom Symposium der Forschungsstelle Umweltrecht und des Europakollegs der Universität Hamburg am 7. Juni 1991, DVBl. 1991, S. 936.

- Der Abfallbegriff des EG-Rechts und seine Konsequenzen für das nationale Recht, NuR 1992, S. 407.

Dierkes, Christoph: Die Grundpflichten bei der Einstellung des Betriebes genehmigungsbedürftiger Anlagen gemäß § 5 Abs. 3 BImSchG, Diss. Bochum.

Dietl, Clara-Erika/*Lorenz*, Egon: Dictionary of Legal, Commercial and Political Terms, 4th Edition, Munich 1992.

Di Fabio, Udo: Richtlinienkonformität als ranghöchstes Normauslegungsprinzip? - Überlegungen zum Einfluß des indirekten Gemeinschaftsrechts auf die nationale Rechtsordnung, NJW 1990, S. 947.

Dombert, Matthias: Verkehrssicherungspflicht und Abfallrecht: Die Haftung des Abfallproduzenten, Produkthaftpflicht international 1992, S. 42.

Drews, Bill/*Wacke*, Gerhard/*Vogel*, Klaus/*Martens*, Wolfgang: Gefahrenabwehr, 9. Auflage, Berlin, 1986.

Eckert, Rainer P.: Die Abfallverbringungs-Verordnung vom 18. 11. 1988, NVwZ 1989, S. 125.

Eisberg, Jörg: Der Grundsatz der Abfallentsorgung im Inland, Frankfurt, 1991 (zugl. Diss. Frankfurt 1991).

Epiney, Astrid: Einbeziehung gemeinschaftlicher Umweltschutzprinzipien in die Bestimmung mitgliedstaatlichen Handlungsspielraums, DVBl. 1993, S. 93.

Erichsen, Hans-Uwe/*Martens*, Wolfgang (Hrsg.): Allgemeines Verwaltungsrecht, 9. Auflage, Berlin - New York, 1992.

Everling, Ulrich: Durchführung und Umsetzung des Europäischen Gemeinschaftsrechts im Bereich des Umweltschutzes unter Berücksichtigung der Rechtsprechung des EuGH, NVwZ 1993, S. 209.

Faber, Heiko: Verwaltungsrecht, 3. Auflage, Tübingen, 1992.

Ferchland, Bernhard: Illegaler Mülltourismus - Freie Fahrt für kriminelle Giftmülltransporteure, Kriminalistik 1991, S. 729.

Fluck, Jürgen: Reststoffvermeidung, Reststoffverwertung und Beseitigung als Abfall nach § 5 Abs.1 Nr. 3 BImSchG, NuR 1989, S. 409.

- Zum Abfallbegriff im europäischen, im geltenden und im werdenden deutschen Abfallrecht, DVBl. 1993, S. 590.

Forsthoff, Ernst: Lehrbuch des Verwaltungsrechts, 10. Auflage, München, 1974.

- Lehrbuch des Verwaltungsrechts, 9. Auflage, München, 1966.

Frank von Fürstenwerth, Jörg Freiherr: Ermessensentscheidungen im Außenwirtschaftsrecht, Köln u. a., 1985

Franßen, Everhardt: Abfallrecht, in: *Salzwedel*, Jürgen (Hrsg.): Grundzüge des Umweltrechts, Berlin 1982, S. 399.

Franzheim, Horst/*Kreß*, Claus: Die Bedeutung der EWG-Richtlinien über Abfälle für den strafrechtlichen Abfallbegriff - Zugleich eine Besprechung der Entscheidung des BGH vom 26.2.1991 - 5 StR 444/90 -, JR 1991, S. 402.

Friauf, Karl Heinrich: Das Verbot mit Erlaubnisvorbehalt, JuS 1992, S. 422.

- Polizei- und Ordnungsrecht, in: *von Münch*, Ingo (Hrsg.): Besonderes Verwaltungsrecht, 8. Auflage, Berlin - New York 1988.

Friedrich, Helmut Martin: Rechtsprobleme der nationalen, völkerrechtlichen und europarechtlichen Regelungen der grenzüberschreitenden Abfallverbringung, UPR 1992, S. 4.

Fuchs, Adalbert: Abfallbegriff und Abfallbeförderung, VerwArch 1984, S. 217.

Geiger, Rudolf: EG-Vertrag - Kommentar zu dem Vertrag zur Gründung der Europäischen Gemeinschaft, München, 1993.

Gesellschaft für Umweltrecht e. V. (Hrsg.): Dokumentation zur 8. wissenschaftlichen Fachtagung der Gesellschaft für Umweltrecht e. V., 2. und 3. November 1984, Berlin, 1985.

Gieseke, Paul/*Wiedemann*, Werner/*Czychowski*, Manfred: Wasserhaushaltsgesetz, 6. Auflage, München, 1992.

Götz, Volkmar: Allgemeines Polizei- und Ordnungsrecht, 11. Auflage, Göttingen, 1993.

Grabitz, Eberhard (Hrsg.): Kommentar zum EWG-Vertrag, Loseblatt, Stand September 1992, München, 1989.

von der Groeben, Hans/*Thiesing*, Jochen/*Ehlermann*, Claus-Dieter (Hrsg.): Kommentar zum EWG-Vertrag, 4. Auflage, Baden-Baden, 1991.

Grupp, Walter/*Schäder*, Gerhard: Neue Tendenzen in der Rechtsprechung des Europäischen Gerichtshofes zur Verhältnismäßigkeit, EWS 1993, S. 27.

Gusy, Christoph: Verbot mit Erlaubnisvorbehalt - Verbot mit Dispensvorbehalt, JA 1981, S. 80.

Haedrich, Heinz: Atomgesetz und Pariser Atomhaftungsübereinkommen, Baden-Baden, 1986.

Hansmann, Klaus: Inhalt und Reichweite der Reststoffvorschrift des § 5 Abs. 1 Nr. 3 BImSchG, NVwZ 1990, S. 409.

Henke, Wilhelm: System und Institute des öffentlichen Rechts der Wirtschaft, DVBl. 1983, S. 982.

Henrichs, Helmut: Gemeinschaftsrecht und nationale Verfassungen, EuGRZ 1989, S. 237.

Hömig, Dieter: Zur Zulässigkeit statischer Verweisungen des Bundesrechts auf nichtnormative Regelungen, DVBl. 1979, S. 307.

Hösel, Gottfried/*von Lersner*, Heinrich Freiherr: Recht der Abfallbeseitigung des Bundes und der Länder, Loseblatt, Stand März 1992, Berlin, 1972.

Holtmeier, Ernst-Ludwig: Rechtsprobleme des grenzüberschreitenden Transports gefährlicher Abfälle, in: *Gesellschaft für Umweltrecht e. V.* (Hrsg.): Dokumentation zur 8. wissenschaftlichen Fachtagung der Gesellschaft für Umweltrecht e. V., 2. und 3. November 1984, Berlin, 1985, S. 122.

Hoppe, Werner: Das Ermessen bei der Erteilung baurechtlicher Ausnahmen und Befreiungen, DVBl. 1969, S. 340 .

- /*Beckmann*, Martin: Umweltrecht, München, 1989.

Hoschützky, Arnold/*Kreft*, Hansjürgen: Recht der Abfallwirtschaft, Loseblatt, Stand Februar 1989, Köln, 1989.

Hüwels, Hermann: Umweltrecht, in: *Lenz*, Carl Otto (Hrsg.): EG-Handbuch Recht im Binnenmarkt, Herne - Berlin, 1991, S. 651.

Iburg, Ulrich: "Die Wirtschaftsguteinrede" - Schlupfloch für den Abfallstraftäter?, ZfW 1989, S. 67.

Jans, J. H.: Grensoverschrijdend vervoer van chemische afvalstoffen, in: Tijdschrift voor milieu en recht 1985, S. 334.

Jarass, Hans D.: Wirtschaftsverwaltungsrecht und Wirtschaftsverfassungsrecht, 2. Auflage, Frankfurt am Main, 1984.

- Binnenmarktrichtlinien und Umweltschutzrichtlinien, EuZW 1991, S. 530.

- Richtlinienkonforme bzw. EG-rechtskonforme Auslegung nationalen Rechts, EuR 1991, S. 211.

- Folgen der innerstaatlichen Wirkung von EG-Richtlinien, NJW 1991, S. 2665.

- Festlegung von Einzugsbereichen für Abfallentsorgungsanlagen, DVBl. 1991, S. 7.

- Folgen der innerstaatlichen Wirkung von EG-Richtlinien im Bereich des Umweltrechts, in: *ders./Neumann* (Hrsg.): Umweltschutz und europäische Integration, Heidelberg, 1992, S. 18.

- Bundes-Immissionsschutzgesetz, 2. Auflage, München, 1993.

- Vorgaben des EG-Rechts für die nationale Rechtsetzung und die nationale Rechtsanwendung, vorliegend in Manuskriptform, 1993.

- /*Neumann*, Lothar F. (Hrsg.): Umweltschutz und europäische Integration, Heidelberg, 1992.

- /*Pieroth*, Bodo: Grundgesetz für die Bundesrepublik Deutschland - Kommentar, 2. Auflage, München, 1992.

Jayme, Erik: Grenzüberschreitende Entsorgung und neues Recht der Abfallwirtschaft - Tagung in Heidelberg am 29./30.5.1992, IPrax 1992, S. 338.

Karpen, Hans-Ulrich: Die Verweisung als Mittel der Gesetzgebungstechnik, Berlin, 1970.

von Kempis, Karl: Überlegungen zu der Vereinbarkeit des Grundsatzes der Abfallbeseitigung im Inland mit dem EG-Vertrag, UPR 1985, S. 354.

Keppeler, Jürgen: Die Grenzen des behördlichen Versagungsermessens unter besonderer Berücksichtigung des Zwecks der Ermächtigung, Diss. Konstanz 1989.

Kersting, Andreas: Die Abgrenzung zwischen Abfall und Wirtschaftsgut, Düsseldorf, 1992 (zugleich Diss. Münster 1991).

- Die Vorgaben des europäischen Abfallrechts für den deutschen Abfallbegriff, DVBl. 1992, S. 343.

Kimminich, Otto/*von Lersner*, Heinrich Freiherr/*Storm*, Peter-Christoph (Hrsg.): Handwörterbuch des Umweltrechts, Band I, Berlin, 1986.

Kleinschnittger, Anette: Die abfallrechtliche Planfeststellung - Möglichkeiten der Verfahrensvereinfachung und -beschleunigung insbesondere durch Verfahrensstufung, Diss. Bochum, 1991, als Band 24 der SUR 1992 erschienen.

Kloepfer, Michael: Umweltrecht, München, 1989.

- Die Verantwortlichkeit für Altlasten im öffentlichen Recht, NuR 1987, S. 7.

Knemeyer, Franz-Ludwig: Polizei- und Ordnungsrecht, 4. Auflage, München, 1991.

Koch, Hans-Joachim: Bodensanierung nach dem Verursacherprinzip, Heidelberg, 1985.

Kopp, Ferdinand O.: Verwaltungsverfahrensgesetz, 5. Auflage, München 1991.

- Verwaltungsgerichtsordnung, 9. Auflage, München, 1992.

Krieger, Stephan: Von deutschen Reststoffen und europäischen Abfällen, Recht der Elektrizitätswirtschaft 1991, S. 202.

Külz, Helmut R.: Das "Wohl der Allgemeinheit" im Waserhaushaltsgesetz, in: Festschrift für Paul *Gieseke*, Karlsruhe, 1958, S. 187.

Kunig, Philip: Rechtsfragen der Abfallausfuhr in die Dritte Welt, NuR 1992, S. 19.

- Das Rechtsstaatsprinzip, Habil., Tübingen, 1986.

- /*Schwermer*, Gerfried/*Versteyl*, Ludger-Anselm (Hrsg.): Abfallgesetz - AbfG, 2. Auflage, München, 1992.

- Bodenschutz durch Abfallrecht, ZfW 1992, S. 469.

von Landmann, Robert/*Rohmer*, Gustav: Umweltrecht, Loseblatt, Stand 1. Oktober 1991, München, 1991.

- Gewerbeordnung und ergänzende Vorschriften, Loseblatt, Stand 1. Oktober 1991, München, 1991.

Langenscheidts Handwörterbuch Englisch, Teil I: Englisch - Deutsch, 2. Auflage, Berlin u. a. 1990.

Larenz, Karl: Methodenlehre der Rechswissenschaft, 6. Auflage, Berlin u. a., 1991.

Laufs, Paul: Ökologische Orientierung der Sozialen Marktwirtschaft, ZAU 1991, S. 5.

Lenz, Carl-Otto (Hrsg.): EG-Handbuch Recht im Binnenmarkt, Herne - Berlin, 1991.

von *Lersner*, Heinrich Freiherr: Abfall als Wirtschaftsgut - Zur rechtlichen Problematik des Abfallbegriffs, NuR 1981, S. 1.

Lübbe-Wolff, Gertrude: Bedeutung des EG-Rechts für den Grundwasserschutz, in: *Behrens*, Peter/*Koch*, Hans-Jürgen (Hrsg.): Umweltschutz in der Europäischen Gemeinschaft, Baden-Baden, 1991, S. 127.

Lukes, Rudolf (Hrsg.): Reformüberlegungen zum Atomrecht, Köln u.a., 1991.

Mann, Thomas: Abfallverwertung als Rechtspflicht, Bochumer Beiträge zum Berg- und Energierecht Bd. 15, Stuttgart - München - Hannover - Berlin, 1992 (zugleich Diss. Bochum 1992).

Maunz, Theodor/*Dürig*, Günter: Grundgesetz - Kommentar, Loseblatt Stand September 1991, München, 1991.

Menger, Christian-Friedrich: Höchstrichterliche Rechtsprechung zum Verwaltungsrecht, VerwArch 54 (1963), S. 392.

Minister für Umwelt und Gesundheit (Hrsg.): Abfallwirtschaft in Rheinland-Pfalz, Band 2 (Sonderabfall und Altlasten), Mainz, 1986.

Ministerium für Umwelt, Raumordnung und Landwirtschaft (MURL) des Landes Nordrhein-Westfalen (Hrsg.): Das neue Abfallrecht (Düsseldorfer Umweltrechtstage 1989), Düsseldorf, 1990.

- Rahmenkonzept zur Planung von Sonderabfallentsorgungsanlagen, 3. Auflage, Düsseldorf, Stand April 1991.

Mögele, Rudolf: Grundzüge der Rechtsordnung der Europäischen Gemeinschaften, BayVBl. 1989, S. 577.

Moelter, Wolfdietrich: Die Verordnung der Europäischen Gemeinschaft, JöR 18 (1969), S. 1.

Moench, Christoph: Der Schutz des freien Warenverkehrs im Gemeinsamen Markt - Zur Auslegung der Art. 30, 34, 36 EWGV in der Rechtsprechung des EuGH, NJW 1982, 2689.

von *Münch*, Ingo (Hrsg.): Besonderes Verwaltungsrecht, 8. Auflage, Berlin - New York 1988.

Mußgnug, Reinhard: Der Dispens von gesetzlichen Vorschriften, Heidelberg, 1964.

OECD (Hrsg.): Transfrontier Movements of Hazardous Waste, Paris, 1985.

- Hazardous Waste Legislation in OECD-Countries, Paris, 1973.

Offermann-Clas, Christel: Das Abfallrecht der Bundesrepublik Deutschland nach 10 Jahren EG-Abfallgesetzgebung, NVwZ 1985, S. 377.

Oppermann, Thomas: Europarecht, München, 1991.

Ossenbühl, Fritz: Tendenzen und Gefahren der neueren Ermessenslehre, DÖV 1968, S. 618.

Palandt, Heinrich: Bürgerliches Gesetzbuch, 52. Auflage, München 1993.

Papier, Hans-Jürgen: Untersuchungen im Bereich Genehmigung, Aufsicht, Nachrüstung, in: *Lukes*, Rudolf (Hrsg.): Reformüberlegungen zum Atomrecht, Köln u.a., 1991, S. 111.

Pernice, Ingolf: Auswirkungen des europäischen Binnenmarktes auf das Umweltrecht - Gemeinschafts(verfassungs-)rechtliche Grundlagen, NVwZ 1990, S. 201.

- Gestaltung und Vollzug des Umweltrechts im europäischen Binnenmarkt - Europäische Impulse und Zwänge für das deutsche Umweltrecht, NVwZ 1990, S. 414.

Pohl, Andreas: Abfallrechtliche Sicherungs- und Rekultivierungspflichten, Diss. Bochum, 1993, als Band 34 der SUR 1993 erschienen.

Rebentisch, Manfred: Abfallvermeidung durch Reststoff-Vermeidung und Reststoff-Verwertung nach § 5 Abs. 1 Nr. 3 BImSchG, UPR 1989, S. 209.

Redeker, Konrad/*von Oertzen*, Hans-Joachim: Verwaltungsgerichtsordnung, 10. Auflage, Stuttgart - Berlin - Köln, 1991.

Rehbinder, Eckard: Abfallrechtliche Regelungen im Bundes-Immissionsschutzgesetz, DVBl. 1989, S. 496.

Salzwedel, Jürgen: Probleme der Umsetzung europäischen Gemeinschaftsrechts in das Umwelt- und Technikrecht der Mitgliedstaaten, UPR 1989, S. 41.

- (Hrsg.): Grundzüge des Umweltrechts, Berlin 1982.

Sander, Horst: Die dritte und vierte Novelle zum Abfallbeseitigungsgesetz sowie das Reststoffrecht der Änderung des Bundes-Immissionsschutzgesetzes aus industrieller Sicht, DVBl. 1985, S. 780.

Schattke, Herbert: Grenzen des Strahlenminimierungsgebots im Kernenergierecht, DVBl. 1979, S. 652.

Schenke, Wolf-Rüdiger: Die verfassungsrechtliche Problematik dynamischer Verweisungen, NJW 1980, S. 743.

Scherzberg, Arno: Die innerstaatlichen Wirkungen von EG-Richtlinien, Jura 1993, 225.

Schneider, Hans: Gesetzgebung - Ein Lehrbuch, Heidelberg, 1982.

Schnell, Martin: Der Antrag im Verwaltungsverfahren, Berlin, 1986 (zugl. Diss. Bochum 1985).

Schönke, Adolf/*Schröder*, Horst: Strafgesetzbuch, 24. Auflage, München, 1991.

Schröder, Meinhard: Der Vollzug abfallrechtlicher Richtlinien der Europäischen Gemeinschaft, in: *Ministerium für Umwelt, Raumordnung und Landwirtschaft (MURL) des Landes Nordrhein-Westfalen* (Hrsg.): Das neue Abfallrecht (Düsseldorfer Umweltrechtstage 1989), Düsseldorf, 1990, S. 9 - 26.

- Grundfragen des europäischen Abfallrechts, WiVerw 1990, S. 118.

- Konfliktlinien in der Abfallwirtschaft, in: *Behrens, Peter/Koch, Hans-Jürgen (Hrsg.)*: Umweltschutz in der Europäischen Gemeinschaft, Baden-Baden, 1991, S. 165.

Schwabe, Jürgen: Das Verbot mit Erlaubnisvorbehalt, JuS 1973, S. 133.

Schwachheim, Jürgen F.: Zum Tatbestandsmerkmal "bewegliche Sache" in § 1 Abs. 1 AbfG, NVwZ 1989, S. 128.

Schwarze, Jürgen: Europäisches Verwaltungsrecht - Entstehung und Entwicklung im Rahmen der Europäischen Gemeinschaft, Baden-Baden, 1988.

Schweer: Das neue Abfallgesetz, Der Betrieb 1986, S. 2371.

Schweitzer, Michael/*Hummer*, Waldemar: Europarecht - Das Recht der Europäischen Gemeinschaften (EGKS, EWG, EAG) mit Schwerpunkt EWG, 3. Auflage, Neuwied - Frankfurt, 1990.

Seibert, Max-Jürgen: Die Bindungswirkung von Verwaltungsakten, Baden-Baden, 1989.

Sendler, Horst: Ist das Umweltrecht normierbar?, UPR 1981, S. 1.

Sieder, Frank/*Zeitler*, Herbert: Wasserhaushaltsgesetz, Loseblatt, Stand 1. April 1990, München, 1990.

Skordas, Achilles: Umweltschutz und freier Warenverkehr im EWG-Vertrag und GATT, Steinbach (Taunus), 1986.

Smit, Hans/*Herzog*, Peter E.: The Law of the European Economic Community - A Commentary on the EEC-Treaty, Loseblatt, Stand Juli 1993, New York - Oakland, 1976.

Statistisches Bundesamt (Hrsg.): Statistisches Jahrbuch 1991 für das vereinigte Deutschland, Wiesbaden, 1991.

Stede, Birgit: Die Reststoffbestimmungsverordnung - eine Offerte an den illegalen Giftmüllexport?, UPR 1991, S. 422.

Stelkens, Paul/*Bonk*, Heinz-Joachim/*Leonhardt*, Klaus: Verwaltungsverfahrensgesetz, 3. Auflage, München, 1990.

Stern, Klaus: Das Staatsrecht der Bundesrepublik Deutschland, München, 1988.

Streinz, Rudolf: Europarecht, Heidelberg, 1992.

Szelinski, Bert-Axel: Grenzüberschreitende Abfallbeseitigung, in: *Kimminich*, Otto/*v. Lersner*, Friedrich Freiherr/*Storm*, Hans-Christian (Hrsg.): Handwörterbuch des Umweltrechts, Band I, Berlin, 1986, S. 677.

- Nationale, internationale und EG-rechtliche Regelungen der "grenzüberschreitenden Abfallbeseitigung", UPR 1984, S. 364.

- Die aktuelle Situation der Sonderabfallbeseitigung in der Europäischen Gemeinschaft, in: *Minister für Umwelt und Gesundheit* (Hrsg.): Abfallwirtschaft in Rheinland-Pfalz, Band 2 (Sonderabfall und Altlasten), Mainz, 1986, S. 45.

Tettinger, Peter J.: Rechtsanwendung und gerichtliche Kontrolle im Wirtschaftsverwaltungsrecht, München, 1980

- Randnotizen zum neuen Abfallrecht, GewArch 1988, S. 41.

Tostmann, Stefan: Anmerkung zu EuGH, Urteil vom 9. Juli 1992 - Rs. C-2/90 (Kommission/Königreich Belgien), EuZW 1992, 579.

Trumpp, Eberhard: Paß- und Ausländerrecht der Bundesrepublik Deutschland, Ostfildern, 1989.

Umweltbundesamt (Hrsg.): Daten zur Umwelt 1988/89, Berlin, 1989.

- Daten zur Umwelt 1990/91, Berlin, 1992.

Vandermeersch, D.: Het vrije vervoer van afvalstoffen in de Europese Gemeenschap, SEW 6 (1984), S. 315.

Versteyl, Ludger-Anselm: Abfallexport und Drittschutzwirkung von § 13 AbfG, NVwZ 1987, S. 296.

Wahrig, Gerhard: Deutsches Wörterbuch, Gütersloh - München, 1991.

Weidemann, Clemens: Abfallentsorgungspläne - ein wirksames Instrument des Entsorgungsrechts, NVwZ 1988, S. 977.

von Wilmowsky, Peter: Abfallwirtschaft im Binnenmarkt - Europäische Probleme und amerikanische Erfahrungen, Düsseldorf, 1990.

- Grenzüberschreitende Abfallentsorgung: Ressourcenkonflikt im gemeinsamen Markt, NVwZ 1991, S. 1.

- Kartellrecht und Verfassungsrecht: Trümpfe im Entsorgungspoker? - Anmerkung zu VGH Kassel vom 5.3.1985, UPR 1987, S. 172.

- Die Haftung des Abfallerzeugers - Bestandsaufnahme und rechtspolitische Leitlinien, NuR 1991, S. 253.

Wolff, Hans J./*Bachof*, Otto: Verwaltungsrecht I, 9. Auflage, München, 1974.

Wolfrum, Rüdiger: Die Küstenmeergrenzen der Bundesrepublik Deutschland in Nord- und Ostsee, ArchVölkR 24 (1986), S. 247.

Wyatt: The nature of regulations and directives - direcht application and direct effect, EurLawRev 1977, S. 215.

Yakowitz, Harvey: Harmonization of Specific Descriptors of Special Wastes - Subject to National Controls for Eleven OECD-Countries, in: *OECD (Hrsg.)*: Transfrontier Movements of Hazardous Wastes, Paris, 1985, S. 50.

Zuleeg, Manfred: Die Auslegung des Europäischen Gemeinschaftsrechts, EuR 1969, S. 97.

- Umweltschutz in der Rechtsprechung der Europäischen Gemeinschaft, NJW 1993, S. 31.

FSC
www.fsc.org
MIX
Papier | Fördert
gute Waldnutzung
FSC® C083411

Kolibri 360 GmbH
Ferdinand-Jühlke-Straße 7
99095 Erfurt, Deutschland
produktsicherheit@kolibri360.de

Druck:
CPI Druckdienstleistungen GmbH
im Auftrag der
Kolibri 360 GmbH
Ferdinand-Jühlke-Str. 7
99095 Erfurt